서울·수도권 아파트,
지금 사야 합니다

일러두기

※ 본문 Part 2에 소개된 아파트 가격은 2022년 1월 기준이며, 거래 건수가 많은 평형을 대표로 표기하였습니다.

※ 아파트 전용면적 단위는 '㎡(제곱미터)'로 표기해야 하지만, 가독성을 위해 '평' 단위로 표기했습니다. 아파트 평형은 분양면적 기준입니다.

※ 책에 나오는 가격, 숫자, 정보는 여러분이 보는 시기에는 변동되었을 수 있습니다. 실제 투자 시 반드시 변동 사항을 확인한 후 진행하길 바랍니다.

최소한 2024년, 큰 변수만
없으면 2027년까지 상승하는

서울·수도권 아파트,
지금
사야 합니다

함태식 유튜버 '얼음공장' **지음**

BM 황금부엉이

지금은 '사고 싶다'가 아니라 '사야만 한다'고 말할 때

"이제라도 아파트를 사야 할까? 대출받았다가 집값이 내려가면 어쩌지?"

많은 무주택자의 고민이 이것일 것이다. 2014년 말부터 상승세를 시작한 부동산 시장은 7년째 상승세를 이어오고 있다. 덕분에 '이미 고점에 다다랐는데 지금 사면 상투를 잡는 것'이라며 폭락론을 내놓는 전문가도 상당히 많다. 그들의 말대로라면 너무 많이 올라서, PIR(소득 대비 주택가격 비율)이 사상 최고치여서, 지금까지 이런 장은 없었으므로 곧 부동산가격이 폭락할 것만 같다. 정말 그럴까?

주거에 대한 선택지는 둘 중 하나다. 사는 것(소유)과 빌리는 것(전세, 월세). 지금이야말로 주거를 소유의 형태로 바꿔야 할 때라고 생각한다. 이유는 간단하다. 전셋값은 물론 집값도 향후 수년간 계속 오를 것이기 때문이다. 그 근거는 크게 2가지다. 첫째, 임대차 시장이 바뀌었다. 둘째, 전세시장이 위축되었다. 전세나 월세를 사는 이들은 잘 알 것이다. 부동산에 나가보면 전세 물건 찾기가 하늘의 별 따기만큼 어려워졌다. 다주택자를 규제하는 일관된 정책으로 주택 투자 수요가 줄면서 자연스럽게 임대 물건이 줄어든 데다가, 2020년 7월부터 '2년 더하기 2년'을 강제하는 임대차 3법 시행도 한몫했다. 덕분에 임대 물건의 씨가 마르면서 전세가가 상승하기 시작했고, 전세에서 실수요로 갈아타는 이들이 늘자 집값까지 함께 치솟고 있다. 이대로 시장을 수수방관하며 전세나 월세로 머물다가는 '살고 싶은 그곳'으로 가는 시간은 더 길어지고, 전세가 상승에 따른 강제 외곽 이주도 피할 수 없을 것이다.

이런 상황을 아무리 설명해도 여전히 같은 말을 하는 사람들이 있다.

"저는 집값이 좀 더 안정되고 나서 아파트를 사고 싶습니다."

이들에게 역으로 묻고 싶다.

"도대체 집값이 안정되는 그때란 언제인가?"

많은 이들이 집값이 좀 내려가고, 새 아파트가 좀 더 지어지고, 자신의 벌이가 좀 더 많아지고, 사는 데 바쁜 이 상황이 좀 지나가면 아파트를 장만하겠다고 한다. 그때가 도대체 언제란 말인가? 극단적으로 서울의 집값이 지난 IMF나 2008년 금융위기 때처럼 30~40%씩 떨어졌다고 가정해보자. 그 정도 되면 무주택자들이 전세금을 빼고 대출을 받아 아파트를 사러 나설까? 그렇지 않다. '완벽한 때'를 기다리는 이들에게 집값 하락기는 '언제 끝날지 모를 고위험의 시기'다. 그러다 하락장이 마무리되고 상승장이 펼쳐지면 다시 '아파트값이 너무 올라서 사기가 무섭다'는 레퍼토리를 반복한다.

단언컨대 아파트 사기에 완벽한 때란 없다. 실거주일수록 상승장에서 살 수밖에 없다. 상승한 전세가로 스트레스가 극에 달했던 과거에도, 많은 무주택자가 첫 집을 마련했었다. 그렇게 어쩔 수 없이 집을 사고 나서야 아파트라는 공간이 주는 다양한 의미를 깨우치게 된다. 실제로 한국의 아파트는 거주로서의 가치뿐만 아니라 자산을 지켜주는 역할도 상당하다. 이를 활용하는 것은 가진 것을 지키고 불리는 재테크의 기본이기도 하다.

새것에 목매지 마라

"3기 신도시는 어떻습니까? 제 청약점수 정도면 가능성이 있지 않을까요?"

수를 헤아리기도 어려운 규제가 이어진 끝에, 2020년 7월 3기 신도시에 대한 발표가 이어졌다. 정부는 수도권 30만 가구를 포함해 총 77만 가구를 분양하겠다고 밝혔다. 사전청약을 진행하며, 빠르면 2024년부터 입주가 가능할 것이라는 장밋빛 청사진도 제시했다. 다수의 무주택자가 여기에 희망을 걸고 있다. 덕분에 2021년 8월 사전청약 첫 공급지 5곳(인천 계양, 남양주 진접2, 성남 복정1, 의왕 청계2, 위례)의 사전청약 평균 경쟁률은 21.7 대 1을 기록했다. 공공주택 4,333가구에 총 9만 3,798명이 몰렸다.

강화된 재개발 재건축 규제와 분양가 상한제 등으로 2023년까지의 신규공급이 필요량에 턱없이 부족하다는 것은 잘 알려진 사실이다. 덕분에 정부의 공급 확대는 실수요자는 물론이고 시장에서도 반기고 있다. 그러나 모든 것이 무주택자의 예상대로 진행되리라는 기대는 섣부른 감이 있다.

일단 첫 사전청약에서도 알 수 있듯이 경쟁률이 상당히 높다. 사전청약의 경우 국민평형으로 꼽히는 84㎡ 물량은 단 73가구에 불과했다. 여기에 1만 5,723명의 청약통장이 몰렸다. 경쟁률이 무려 215 대 1이다. 상황이 이러면 청약에 실망한 이들이 반드시 나올 수밖에 없고, 이들이 아파트 구입을 늘리면 집값은 한 번 더 상승할 수 있다. 실제로 지난 2006년 3월과 8월 두 차례에 걸쳐 판교 신도시를 분양했었는데, 청약 탈락에 실망한 세입자들이 인근 분당, 평촌, 용인에 집을 마련하면서 집값 폭등을 일으켰다.

3기 신도시뿐만이 아니다. 서울 수도권 아파트 불장에, 공급 부족까지 더해진 상황에서 분양이 이루어진다면 수많은 사람이 몰리는 것은 당연하다. 어디든 경쟁률은 높고, '이번에도 안 됐다'며 씁쓸한 결과를 받아든 세입자들이 매수자로 돌아선다면 구축 아파트의 가격 상승은 당연한 순서가 될 것이다.

안타까운 것은, 높은 경쟁률을 뚫고 사전청약에 당첨되어도 안심하기는 이르다는 현실이다. 이미 2020년 3기 신도시 발표 직후부터 '신도시 입주 가능 시기'를 놓고 많은 논란이 벌어지고 있다. 기사의 주요 내용은 택지개발지구 지정, 개발계획 승인, 실시계획 승인과 택지조성 공사에서 택지 및 주택 분양으로 이어지는 신도시 개발절차에 상당한 시간이 필요하다는 것과 이로 인해 2024년 입주를 장담할 수 없다는 것이었다. 건설업계에서는 택지조성부터 입주까지 빠르면 8년, 실제로는 10~15년이 걸리는 경우가 부지기수라고 이야기한다. 이 긴 기간 동안 전셋집을 전전하게 될 것을 예상하며 사전청약을 넣는 사람은 없을 것이다. 게다가 사전청약 이후에도 본청약이 남아 있다. 분양가 윤곽도 확실히 드러나지 않은 상황에서 3기 신도시에 모든 것을 걸고 기다린다는 것은 위험한 베팅이 될 수도 있다.

물론 어렵다. 그래서 공부가 필요하다

나는 지난 수년간 '지금이라도, 구축 아파트라도' 사야 한다고 주장했다. 그러나 많은 사람이 여러 이유를 들며 여전히 세입자의 자리를 고수하고 있다.

"왜 많은 무주택자가 아파트 매수를 두려워할까?"

내가 찾은 답은 아파트 거래가 '중고거래'이기 때문이라는 것이다.

스마트기기가 발달한 요즘 쇼핑은 매우 쉬운 행위가 되었다. 동네 슈퍼만 가도 제품이 전시되어 있고, 그 옆에는 정가가 매겨져 있다. 같은 물건을 언제 어디서든 구매할 수 있다. 기분 좋게 카드를 긁으면 새로운 제품이 내 손에 들어온다. 그런데 청약을 제외하면 아파트는 새 제품 없이 모두 중고라서 상대적으로 거래가 어렵다. 요즘 유행하는 앱을 통해 중고거래를 해본 사람은 잘 알 것이다. 중고거래는 정가제가 아니니 당연히 더 까다롭다. 상대방이 사기꾼일 수도, 고수일 수도 있으니 의심스럽고 걱정이 된다. 내가 산 다음에 그 물건을 사줄 사람이 없으면 가치가 0이 될 수도 있다. 게다가 엄밀히 따지면 모든 아파트는 리미티드 에디션 즉 '한정판'이다. 건물이야 무수히 지을 수 있지만, 수요가 몰리는 곳에는 아파트를 지을 땅이 없다. 조금만 늦으면 물건이 없어질 수도 있는데, 안전한 정찰제 가격이 제시되지 않으니 가격을 매기는 데 신중해진다.

이게 다가 아니다. 중고거래는 혼자서 하기도 어렵다. 중간 수수료를 내야 하고, 브로커(부동산중개인)도 끼어야 한다. 아파트는 고가라서 대출과 세금 문제도 있다. 중고제품을 새 제품처럼 그럴듯하게 만들려면 인테리어도 해야 한다. 이런 것들을 원활히 하자면 알아야 하고 배워야 할 것들이 차고 넘친다. 당연히 잘 배우고 잘 아는 사람일수록 더 좋은 조건의 물건을 고를 수 있고, 한 번의 거래에서 남들보다 높은 수익을 볼 수 있다. 역으로 공부가 충분하지 않으면 손해 보는 장사를 할 수밖에 없는 것도 중고거래의 특징이다.

일반 상품과 아파트를 '중고거래'라는 관점에서 보면 이런 공통점이 있다. 그러나 큰 차이점도 존재한다. 바로 '삶에 미치는 영향력'이다. 가구, 화장품, 전자제품 등 일반 상품은 사든 안 사든, 그것이 내 인생의 행복과 불행을 좌지우지하지 않는다. 대부분은 대체재가 존재하며, 있어도 그만 없어도 그만인 것이 많다. 그러나 아파트는 필수품이다. 없으면 생존에 위협을 느낄 수 있는데, 심지어 중고로 거래해야 한다. 평소에 별다른 공부를 하지 않는 사람이라도 어쩔 수 없이 공부해야만 하니 힘들 수밖에 없다. 결과적으로 아파트 매수는 두려운 일이 되고, 많은 이들에게 숙제로 남게 된다.

6개월 안에 행동할 수 있는 모든 지침을 담았다

나 역시 다른 평범한 이들처럼 공부를 미루고, 선택의 기회를 흘러보낸 사람 중 한 명이었다. 정확히 2년간 아파트를 사야 할지 말아야 할지 고민했다. 가진 돈은 너무 적고 두려움은 너무 커서 우회로인 경매부터 시작했다. 소도시의 작은 아파트부터 시작해 차근차근 현장의 언어를 익혔다. 그때의 배움들을 유튜브 채널 '얼음공장의 반백수 프로젝트'를 통해 펼쳐 보이며, 많은 이들과 부동산에 대한 정보들을 나누었다. 유튜브라는, 나름대로 경쟁이 치열한 시장에서 '얼음공장'이라는 브랜드로 현재의 인지도를 쌓을 수 있었던 이유에 대해 나는 2가지를 떠올린다. 첫째는 시장에 대한 일관된 시각을 유지한 것, 둘째는 현장의 구체적인 정보를 제시한 것이다. 지난 수년 동안 부동산 상승장을 예고했고, 실제로 아파트 시장은 뜨겁게 달아올랐다. 매 영상에서 시장의 다양한 흐름을 짚으며 '공부했으면 반드시 실천하라'를 강조했다. 덕분에 적지 않은 이들이 자신의 첫 보금자리를 마련하고, 자산 상승 효과를 얻었다는 피드백을 받았다.

사실 아파트를 사기로 한 것과 그렇지 않은 것은 종이 한 장 차이일 수 있다. 계약서에 사인하고, 하지 않고의 차이일 뿐이다. 그러나 언제가 됐든 그 결정을 한 사람과 그렇지 않은 사람 사이에는 큰 차이가 생긴다. 지난 5~6년간 그 간극은 더 크게 벌어졌다. 나는 지금도 늦지 않았다고 생각한다. 내 집 마련은 앞으로 점점 더 어려워질 것이다. 지금이야말로 적기일 수 있다. 과거 1987년부터 2021년까지 1년 단위로 끊어서 아파트가격의 상승/하락/보합을 보면 하락 구간은 20%밖에 되지 않는다. 나머지 80%가 상승 및 보합 구간이었다. 직접 아파트 매매가격 지수를 펼쳐놓고 계산한 결과다. 20% 구간에 대한 기대로, 계속해서 세입자의 신분으로 살아가는 것은, 기회를 잃어버리는 것은 물론 자신의 자산 가치를 하락시키는 최악의 선택이 될 것이다.

또 하나 특히 당부하고 싶은 것은 '6개월을 넘기지 말라'는 것이다. 사기로 했으면 충분히 알아보고 비교하고 숙고하되 6개월은 넘기지 말아야 한다. 부동산 매매는 굉장히 힘들고 피곤한 작업이다. 시간이 길어질수록 사고자 하는 의지가 꺾이기 쉽다. 그래서 이 책을 준비하면서 '아무리 초보자라도 6개월 안에 행동할 수 있는 가이드'를 만들자는 목표를 세웠다. 무주택자의 시간을 아끼고 실제 아파트를 구입하는 데 유용한 지침이 되도록 현장의 경험을 엄선했다.

Part 1은 상황 파악이다. 1장과 2장에는 폭락장이 두려워 아파트를 사지 못하겠다는 사람들에게 하고 싶은 말을 담았다. 모든 역사는 반복된다. 미래를 알고 싶다면 먼저 과거를 돌아보아야 한다. 과거 정부의 시행착오를 복기하면, 현재의 정책들이 부동산 시장에 어떤 영향을 줄지 예견할 수 있다. 부동산 시장에 대한 이해에도 도움이 될 것이다. 3장과 4장에는 소위 '부린이'라는 부동산 초보자들이 알았으면 하는 기초 정보를 담았다. 내 경우 부동산을 처음 시작할 때 좋은 스승을 찾지 못해 많은 시간을 허비했다. 특히 현장의 언어를 몰라서 답답했다. 당시의 아쉬움과 억울함을 떠올리며 최대한 '매매 현장에서 알아야 할 것들' 중심으로 풀었다. 많지 않은 분량이지만 꼼꼼히 읽으면 많은 시행착오를 줄일 수 있을 것이다. 5장, 6장, 7장은 내 집을 찾는 데 방향을 잡아줄 기준들이다. 여러 가지 의문에 대한 답이 될 것이다.

Part 2는 실제 무주택자들이 지금이라도 구입할 수 있는 아파트를 엄선해 소개했다. 지난 7~8년간 나는 새벽 5시에 일어나 공부하고 현장에 나가는 삶을 반복했다. 그래서 여기에 소개한 아파트의 연식은 물론, 교통과 편의시설, 과거의 가격 변동, 미래의 호재 등도 대부분 꿰고 있다. 수십 번 직접 발품을 팔며 가본 곳도 상당히 많다. 가격 변동이 심한 시기라서 추천 매물을 꾸리는 일이 쉽지는 않았지만, 당장 사야 할 곳을 찾는 무주택자에게 선뜻 소개할 수 있는 곳들이니 이를 활용해 가까운 곳부터 현장에 나가보길 권한다.

마지막으로 '나'와 '당신'에 대해 몇 가지 당부의 말을 하고자 한다

먼저 나는 시장에 참가하는 사람이지 시장을 만드는 사람이 아니다. 어떤 정치적 성향이나 주장을 펼칠 의도도 없다. 부동산 시장에 대한 진단과 예견이 단순히 정책에 대한 비판으로 읽히지 않기를 바란다. 또 부동산에는 많은 자산이 투여되는 만큼 '마지막까지 신중할 것'을 강조하고 싶다. 고백하건대 나 역시 지난 수년간 시장의 흐름을 잘 따라간 덕에 이익을 얻기도 했지만 잘못된 투자로 잃기도 했다. 몹시 쓰리고 아픈 경험들이다. 이런 경험을 독자들이 겪기를 바라지 않는다. 모든 선택의 결과는 당사자의 몫이다. 누구도 대신해줄 수 없다. 흔한 말이지만 '첫 경험일수록 돌다리도 두드리는 마음으로' 임하길 바란다.

얼음공장 함태식

불안한 당신에게
'2024년까지 폭락장은 없다'

지금 사도 괜찮다!
당신이 살 수 있는 가장 좋은 것을 사라

거주 실용성과
투자 안전성을 동시에 잡는 내 집 마련 전략

PART 2 그렇다면 어디를 사야 하는가?

1장
서울

PART 1 ——

2022년 부동산 시장에선 어떻게 대비해야 하는가?

"

현재의 부동산 시장은 다양한 규제책으로 다주택자가
양산되기 어려운 구조다. 이 말은, 전세를 원하는 이들에
게 충분한 정도의 물량을 공급하기 어려운 구조라는 뜻
이다. 앞으로도 전세가는 상승할 수밖에 없다.

"

한국 주택 시장에서 아파트가 사라진 이유

임대차법: 공급을 가로막는 정부의 무수한 정책들

과연 임대차 3법은 누구에게 좋은 법일까?

　전세난이 강남에서 강북으로, 강북에서 경기도로 퍼지고 있다. 아파트를 구하지 못한 세입자들이 빌라로 주거지를 옮기는 것을 여럿 보았다. 어디서부터 이런 일들이 시작되었을까? 부동산은 시장의 영역이다. 시장의 가격은 수요와 공급에 따라 결정된다. 사고자 하는 이들이 많으면 가격이 오르고, 적으면 가격은 내려간다. 현재의 전세가 상승은 전세를 살고자 하는 이들은 많은데 전세 살 집은 없어서 벌어진 현상이다. 수요와 공급에 변화가 생기면 가격이 변하며, 정부의 정책과 규제는 수요와 공급에 지대한 영향을 준다.

2020년 7월 말부터 주택임대차 3법이 시행됐다. 임차인이 2년 거주를 하면 갱신청구권을 활용해 추가로 2년 거주를 요구할 수 있다. 언뜻 서민들의 주거 안정을 위해 좋은 제도인 것처럼 보인다. 법안 발의 전부터 소위 민생을 고민한다는 많은 이들이 "2년마다 집을 옮겨 다니는 것은 매우 힘들고 번거로운 일이다. 4년 거주를 담보해주면 서민들의 주거 안정성이 확보된다"라고 이야기했다. 그러나 이러한 기대는 "어떤 개입이든 주작용이 있으면 반작용 혹은 부작용도 있다"라는 단순한 논리를 이해하지 못했을 때의 결론이었다.

주택임대차 3법의 반작용 혹은 부작용에 대해 살펴보자. 간단한 예로 10채의 주택을 12명의 세입자에게 빌려준다고 가정하자. 왜 주택은 10채고, 세입자는 12명인가? 뒤에서 다루겠지만 2021년 8월 기준으로 서울의 주택공급은 수요량에 미치지 못한다. '부동산지인'에서 제시한 자료에 따르면 연별 수요량은 48,370가구지만 연별 입주량은 43,893가구다. 이를 근거로 임대주택 수 역시 수요보다 부족하다는 것을 쉽게 예상할 수 있다.

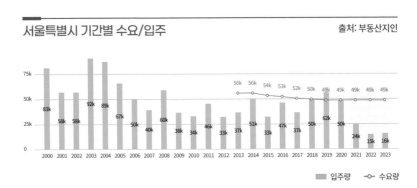

027

10채의 주택을 12명의 세입자에게 배당할 때 세입자가 주택을 빌릴 확률은 80%다. 그런데 갑자기 주택임대차 3법이 시행되고 임차인들에게 2+2의 권리가 생겼다. 100%도 아니고 80%만이 갱신권을 행사한다면 남는 집은 2채, 세입자는 4명이 된다. 주택을 빌릴 수 있는 확률이 50%로 떨어진다. 집주인으로서는 전세가를 올릴 충분한 명분이 생긴다. 집을 빌리려는 이들은 많고, 4년 동안 전세금을 5%밖에 올리지 못하니 처음부턴 아예 전세가를 높게 책정한다. 결과적으로 시장에 나오는 전세물건은 줄고, 가격은 상승한다. 임차인에게 유리한 제도가 만들어지고 시행됐지만, 현실에서는 힘들고 어려운 상황이 펼쳐진다.

"그래도 계약갱신권을 행사한 임차인은 속 편히 4년을 보낼 수 있지 않습니까?"

이렇게 반문할 수도 있을 것이다. 임차인 마음을 모르는 말이다. 임차인이 두 다리를 쭉 뻗고 살려면 돌아갈 자신 소유의 집이 있거나, 계약 기간이 끝난 시점에도 전세가가 오르지 않으리라는 믿음이 있어야 한다. 그러나 현재는 어떤가? 아파트 실거래가 사이트에 들어가 보면 같은 단지에서도 수억 원의 실거래가 차이가 존재한다. 갱신권을 행사한 아파트와 그렇지 않은 아파트의 갭이 크게 벌어져 있다. 세입자 대부분은 '갱신권이 만료된 시점에 전세가를 올려줘야 한다'는 부담을 안고 살 수밖에 없다.

도대체 언제부터
아파트 공급이 줄기 시작했나?

앞서 2021년 서울의 아파트 공급량이 부족하다고 했었다. 맞다. 갑자기 파이프라인이 작아졌다. 공공과 민간에서 모두 인정하는 서울의 연간 필요 입주물량은 약 4만 8,000가구다. 정부에서 발표하는 '장기주택 종합계획'에 의하면 수도권은 지역 인구수의 약 0.74~0.75%, 비수도권의 경우 지역 인구수의 0.57~0.58%가 주택이 필요하다. 여기에 아파트가 공동주택의 70%를 차지한다고 가정하고 있다. 주택산업연구원에서도 실제 지어진 주택 수와 시세의 흐름을 조사해 수요량을 발표했는데, 두 값은 거의 일치한다.

서울 주택 입주 및 멸실 물량 추이　　　　　　　　　　출처: 부동산114

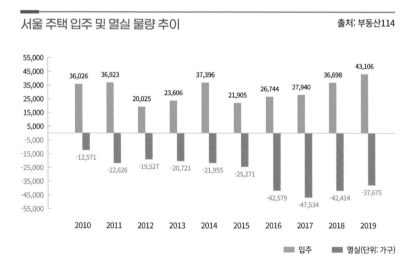

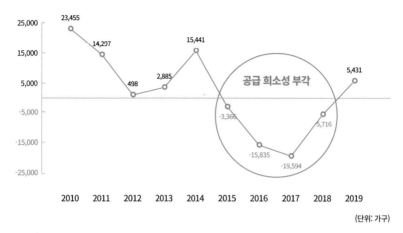

서울 순입주(입주+멸실) 추이

출처: 부동산114

공급 희소성 부각

23,455
14,297
498
2,885
15,441
-3,366
-15,835
-19,594
-5,716
5,431

25,000
15,000
5,000
-5,000
-15,000
-25,000

2010 2011 2012 2013 2014 2015 2016 2017 2018 2019

(단위: 가구)

　　현재 입주물량에 영향을 주는 것은 기존 아파트의 멸실 물량과 결혼, 이혼, 독립 등으로 세대를 분리해 신규로 집을 구하는 이들의 수요로 볼 수 있다. 아파트는 영구제가 아니라 약 40년 안팎의 수명을 가지고 있으니 당연히 멸실이 발생한다. 거기에 전체 인구는 줄어들어도 세대는 늘기 때문에 주택 수요량도 향후 10년 이상 꾸준히 늘 수밖에 없다. 공급이 수요를 초과하면 아파트가격은 안정세를 유지하고, 수요 대비 공급이 부족하게 되면 가격은 상승하는 게 상식이다. 안타깝게도 2020년 이후 입주 가능 물량, 즉 새 아파트 공급량이 줄기 시작했다. 새 아파트의 공급이 줄어든 데는 정부의 정책이 크게 작용했다.

　　국토교통부 자료에 따르면 서울시 민간분양 아파트 인허가가 많았던 시기는 2015년부터 2017년이었다. 아파트 건축에 보통 2~3년이 걸린다고 했을 때, 2020년과 그 이후 공급량은 수요보다 많아야 정상이다. 실제로 2015년에는 건설 인허가가 많았고, 그 결과 2018년과 2019

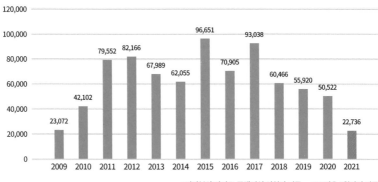

★ 민간분양 아파트 주택건설 인허가 기준   ★ 21년은 4월까지 기준

년 입주물량은 각각 약 5만과 6만 2,000으로 근 10년 사이 최대치를 기록했다. 그런데 2020년과 2021년은 그렇지 못하다.

　왜 이런 상황이 벌어졌을까? 이유를 알고 싶다면 2017년의 정부 정책 변화를 주목해야 한다. 2017년 서울에서는 역대급 물량인 9만 3,038건의 인허가가 있었다. 서울의 대형 재건축 단지들의 '발 빠른' 인허가 신청이 한몫했다. 정부는 재건축 초과이익 환수제를 적용하기로 했는데, '재건축 초과이익 환수제'란 조합원이 얻은 이익이 인근 집값 상승분과 비용을 빼고 1인당 3,000만 원이 넘으면 초과 금액에 대해 최고 50%의 부담금을 환수하는 제도다. 당시 정부는 2017년 말까지 관리처분 인가를 신청한 재건축 단지에는 이를 적용하지 않기로 했다. 그래서 재건축조합에서는 사업 속도를 급속히 올리고 대규모 인허가를 진행한 것이다. 다만, 무리한 속도 때문에 관리처분 인가까지 받은 재건축조합이라도 실제 입주까지는 상당한 시간이 소요될 수밖에 없었다.

인허가 신청만 서둘렀을 뿐 낡은 아파트를 허물고 새 아파트를 짓는 데는 상당한 시간이 필요하기 때문이다. 결과적으로 2017년 역대급 인허가 물량이 있었는데도 2020년과 2021년에 입주 폭탄이 떨어졌다는 소식은 들리지 않았다.

이 밖에도 원활한 공급을 막는 제도로 '분양가 상한제'를 들 수 있다. 서울에 더이상 새 아파트를 지을 땅이 없다는 것은 누구나 아는 사실이다. 새 아파트가 들어서려면 기존의 낡은 집들을 허물고 그 위에 새 아파트를 지어야 한다. 이를 '재개발 재건축'이라고 한다. 분양가 상한제는 재개발과 재건축을 진행하려는 단지에 강력한 규제책으로 작용한다. 재개발과 재건축에는 많은 돈이 들어가는데, 기존에 살던 사람 즉 조합원의 추가분담금과 일반분양 수익금이 그 재원이 된다. 분양가를 일정 수준으로 제한해 일반분양분의 수익금이 줄어들면 조합원들의 추가분담금이 늘 수밖에 없다. 부담을 느끼는 조합원이 많아지면 사업 추진 자체가 어려워진다. 새로운 아파트 공급도 막히고 만다. 이런 중에 2019년 6월 발표된 '도시 및 주거환경 정비법 시행령'은 재개발의 수익성을 한층 더 떨어지게 했다. 서울의 경우 재개발 지역의 임대주택 공급비율은 10~15%, 경기와 인천은 5~15%였다. 그런데 이번 시행령으로 서울은 최대 30%, 경기와 인천은 20%까지 상향되었다. 이것은 사업의 수익성 감소로 이어진다.

일반적으로 서울의 민간 아파트는 인허가 물량이 많은 시기의 2~3년 후면 입주물량이 늘어나지만 1:1의 양상을 띠지는 않는다. 착공 이후 여러 상황에 따라 지연되는 단지도 많다. 따라서 입주물량은 모집 공고가 난 단지들을 취합해 확인하는 것이 안전하다. '부동산지인'은

2021년 약 2만 4,000가구, 2022년 약 1만 5,000가구, 2023년에는 약 1만 6,000가구의 서울 입주가 가능할 것으로 전망했다. 재개발 재건축 단지의 수익성을 악화시키는 정책이 계속되는 한 민간분양 아파트의 폭증은 기대하기 어려운 상황이다. 각종 규제 때문에 아파트 불장인 현재로서도 대형 건설사들은 사업성이 높은 곳을 제외하고는 신규분양에 뛰어들기를 꺼린다. 결과적으로 입주물량 확보의 어려움은 당분간 지속될 것으로 보인다.

청약:
언제까지 기다리며 기회를
놓치고만 있을 텐가?

<u>3기 신도시 화려한 청사진,</u>

<u>과연 실현은?</u>

우리나라 부동산 시장에는 의미 있는 부동산 하락기가 세 번 있었다.

첫 번째, 1989년부터 1991년까지 1기 신도시 입주 이후

두 번째, 1997년인 국제금융위기 즉 IMF 직후

세 번째, 2008년 국제금융위기와 2기 신도시 입주가 맞물린 시기

이 세 번의 하락장 중 두 번이 '신도시' 입주와 맞물려 있다. 그만큼
공급의 힘이 대단하다는 것을 알 수 있다. 규제만으로 부동산가격을 잡

을 수 없겠다고 판단한 정부는 2020년 8·4대책을 내놓으며 수도권 30만 가구를 비롯해 총 77만 가구를 분양하는 3기 신도시 입주 계획을 발표했다. 1기 신도시 29만 2,000가구, 2기 신도시 60만 8,200가구에 비해 절대 작지 않은 숫자다. 3기 신도시 발표에 많은 무주택자가 새로운 희망을 품고 '새 아파트'에 들어갈 꿈을 꾸게 됐다. 그러나 정부가 내놓은 장밋빛 청사진에 대한 우려와 실망의 목소리도 적지 않다.

2. 실수요자를 위한 주택공급 확대

□ (현황) 주거복지로드맵, 수도권 30만호 등에 반영된 수도권 공공택지에서 '20년 이후 총 77만호를 공급할 계획

【수도권 공공택지 입주자 모집 계획(旣확보한 택지 기준)】

구분	계	'20년	'21년	'22년	'23년	'24년	'25년 이후
호수(만호)	77	10.1	11.6	11	11.7	10.5	22.1

* 사전청약제를 통한 조기공급물량 9천호 반영

o 특히, **3기 신도시 5곳**을 포함하여 수도권 인근의 주요입지에 공공주택 등 **30만호** 공급 계획을 수립하고, **'24년부터 입주 추진**

* 입주자 모집 : ('22년까지) 7만호 ('23년) 6.7만호 ('24년) 5.8만호 ('25년) 6.1만호 ('26년 이후) 4.4만호

출처: 국토교통부

가장 큰 우려는 '입주 시기의 불투명성'이다. 국토교통부 자료를 보면 '2024년부터 입주 추진'이라고 명시되어 있다. 정부에서는 2020년 10만 1,000가구, 2021년 11만 6,000가구, 2022년 11만 가구, 2023년 11만 7,000가구, 2024년 10만 5,000가구, 2025년 22만 1,000가구를 순차적으로 공급하니 당장 무리해서 집을 사지 말라는 사인을 보낸다.

그러나 2024~2025년의 입주가 가능하다는 장담은 어디에도 없다.

성남 분당, 고양 일산, 군포 산본, 부천 중동, 안양 평촌 이 5개의 1기 신도시는 개발 기간이 평균 6년 정도 걸렸다. 1989년 발표 후 5개 신도시 모두 1993년에 첫 입주가 마무리됐다. 이렇게 빠른 사업진행에는 '정부의 강압적 추진'이 큰 영향을 미쳤다. 1기 신도시 건설 시기에는 '택지개발촉진법'에 의해 토지 수용이 매우 빠르게 진행됐었다. 이 법은 토지 소유주의 권한을 박탈하고 의견을 묵살한다는 비판을 받아 2014년에 폐지되었다.

제1기 신도시 건설

출처: 국토교통부

구분	사업면적 (km²)	수용인구 (명)	주택건설 (공동주택)	용적율 (%)	개발기간	최초입주	개발주체
분당	19.6	390,000	97,600가구 (94,600가구)	184	1989. 8 ~ 1996. 12	1991. 9	토지공사
일산	15.7	276,000	69,000가구 (63,100가구)	169	1990. 3 ~ 1995. 12	1992. 8	토지공사
평촌	5.1	168,000	42,000가구 (41,400가구)	204	1989. 8 ~ 1995. 12	1992. 3	토지공사
산본	4.2	168,000	42,000가구 (41,400가구)	205	1989. 8 ~ 1995. 1	1992. 4	주택공사
중동	5.5	166,000	41,400가구 (40,500가구)	226	1990. 2 ~ 1996. 1	1993. 2	부천시, 주택공사, 토지공사
전체	50.14	1,168,000	292,000가구 (281,000가구)	-	-	-	-

구분	사업면적 (km²)	수용인구 (명)	주택건설 (공동주택)	개발기간	최초입주	개발주체
성남 판교	8.9	88,000	29,300가구	2003~2017	2008. 12	경기도, 성남시, LH
화성 동탄1	9	126,000	41,500가구	2001~2018	2007. 1	LH, SH공사
화성 동탄2	24	286,000	116,500가구	2008~2021	2015. 1	LH, 경기공사
김포 한강	11.7	167,000	61,300가구	2002~2017	2011. 6(2008. 3)	LH
파주 운정	16.6	217,000	88,200가구	2003~2023	2009. 6	파주시, LH
광교	11.3	78,000	31,300가구	2005~2019	2011. 7	경기도, 수원시, 용인시, 경기공사
양주 (옥정·회천)	11.2	163,000	63,400가구	2007~2018	2014. 11	LH
위례	6.8	110,000	44,800가구	2008~2020	2013. 12	LH
고덕국제화	13.4	140,000	57,200가구	2008~2020	2019. 하반기	경기도, LH, 경기공사, 평택공사
인천 검단	11.2	184,000	74,700가구	2009~2023	2020. 상반기	인천시, 인천공사, LH

　그렇다면 2기 신도시는 어떤가? 성남 판교, 화성 동탄1, 화성 동탄 2, 김포 한강, 파주 운정, 수원 광교, 양주 옥정·회천, 위례, 평택 고덕 국제, 인천 서구 검단 이렇게 10곳이 지정됐다. 개발 기간은 평균 14.2 년으로 대폭 늘어났다. 총공급량이 많아진 걸 고려해도 1기 신도시의 두 배가 걸린 것은 선뜻 이해하기 어렵다. 일부 신도시는 입주까지 11 년이 걸리기도 했다. 대표적으로 고덕신도시는 2008년 개발을 시작해 2019년 하반기에 첫 입주가 이루어졌고, 인천 서구 검단신도시는 2009

년 개발 후 2020년 상반기에 처음 입주가 시작됐다. 여러 가지 이유를 찾을 수 있다.

첫째, 신도시 개발절차에 기본적으로 많은 시간이 걸린다는 점이다. '택지개발지구 지정→개발계획 승인→실시계획 승인→택지조성공사→택지 및 주택분양'이라는 개발절차에 물리적인 시간이 많이 필요하다. 한국토지주택공사는, 2021년 8월에 3기 신도시의 지구 지정이 완료됐으며 아직 토지보상도 끝나지 않았다고 밝혔다. 지구 지정부터 개발계획 승인까지 빨라도 1년, 늦으면 2~3년이 걸린다. 토지보상 이후에도 택지조성, 개별 설계, 착공, 완공, 인테리어, 조경까지 넘어야 할 산이 많다. 그래서 건설업계에서도 빠르면 8년 늦으면 10~15년이 걸리는 것이 신도시 개발이라고 말하는 것이다.

둘째, 변수가 항상 존재한다. 건설사 입장에서 문화재 발굴은 대표적인 걸림돌이다. 송파구 풍납동은 1997년 아파트 재건축 공사 현장에서 하남위례성(한성) 시대 유물로 추정되는 문화재가 나와 재개발 재건축 사업이 20년간 멈춰 섰다. 춘천의 중도에서도 테마파크 개발을 위한 문화재 조사 단계에서 고인돌, 청동기 유물이 발굴되어 착공이 늦어졌다.

셋째, 부동산 경기 하락도 사업 여건 악화를 가져와 신도시 개발을 늦춘다. 그나마 입지가 좋은 곳은 낫지만, 서울과의 근접성이 떨어지는 곳은 부동산 경기에 크게 영향을 받는다. 2기 신도시의 경우 개발 시작 후 입주가 가장 빨랐던 곳이 성남 판교와 위례신도시였다. 둘 다 5년이 걸렸는데, 앞서 언급한 고덕신도시와 인천 서구 검단신도시의 경우 11년이 걸렸다.

1장. 한국 주택 시장에서 아파트가 사라진 이유

정부의 실수요자를 위한 주택공급 확대 정책은 분명히 의미가 있고 시장 안정화에 기여할 것이다. 주변을 봐도 사전청약을 준비하며 힘든 전세대란을 견디는 이들이 상당히 많다. 실수요자들이 다른 청약에 목매거나 패닉바잉을 하지 않도록 막는 효과도 있다. 그러나 그 실체가 청사진만큼 안정적으로 구현될지는 반드시 확인해야 할 부분이라고 생각한다.

검단·감일지구,
과거를 보면 미래를 알 수 있다

신도시를 이야기할 때 전문가들 사이에서 빼놓지 않는 단지들이 있다. 첫째가 2기 신도시인 인천 서구 검단신도시, 둘째가 보금자리 주택으로 지정됐던 하남 감일지구이다. 현재 신도시 공급과 분양을 기대하는 정부, 그리고 무주택자 모두에게 타산지석이 될 이 두 곳을 소개한다. 우선 검단의 경우 7만 4,700가구를 목표로 2009년 개발에 들어갔다. 그러나 2020년 상반기에야 첫 입주가 진행됐고, 2021년 들어서 본격적인 입주물량이 쏟아지기 시작했다. 만일 검단신도시에 청약했다면 상당 기간 애를 태워야 했을 것이다.

검단신도시 개발이 늦어진 이유는 무엇일까? 정부는 2006년 검단신도시 계획을 발표하고 2007년도에는 개발지구로 지정해 동탄처럼 검단 1신도시, 검단 2신도시로 나눠서 개발하려고 했다. 그러나 국제 금융위기로 부동산 시장이 침체하면서 신도시 개발에 난항을 겪었고,

급기야 검단 2신도시는 개발을 취소하게 되었다. 이후 정부가 바뀌고 2015년에는 4차 산업 중심의 스마트시티 개발계획이 발표되기도 했으나 5조 원의 자금 유치를 기대했던 두바이의 비협조적인 태도로 이 또한 좌초되었다.

2019년 상반기 검단신도시 분양 실적

출처: 금융결제원 아파트투유

	분양시기	일반분양	1순위 접수	경쟁률
한신더휴	1월	889	1,014	1.14 대 1
우미린더퍼스트	1월	1,055	2,833	2.69 대 1
검단센트럴푸르지오	2월	1,439	1,496	1.04 대 1
대광로제비앙	3월	555	35	미분양
대방노블랜드	4월	1,274	87	미분양

(단위: 가구, 명)

검단은 물론 인접한 송도, 청라, 영종신도시와 김포 한강신도시에도 분양물량이 그대로 남아 '미분양의 무덤'으로 불리기 시작했다. 2019년 상반기 서울 부동산가격이 상승하던 시기에도 인천 검단신도시의 분양 실적은 매우 저조했다. 3기 신도시 발표도 악재로 작용했다. 그러나 전세 물량 부족이 서울에서 수도권 그리고 전국으로 확대되고, 검단신도시의 교통여건 개선이 발표되자 검단신도시에도 활기가 붙기 시작했다. 특히 2019년 김포공항역에서 공항철도와 지하철 9호선이 직결 열차로 연결되는 내용이 합의되면서 2023년 이후 교통 개선 효과가 나타날 것으로 기대됐다.

최근 들어서는 부동산가격이 전국적으로 상승하면서 검단신도시도 훈풍을 맞고 있다. 분양 당시 2순위까지 미분양이 났던 대형 단지의 경우, 2021년 8월 입주가 시작되는 시점에서 KB 감정가가 100% 이상 상승했다. 84㎡ 기준층 기준 분양가가 4억 원이었으나, 2021년 8월 입주 시점에서는 잔금대출의 기준이 되는 'KB 국민은행 감정가'가 8억 원으로 책정됐다. 소유주들은 어려운 시기를 넘긴 보람을 느꼈을 것이다.

다음은 감일지구 이야기다. 하남의 감일지구는 2010년 반값 아파트를 표방한 3차 보금자리주택지로 지정되었고, 최초 사전예약이 이때 이루어졌다. 그러나 입주까지 11년이 걸렸다. 인근 감북지구와 통합 개발이 추진됐다가 무산되고, 보상 지연과 문화재 발굴 등으로 택지개발 초기부터 차질을 빚었다. 감일지구는 '사전청약을 포기한 무주택자'들이 많기로 유명한 곳이다. 2010년 사전예약이 진행됐으나 2013년 예정된 본청약이 계속 미뤄졌다. 실제로 본청약은 2016년부터 시작해 2019

사전청약(하남 감일) 사업 지연 현황 출처: 국토부, LH공사

	가구수	사전예약	본청약	입주
A1*	669		17.10	20.3
A4	589		17.10	20.3
B1*	167		19.10	21.5
B3	578	2010.11	18.12	21.10
B4	595		18.12	21.10
B5*	517		18.10	20.1
B7	934		16.10	19.6

• *는 임대주택임

년에 마무리되었다. 이 와중에 사전청약을 포기한 이들이 많은데, 그도 그럴 것이 본청약을 거쳐 입주까지 간다면 평균 10년의 무주택 기간을 견뎌야 했을 것이다.

전문가들은 2021년부터 진행되고 있는 '사전청약제'에 대해 쓴소리를 쏟아낸다. 본청약 전에 사전청약을 하는 이유는 '민심 달래기' 그 이상도 이하도 아니라는 이야기다. 사전청약 시에는 본청약이 언제 진행될지, 사전청약에서 받은 분양가와 본청약에서 받게 될 분양가의 차이가 얼마나 될지 알 수 없다. 사전청약을 받고 기다리는 것밖에 방법이 없다. 그야말로 '깜깜이' 청약이다.

이런 상황 때문에 2009~2010년 정부에서 진행한 사전예약제(LH 공급분)의 당첨자 1만 3,393명 중 실제 계약까지 진행한 사람은 5,512명에 그친다. 절반도 안 되는 41%만이 사전예약에서 입주까지 진행했다. 그런데도 사전예약 후 본청약에 들어가지 않은 이들에 대한 보상은 진행되지 않았다. '손해배상'으로 볼 수 있는 '지체 보상금'은 입주자공고일 기준이기 때문에 본청약에 들어오지 않은 이들은 손해배상을 받을 길이 없다. 결국 정부는 2011년부터 사전예약제를 전면 폐지했다.

개인적으로 이 두 사례는 현 정부와 무주택자에게 뼈가 되고 살이 되는 이야기라고 생각한다. 한 번의 실패는 실수일 수 있다. 그러나 두 번의 실패는 '고의'라고 봐야 한다. 과거에서 배우는 것이 지금 우리가 할 수 있는 최선이다.

청약 실망자가 쏟아질 경우
아파트가격은?

곰곰이 생각해보자. 3기 신도시를 포함해 왜 이토록 청약에 목을 매는 상황이 됐을까? 흔히들 "모두 새 아파트를 좋아한다"라고 말한다. 틀린 말은 아니다. 그러나 이 말이 모든 상황을 설명할 수 있는 것은 아니다. 시간을 거슬러 가보자. 2013~2014년 서울의 주요 입지에 미분양이 났다.

2010~2014년 서울 미분양 단지(2015년 4월 작성)

출처: 조선비즈[1]

자치구	단지 (단지 내 미분양 가구 수)	
강서구	현대건설 '강서힐스테이트'	2011년 5월 분양 (총 879가구 중 314가구)
용산구	동부건설 '센트레빌아스테리움 용산' 대우건설 '용산 푸르지오 써밋' 삼성물산 '래미안용산'	2010년 11월 분양 (총 47가구 중 12가구) 2014년 5월 분양 (총 106가구 중 54가구) 2014년 7월 분양 (총 165가구 중 96가구)
종로구	GS건설 '경희궁자이'	2014년 11월 분양 (총 1,085가구 중 150가구)
서대문구	동아건설 '홍은 동아 더프라임' GS건설, SK건설, 현대산업개발 컨소시엄 'DMC가재울 4구역'	2012년 10월 분양 (총 88가구 중 32가구) 2013년 7월 분양 (총 1,550가구 중 105가구)
강동구	삼성물산 '고덕 래미안 힐스테이트'	2014년 4월 분양 (총 1,114가구 중 106가구)
성북구	GS건설 '보문파크 뷰자이'	2014년 10월 분양 (총 483 가구 중 94가구)
양천구	중앙건설 '양천 중앙하이츠'	2007년 9월 분양 (총 241가구 중 27가구)
서초구	청어탑건설 '데뜨아르'	2007년 11월 분양 (총 22가구 중 17가구)
마포구	삼성물산 '래미안마포 웰스트림'	2013년 7월 분양 (총 267가구 중 10가구)

지금은 이름만 대면 알 법한, 심지어 핫한 아파트로 유명세를 떨치는 많은 단지가 당시에는 미분양이었다. 모두 새 아파트를 좋아한다는 것만으로는 도저히 설명이 안 된다. 부동산 경기도 경기지만 당시 미분양의 가장 큰 원인은 '고분양가'라고들 했다. 미분양 단지의 가격이 인근 다른 단지에 비해 높았기 때문이다. 바로 이것이다! 2022년을 사는 우리가 새 아파트, 특히 청약에 목을 매는 이유는 '싸기 때문'이다. 물론 싼 청약가는 분양가 상한제와 큰 관련이 있다.

분양가 상한제가 처음 등장한 것은 꽤 오래전이다. 1983년 부동산 가격이 급등하자 85㎡ 초과 민영아파트의 분양가격을 134만 원으로 못 박은 것이 시초다. 이후 공급 감소라는 부작용이 나타나자 조금씩 축소되다가 2007년에 '민간택지 분양가 상한제'가 다시 발동됐다. 같은 이유로 적용 범위가 축소되다가 2014년 사실상 폐지됐다. 2010~2014년 서울 주요 입지의 미분양 단지는 분양가 상한제가 축소되는 바람에 그나마 높은 분양가를 주장할 수 있었다.

그러다가 2017년에 다시 분양가 상한제가 부활했다. 적용기준은 완화됐으나 예전의 그 분양가 상한제다. 덕분에 새 아파트가 싸졌다. 신규 아파트인데도 지역의 인근 아파트보다 적게는 10~20%, 많게는 수억 원 이상 싸게 공급되었다. 새로운 공법에 새로운 기술이 도입되어 기능은 훨씬 좋아졌는데, 중고 물건보다 싸다고 하니 너도나도 청약에 몰리는 상황이 되었다.

분양가 관련 주요 규제

출처: 한국경제[2]

1977. 7	공영주택법	주택 건설 및 공급계획 승인 시 정부 행정지도, 가격은 전국 일률 적용
1983. 1	분양가 상한제	전용면적 3.3㎡당 분양가 134만 원 상한
1989. 11	분양가 원가 연동제	분양가를 택지비+건축비+적정 이윤으로 구성. 지역별 택지비 차이 인정
1999. 1	분양가 자율화	1995년부터 단계적 자율화
2005. 3	분양원가 공시	공공택지 전용면적 85㎡ 이하에 적용. 분양원가 공시
2006. 2	원가공시 항목 확대	공공택지 전용면적 85㎡ 초과에도 적용. 분양원가 공시 항목 5개→7개로 확대
2007. 9	민간택지 분양가 상한제	민간택지에도 적용. 공공택지 분양원가 공시 항목은 61개로 확대
2009. 5	분양가 상한제 축소	도시형생활주택 적용 배제
2010. 4	분양가 상한제 축소	경제자유구역 및 관광특구 초고층 건축물 적용 배제
2012. 3	분양가 상한제 축소	공공택지 분양원가 공시 항목 12개로 축소
2014. 12	분양가 상한제 사실상 폐지	적용기준 강화 및 주거정책심의위원회 심의 거친 지역만 적용
2017. 11	적용기준 완화	적용기준 완화 내용으로 주택법 시행령 개정

덕분에 2017년 이후 아파트 청약경쟁률과 최저가점 모두 상승하는 상황이 벌어지고 있다. 2021년 상반기 서울의 청약경쟁률은 124.72 대 1, 당첨가점은 63.3까지 치솟았다. 2021년 6월 서초구 반포동에서 일반분양한 래미안 원베일리의 경우 만점인 84점짜리 청약통장도 등장했다. 당첨 평균가점은 72.9였다. 실제 청약을 준비해 봤다면 알겠지만, 무주택 기간 10년에 아이 둘을 키우면서도 청약가점이 50점대인 사람이 수두룩하다. 이들과 경쟁해 새 아파트를 '쟁취'하는 건 하늘의 별 따기만큼 어려운 일이다.

권역별 아파트 1순위 청약경쟁률 추이

출처: 직방[3]

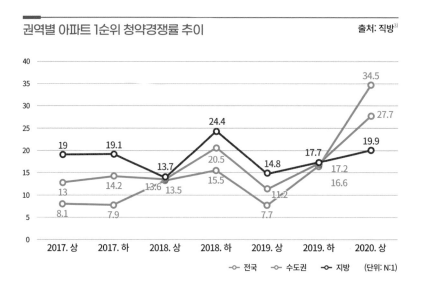

전국 수도권 지방 (단위: N:1)

권역별 아파트 평균 최저가점 추이

출처: 직방[3]

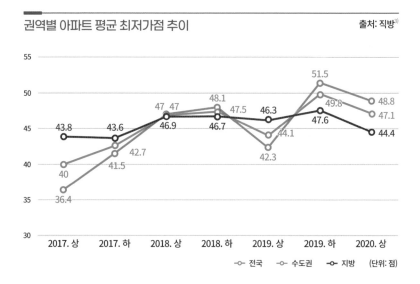

전국 수도권 지방 (단위: 점)

2021년 상반기 아파트 청약경쟁률과 당첨가점
출처: 한국부동산원 청약홈

지역	경쟁률	지역	점수
전국	18.06 대 1	서울	63.3점
서울	124.72 대 1	인천	50.9점
		대전	51.9점
경기도	30.51 대 1	세종	60.7점

　3기 신도시를 포함해 앞으로의 청약 시장은 당연히 매우 뜨거울 것이라 예상한다. 그러나 순차적으로 뜨거운 청약 시장이 하나씩 열렸다 닫히면 '청약에 실패한 무주택자'가 현실을 직시하는 시간이 반드시 찾아온다. 과거 2006년 판교는 대표적인 로또 청약으로 불렸다. 그러나 청약 직후, 청약 실패자들에 의해 인근 집값이 들썩이는 후폭풍이 일었다. 2021년부터 시작된 사전청약부터는 청약에 실패한 후 구축 매물로 갈아타는 세입자들이 분명히 생길 것이다. 최근 들어 언론에서는 젊은 세대의 '패닉바잉' 소식을 심심찮게 전하는데, 역시나 이들도 같은 부류로 기사화될지도 모른다.

　지난 몇 년 전부터 2022년 현재까지, 부동산 시장은 마냥 기다리기만 하기에는 굉장히 위험한 곳이다. 일단 대전제는 공급이 부족하다는 점이다. 구축 매물도 여러 이유로 잠겨 있다. 그 와중에 청약을 기다리는 이들은 전세를 고집할 것이고, 그 결과 전세가가 오를 것이다. 청약 대기에서 구축 아파트로 갈아타는 이들은 남아 있는 물건 중에서 골라서 살 것이고, 그럼 또 아파트 매매가가 오를 것이다.

　모든 가능성을 열어 놓고 생각해보자. 3기 신도시가 나쁘다는 소리가 절대 아니다. 싼 가격에 아파트를 사고 싶고 청약점수가 일정 수준 이상이라면, 3기 신도시 중에서 교통편이 좋고 직주근접이 가능해 사업속도가 빠를 만한 곳을 찾아 청약하면 된다. 그러나 만일 청약점수가 낮아서 청약을 기대할 수 없고, 원하는 지역에 분양물량도 나오지 않는다면? 치솟는 전세가와 매매가를 온전히 노동으로 벌어서 메꿔야 하는 상황이 벌어진다. '살 기회를 놓쳤다'라며 후회하지 않기를 바랄 뿐이다.

구축의 파워:
신규 아파트만 공급으로 본다면
대단한 착각이다

모두가 하락을 기대했지만
일어나지 않았다. 왜?

많은 부동산 전문가가 2019년 즈음에는 시장이 쉬어갈 것이라고 예상했다. 2014년 말부터 시작된 상승장이 5년째에 접어들었다. 시장의 피로감도 상당해서 전문가들도 이쯤 되면 조정이나 하락이 올 수 있다고 생각했다. 그러나 모두의 예상은 여지없이 빗나갔다.

지난 2018년으로 돌아가보자. 4분기 입주물량이 역대급으로 쏟아지면서 전세가가 잡히는 듯했다. 그 유명한 잠실의 헬리오시티가 2018년 12월 23일부터 입주를 시작했고, 규모는 무려 9,510호였다. 2018년과 2019년 입주물량은 각각 3만 8,217호, 4만 4,658호로 그 수가 적지

서울 아파트 입주물량 및 전세가격 변동률 분기 추이

출처: 부동산114

입주량 / 전세가격 변동률 (단위: 가구, %)

주1) 아파트 시세조사: 12월 말 기준, 아파트 입주물량 조사: 2021년 2월
주2) 아파트 시세표본: 2020년 12월 말 기준. 서울 아파트 128만 가구 대상
주3) 아파트 시세표본 대상 가구 수는 조사 시점에 따라 변동될 수 있음
주4) 아파트 입주물량은 건설사 사정에 따라 변경될 수 있음

KB 서울 아파트 매매지수

출처: KB국민은행

매매지수

않았다. 뉴스에서는 헬리오시티발 역전세난이 펼쳐질 거라며 호들갑을 떨었고 많은 전문가도 동조했다. 그런데 결과는 그렇지 않았다. 잡히던 매매가와 전세가는 입주물량 증가에도 상승세를 이어갔다.

다 지나고서야 "2017년 8월 2일에 발표된 8·2대책의 영향력을 과소평가했다"라는 설명이 붙었다. 8·2대책의 기본 골자는 서울의 25개 구 전체를 투기과열지구로 지정하고, 1가구 1주택 비과세 요건에 실거주 2년을 추가하며, LTV 축소와 재건축 초과이익 환수제를 시행한다는 내용 등이다. 핵심은 '다주택자 양도소득세 중과'였다. 이 정책은 2018년 4월 1일부터 시행되었다. 당시는 주택임대사업자 등록 시 양도소득세, 재산세, 종부세 감면 등 각종 세제 혜택을 주어 퇴로를 열어두기는 했으나 결과적으로 '구축 아파트의 매물 잠김'이라는 안 좋은 상황을 가져왔다.

많은 다주택자가 세금 부담을 줄이기 위해 주택임대사업자 등록에 나섰다. 주택임대사업자로 등록한 후 최장 8년을 보유하면 세제 혜택을 받고 매도할 수 있었기 때문이다. 정책의 효과로 2014년 3만 호였던 등록임대주택은 2015년 13만 호, 2016년 20만 호를 거쳐 2018년에는 38만 호까지 늘어났다. 뒤집어 이야기하면 약 38만 호의 주택이 시장에 매매로 나오지 못하고 묶인 셈이다.

한편, 주택임대사업자 등록을 꺼리던 다주택자들은 '증여'라는 다른 출구를 선택하기도 했다. 양도소득세 중과로 양도세보다 증여세가 더 싸다는 계산 끝에 나온 행동이다. 보유 주택도 줄이고 절세 효과도 누릴 수 있으니 나름 합리적인 선택이었다. 덕분에 2018년 전국적으로 증여 건수는 2017년 대비 25%나 늘었고, 특히 서울은 67%나 늘었다.

건수로는 1만 5,397건에 달했다. 그중에서도 노른자위 지역의 증가가 두드러졌다. 강남3구의 증여는 121%나 늘었다. 서울 아파트의 증여 건수는 2019년 1만 2,514건, 2020년 2만 3,675건으로 늘었다.

임대사업자 등록과 증여로 구축 아파트가 매매 시장에 나오지 못하게 된 결과는 참담했다. 공급이 상당한 기간이었음에도 전세가는 물론 매매가도 상승세를 이어갔다. 이때 나를 포함한 많은 전문가는 '구축 아파트의 파워'가 얼마나 강력한지를 확인했다. 기존의 아파트 공급은 신축 물량만을 계수한다. 시장의 수요와 공급에서도 신축 아파트만을 공급의 개념으로 상정했다. 하지만 실제 시장에서 공급은 신축 아파트뿐만 아니라 구축 아파트도 포함되어 있다. 이 공급량이 수요와 균형을 이룰 때 가격이 안정된다. 역으로 구축 아파트가 매매 시장에 나오지 않으면 수요와의 균형은 쉽게 깨지고 가격 상승을 가져올 수밖에 없다.

데이터에도 잡히지 않는
구축 아파트 감소의 역효과

공급에서 구축 아파트와 신축 아파트의 비중은 얼마나 될까? 2019년에서 2020년 시장을 거치며 조심스럽게 6 대 4 정도로 구분되지 않을까 어림해보았다. 공급이 많은 와중에도 가격 상승이 이어진 것은 '구축 아파트의 파워가 6 정도로 강하기 때문'이라는 것 외에는 달리 해석하기 어렵다. 문제는 구축 아파트의 매물 감소는 데이터에도 잡히지 않는다는 것이다. 그럼에도 불구하고 현장에서 느끼는 구축 아파트의 매물 감소에 따른 역효과는 상당히 크다. 정부의 정책과 시장의 상호작용을 살펴보자. 정부의 부동산 정책은 시장에 여러 가지 영향을 미친다. 대표적으로 수요와 공급, 금융, 세금 관련 정책을 들 수 있다.

먼저 수요와 공급 측면을 살펴보면 '주택 수요를 억제하는 정책'이 가장 자주 언급된다. '투기과열지구' 지정 등 각종 투기 억제 정책을 내놓는데 안타깝게도 상승장에서는 그 효력을 발휘하기 어렵고, 하락장에서는 침체시장을 더욱 악화시킨다. 이미 불이 붙은 시장에서는 '풍선효과'라는 형태로 불이 번지고, 하락장에서는 억제 정책이 수요를 묶어 침체를 가속하기 때문이다. 다음은 공급 확대 정책을 볼 수 있다. 주택공급은 입주물량이 부족해 시장이 불안한 경우 해볼 수 있다. 대표적으로 1, 2, 3기 신도시와 보금자리 주택 같은 정책이다. 그러나 공급 정책은 건축허가에서 입주까지 최소한 3~4년, 길게는 10년 이상이 걸리므로 단기간의 시장 안정을 가져오기는 어렵다.

다음으로 금융과 세금 관련 정책을 살펴보자. 현재는 저금리가 지속되는 상황이다. 그러나 정부 정책에 따라 주택 구매 시 대출의 규모가 결정되고 금리도 영향을 받는다. 당연히 실수요자에게도 매우 큰 영향력을 미친다. 현 정부에서는 '세금을 통한 수요 억제책'을 펼치고 있다.

조정지역의 취등록세를 보면 2주택자는 8%, 3주택자는 12%를 부담해야 한다. 여기에 재산세도 최고 6%까지 부담한다. 양도소득세는 2주택 이상일 경우 기본세율에 20%를 가산하고, 3주택자 이상일 경우 기본세율에 30%를 가산한다. 다주택자의 양도소득세 최고 과표구간(10억 원)은 기본세율 45%에 30%를 가산해 75%를 내야 하고, 여기에 주민세 10%가 더 붙는다. 참고로 2021년 6월 1일 10억 원 이상 과표구간이 신설되면서 최고세율이 42%에서 45%로 올라갔다. 노인층의 다주택 세대에는 종합부동산세도 무시할 수 없는 세금이다. 이쯤 되면 가히 '징벌적'이라는 수식어를 붙이지 않을 수 없다. 결과적으로 다주택자가 많은 세금을 내면서까지 집을 사서 전세를 줄 이유가 없어진다.

2020년 발표된 7.10 부동산 대책 & 2021년 6월 1일 발표 세금 변화 내용 적용

출처: 관계 부처

	양도소득세	취득세	종합부동산세
현행 ▶	16~62	1~4	0.6~3.2
7.10 부동산 대책	26~75	8~12	1.2~6.0

• 양도세는 규제지역 다주택자 기준. 종부세는 3주택 이상 또는 조정대상지역 2주택 보유자 기준

(단위: %)

세금만 놓고 봐도 임대차 시장에 뛰어드는 다주택자가 줄어드는 것은 당연한 결과다. 정부는 다주택자 즉 전월세를 내놓는 집주인이 많아지는 것을 강하게 억제하고 있다. 그러나 이것이 과연 세입자와 실제 주택을 사려는 이들에게 유리한가는 점검이 필요하다.

눈을 돌려 과거의 시장을 살펴보자. 지금으로부터 약 10년 전인 2012년부터 2013년, 서울과 경기도 세입자들은 '전세가 폭등'으로 애를 태웠다. 이때 정부는 생애최초 주택 구입 시 취득세 면제와 다주택자 양도세 중과를 폐지했다. 9억 원 이하 신규 또는 미분양 주택 구입 시 5년간 양도세 전액 면제와 민간공급 촉진을 위한 공공분양 축소를

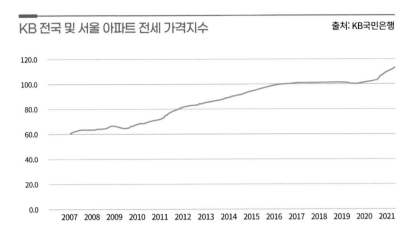

KB 전국 및 서울 아파트 전세 가격지수   출처: KB국민은행

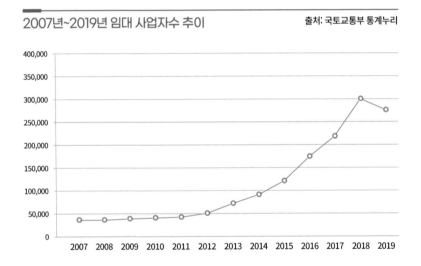

2007년~2019년 임대 사업자수 추이   출처: 국토교통부 통계누리

펼쳤다. 2014년에는 LTV와 DTI를 70%로 일괄 완화하고, 재건축 연한
완화, 청약 자격 완화라는 카드까지 내놓았다. 아이러니하게도 이후 전
세가는 안정을 되찾았다. 당시의 제도는 분명히 '세입자를 위한 정책'이
아니었고, 얼핏 봐도 다주택자에게 유리한 게 대부분이었다. 그런데도

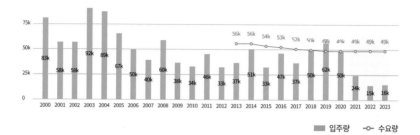

서울특별시 기간별 수요/입주　　　　　　　　　　출처: 부동산지인

■ 입주량　—○— 수요량

이 정책들이 전세가를 안정시켰다. 왜일까?

　당시 서울 아파트의 입주량은 많지 않았다. 오히려 2009년부터 입주물량이 줄었기 때문에 단순히 수요와 공급 차원으로 보면, 공급 부족에 허덕이며 전세가는 물론 집값이 상승했어야 하는 시기였다. 그러나 현실에서의 부동산 시장은 심각한 부동산 침체기를 맞았다. 2008년 한국 경제는 큰 타격을 입었다. 금융위기로 실물경제까지 얼어붙었고, 당시 정부는 보금자리 주택 추진, 혁신도시, 기업도시 등으로 서울 사람들의 지방 이전을 추진했다. 좋은 입지에 싼 입주물량이 나온다는 기대감이 커지면서 주택 경기는 긴 침체기로 접어들었다. 내려가는 집값을 관망하며 사람들은 집을 사기를 꺼렸다. 이전 폭등기에 "아파트값이 떨어지면 아파트를 사야지!"라고 외치던 이들도 마찬가지였다. 많은 신규 공급 아파트가 미분양이 났다.

1장. 한국 주택 시장에서 아파트가 사라진 이유

연도별 1월 서울 아파트 거래량

출처: 서울부동산정보광장

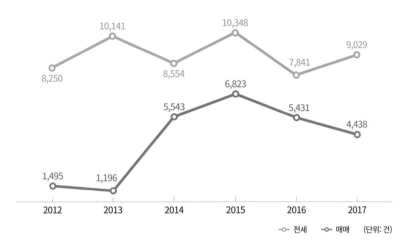

전세 10,141, 8,250, 8,554, 10,348, 7,841, 9,029

매매 1,495, 1,196, 5,543, 6,823, 5,431, 4,438

2012 2013 2014 2015 2016 2017

—○— 전세 —●— 매매 (단위: 건)

서울 아파트 매매지수와 미분양 물량

출처: KB 부동산, 국토교통 통계누리

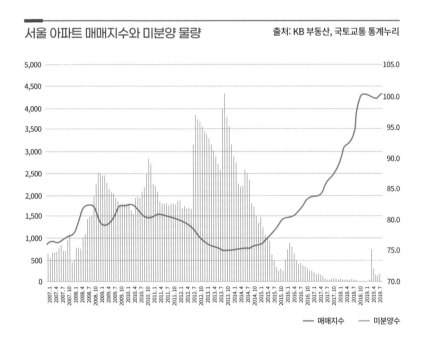

—— 매매지수 —— 미분양수

그 결과로 전세가가 올라갔다. 당장 거주할 집은 필요한데 모두가 집을 사기 꺼리니 전세 수요만 쌓였고, 집값은 내려가는데 전세가는 오르니 정부로서는 '전세 대란'을 하루빨리 해결해야 했다. 정부에서는 전세물량을 늘리는 방법을 선택했다. 다주택자 양성, 전세 세입자의 자가 구입지원 등의 정책을 내놓았다. 누군가가 집을 사서 전세를 놓으면 세입자가 그 집에 들어가서 살게 되니 전세 수요가 충족될 것이고, 세입자가 자기 집을 사서 자가를 갖게 되면 더이상 전세를 구할 필요가 없으니 수요가 줄어들 것이라는 계산이었다. 결과는? 전세가가 내려갔다. 임대사업자(다주택자)가 늘기 시작하자 2년 정도의 시간이 걸리긴 했지만 전세지수도 안정세로 돌아섰다.

한국 부동산 시장의 특성상 '전세가'는 부동산의 중요한 나침반이 된다. 시장에는 항상 일정한 규모의 전세 수요가 존재한다. 당장 집을 사지 못하고 집을 빌려 쓰고자 하는 이들이 있다. 그런데 이들에게 누가 집을 제공하는가? 정부에서 집을 지어 모든 세입자에게 집을 공급할 수는 없다. 실제로 전세 수요의 80%는 민간에서 맡고 있다. 결과적으로 누군가가 집을 사서 이들에게 전세를 주지 않으면 세입자가 곤란해지고 전세가가 오르게 된다. 현재의 부동산 시장은 다양한 규제책으로 다주택자가 양산되기 어려운 구조다. 이 말은, 전세를 원하는 이들에게 충분한 정도의 물량을 공급하기 어려운 구조라는 뜻이다. 앞으로도 전세가는 상승할 수밖에 없다. 분양물량이 줄고, 구축 아파트 매물까지 잠기면 세입자가 자가로 갈아타고 싶어도 살 집마저 없어진다. 시장이 이대로 간다면 전세가 상승과 매매가 상승이 동시다발로 일어나는 그야말로 불장이 펼쳐질 가능성이 매우 크다.

왜 다주택자 규제에도
매물은 나오지 않는가?

개인적으로 고민을 해보았다. 정부는 여러 가지 조치들로 다주택자들이 집을 팔 수밖에 없게 만들겠다고 주장한다. 실제로 각종 규제가 집을 사기 부담스럽게 만들었다. 2017년 각종 규제가 쏟아지자 다주택자의 고민은 깊어졌다. 살 때부터 수천만 원의 돈을 내야 하고, 보유하고 있는 것만으로 월세에 버금가는 세금을 내야 하며, 양도할 때도 수익 대부분을 정부가 가져간다. 상식적으로 시장에 매물이 쌓여야 정상이다. 그런데도 시장의 매물은 점점 말라가고, 집값은 계속 올라갔다. 왜 그럴까?

그 이유에 대해 '양도세가 아까우니 버티겠다'라는 일반론이 대세지만, 이것만으로는 부족하다는 생각이 든다. 집값 하락이나 정체를 예상한다면 아무리 높은 매매비용을 치르더라도 먼저 수익을 챙기는 것이 투자자의 태도다. 2017년부터 현재까지의 부동산 시장을 이해하기 위해서는 다주택자의 버티기 심리와 시장 주도세력에 대한 부연 설명을 반드시 들어야 한다.

매물 잠김이 나타난 첫 번째 이유는, 이미 시장이 실수요자 중심으로 움직이고 있기 때문이다. 다음 그래프는 '자가보유율'과 '자가점유율'의 비교로, '갭투자'의 많고 적음을 판단할 때 활용한다. 그래프를 보면 집을 소유한 가구(자가보유율)와 자기 집에서 사는 가구(자가점유율)의 차이가 점차 줄어들고 있음을 알 수 있다. 2017년 이후 자가보유율과 자가점유율의 차이는 계속 감소하고 있다. 사람들이 집을 사서 임대하지

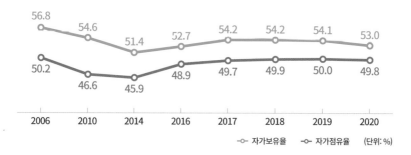

연간 수도권 자가보유율 및 자가점유율 비교　　출처: 2020주거실태조사 자료

	2006	2010	2014	2016	2017	2018	2019	2020
자가보유율	56.8	54.6	51.4	52.7	54.2	54.2	54.1	53.0
자가점유율	50.2	46.6	45.9	48.9	49.7	49.9	50.0	49.8

─○─ 자가보유율　 ─○─ 자가점유율　　(단위: %)

않고 자기 집에 들어가 살고 있다는 뜻이다. 이쯤 되면 시장을 주도하는 수요가 '유동성'이 아니라 '실소유주'라고 봐야 한다.

　같은 구축 매물 시장이지만 소유주는 제각각이다. 흔히 돈을 벌기 위해 투자용으로 주택을 사면 '유동성 시장'으로 분류하고, 실거주를 위해 주택을 사면 '실거주 시장'으로 분리한다. 그런데 2012년 부동산 침체기 이후 시장은 이미 실수요자 주도 시장으로 변화해 왔다. 자신이 직접 살기 위해 집을 산 사람들은 실거주 시장에 들어온 경우다. 여기에 자녀의 결혼이나 노후 준비를 하기 위한 경우도 '투자금을 회수하기 위해 집을 팔 일'은 없으므로 큰 범주로 보면 실거주 시장이다. 이들은 집이 꼭 필요한 사람들이고, 웬만해서는 집을 팔기 어렵다. 그래서 현재 시장에 있는 다수의 부동산 소유자들은 아무리 강력한 규제가 나와도 집을 팔기 어려운 상황이다. 다시 한번 강조하지만, 현재 우리의 부동산 시장은 이미 투자자 주도 시장에서 실수요자 주도 시장으로 넘어와 있다고 봐야 한다.

　2012년 통계가 작성되기 시작한 이후 다주택자는 2013년 6만

1,470명에서 2018년 7만 3,000명으로 늘어난 만큼 해마다 늘었다. 하지만 2018년만 보더라도, 통계청에서 발표했듯 "다주택자는 수치상으로 많이 늘어난 것처럼 보이지만 증가율로 따지면 2017년 대비 7%에서 3.5%로 절반으로 줄었다." 전체 주택 소유자가 늘어난 수치를 고려하면 다주택자 수는 예년보다 증가세가 꺾인 것이 사실이다. 특히 일시적 2주택을 포함한 2주택 보유자가 12%를 차지하고, 3주택 이상 보유자는 3.3%를 넘지 않는다. 아주 적은 비중을 차지하는 이들이 우리나라의 전월세 시장을 받치는 것이다. 이들의 숫자가 줄면 줄수록 전월세 시장의 물량이 적어질 수밖에 없다.

매물 잠김이 나타난 두 번째 이유는, 다주택자들의 전세 수요에 대한 기대 때문이다. 다주택자에게 가장 무서운 것이 무엇일까? 징벌적 세금일까? 아니다. '전세 세입자의 증발'이라고 봐야 한다. 흔히 다주택자를 '대출을 최대로 받아서 집을 사고 버티는 투기꾼'쯤으로 매도하지만, 아무리 간 큰 다주택자라도 대출로는 오래 버티지 못한다. 집값이 하락하는 중에 대출금을 갚는 것은 그야말로 뼈를 깎는 아픔이다. 매달 나가는 이자와 원금을 생각하면 잠도 잘 수 없다. 그래서 다주택자는 대출 대신 세입자를 활용한다. 세입자들이 내주는 전세와 월세가 흔히 말하는 가장 이상적인 레버리지가 된다. 집값이 내리는 중이라도 전세가가 받쳐준다면 집을 팔 이유가 없다. 버티면 다시 상승장이 올 것이 뻔하기 때문이다.

아파트 전세가 상승률 　　　　　　　　　　　　　　 출처: 한국부동산원

서울　　　　　　　　　전국

9.8

4.6

3.7　　　　　　　3.7

시행 전　시행 후　　시행 전　시행 후

• '시행 전'은 2019년 8월~2020년 7월. '시행 후'는 2020년 8월~2021년 7월 11일　　　　(단위: %)

실제 정부의 각종 정책 변화 이후 '집값이 조정장에 들어서지 않을까?' 하는 여러 불안이 있었는데도 다주택자는 쉽게 흔들리지 않았다. 오히려 세입자로부터 좋은 대접을 받고 있다. 그도 그럴 것이 전세 물량이 부족해서 급한 건 세입자지 다주택자가 아니기 때문이다. 덕분에 다주택자는 각종 세금에 의한 부담을 세입자에게 전가할 수 있게 되었다. 앞으로도 마찬가지다. 세입자가 있고 전세금이 매매가의 일정 수준 이상을 받친다면 다주택자는 무리해서 집을 팔지 않을 것이다. 규제나 법으로 다주택자의 매매를 강제하는 것은 앞으로도 쉽지 않아 보인다.

앞으로 구축 아파트가
시장에 나오려면?

그렇다면 이런 시장 상황에서 전세가와 아파트가격을 안정시킬 해법은 무엇일까? 개인적으로 분양에 의한 입주물량을 폭발적으로 늘릴 수 없다는 한계를 인정하고, 전세 시장이든 매매 시장이든 구축 아파트가 시장에 나오도록 해야 한다고 생각한다. 뒤에서 3기 신도시 이야기를 하겠지만, 아파트의 경우 분양에서 입주까지 최소 2~3년이 걸린다. 당장 시장에 엄청난 물량을 공급하기는 어렵다. 그런데 여러 가지 이유로 구축 아파트마저 시장에 나오지 못하게 된다면, 전세가가 가파르게 오르는 상황에서 아파트를 사려는 이들에게도 아예 선택지가 사라지고 말 것이다. 계속 전세를 살기 위해 은행에서 돈을 빌리거나, 그나마 전세가가 싼 외곽으로 밀려날 수밖에 없다. 이러한 문제를 해결하기 위해서는 구축 아파트가 시장에 매물로 나오도록 해야 한다. 여기에는 3가지 전제 조건이 필요하다.

첫째, 우선 다주택자들이 시장에 존재해야 한다. 앞의 표에서 봤듯이 임대사업자 수가 올라가면 전세가가 오르지 못한다. 집을 몇 채 소유했든 주거용 집은 한 채다. 다주택자도 마찬가지다. 나머지는 전세를 놓든 월세를 놓든 시장에 내놔야 한다. 시장에 임대 물건이 많아지면 자연스럽게 전세가가 내려갈 수밖에 없다. 공급자는 많고 수요자는 적은 상황에서 가격을 올리는 공급자는 없다. 다주택자가 집을 사서 투기하도록 조장하자는 것이 아니다. 그들의 역할을 인정해야 한다는 것이다. 자신의 돈으로 집을 사서 임차인에게 빌려주는 사람이 필요하다. 그들이 집으로 돈을 벌고 안 벌고는 차후의 문제다. 불과 7~8년 전에 경험했듯이 전세가가 안정되고, 공급이 충분한 시장에서는 집값 상승이 크게 일어나지 않는다.

둘째, 임대사업에 대한 강제를 최소화하는 것이 오히려 세입자들에게 도움이 된다. 거래는 주는 쪽과 받는 쪽, 파는 쪽과 사는 쪽이 항상 존재한다. 외부적 강제로 거래의 균형이 한쪽에 유리하면 거래 자체기 깨지거나 부작용이 크게 나타날 수 있다. 임대차 3법 개시 이후 나타난 전세가 폭등과 아파트값 폭등은 시장 불균형의 결과라는 걸 여실히 보여준다.

셋째, 마지막으로 재개발 재건축의 활성화에 도움이 된다. 재개발 재건축은 낡은 주택을 부수고 새로운 주택을 공급하는 것이다. 비율과 상관없이 멸실된 주택보다 더 많은 주택이 공급된다. 재개발 재건축이 활성화되면 앞으로 추가 물량이 공급된다는 분위기가 커져 임대인 우위 시장에 영향을 줄 수 있다. 사람들이 '더이상 집을 살 수 없을지도 모른다'라는 불안감을 느끼고 '이번이 아니면 기회는 없다'라는 위기감에 빠지면 대량 공급도 아무 의미가 없어진다. 2020년 세종시의 경우, '수도 이전론'과 '공급 감소'가 맞물려 1년간 100% 이상의 아파트 상승률을 보였다. 전국 평균의 7배에 달하는 수치였다. 2021년 들어 잠잠한 분위기였지만 당시의 광풍은 여러 차례 보도됐다.

앞서 소개한 2가지와 함께 신규공급에 대한 사인이 많아질수록 부동산 시장은 안정화의 길로 들어갈 가능성이 크다. 역으로 3가지 전제 사항들이 전혀 진행되지 않을 때, 향후 3년간 한국의 부동산 시장은 유례없이 불안한 폭등장을 경험할지도 모른다.

올해 아파트 매매가격 상승률 추이

출처: 한국감정원

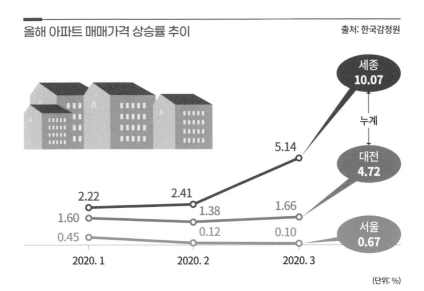

세종
10.07

누계

대전
4.72

서울
0.67

5.14

2.22

2.41

1.66

1.60

1.38

0.45

0.12

0.10

2020. 1   2020. 2   2020. 3

(단위: %)

"

현재의 무주택자라면 과거에 집을 사지 않은 것, 혹은
못 산 것에 대한 후회가 분명히 있을 것이다. 그러나 오
늘을 또다시 허투루 넘긴다면 내년에도 '올해가 2023년
이 아니라 2022년이었다면' 하며 후회하게 될 것이다.

"

집을 사는 것과
빌리는 것 중
뭐가 더 위험한가?

건국 이래
아파트값이 내린 적은
딱 3번뿐이다

과거 아파트가격이
하락·보합장이던 시절은 단 17%!

가끔, 세상의 모든 결정은 '확률 게임'이라는 생각이 든다. 예를 들어 내가 아파트를 사고 난 후 아파트가격의 향방은 오르거나 내리거나 둘 중 하나다. 강세장이 계속되면 많은 무주택자는 '이만큼 올랐으니 내릴 때가 됐다'라며 집 사기를 꺼린다. 그러나 엄밀히 말하면 이것은 '생각'이라기보다는 '감정'에 가깝다. 오른 가격에 집을 사기가 망설여지는 마음은 충분히 이해한다. 그러나 어떤 결정에는 그에 합당한 이유가 있어야 한다. '내릴 것'이라는 판단의 근거가 무엇인지 반드시 짚고 넘어가야 후회하지 않는다.

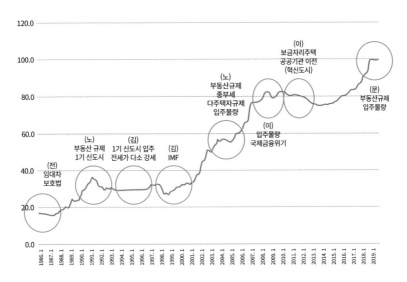

KB 서울 아파트 매매가격지수(1986년 1월~2019년 1월)   출처: KB국민은행

위 표는 서울의 아파트 매매가격지수를 그래프로 나타낸 것이다. 구간별 정부의 정책도 설명해 놓았다. 그래프에서 보이듯 서울 아파트 가격의 의미 있는 하락은 단 세 번이었다. 위 그래프에서는 2번(1기 신도시), 4번(IMF), 그리고 7번(입주물량+전세+보금자리주택) 구간이다. 기간별로 보면 1기 신도시 이후 전세가 다소 강세 속에 아파트가격은 하락 안정세를 이어갔고, IMF 때는 급격하게 하락한 만큼 급격하게 회복됐다. 2009년 이후 시행한 보금자리주택 사전청약은 풍부한 전세 물량과 낮은 전세가로 그 효과를 거뒀다. 또한 2기 신도시의 입주와 기업도시, 혁신도시, 귀농 정책도 한몫했다. 그러나 이 세 번을 빼면 아파트가격은 전체적으로 우상향했다. 1년 단위로 끊어서 상승과 하락을 기준으로, 그것도 아주 보수적으로 평가하면 83%가 상승과 보합장이었다.

서울 아파트가격의 가장 큰 상승 원인은 대한민국 경제의 성장이다. 실제로 1977년 처음 1,000달러를 돌파한 대한민국 GNP는 2019년에 3만 달러를 돌파했다. 산업화 시대를 이끈 주역들이 서울과 수도권에 모여들면서 서울 집값이 가파르게 상승했고, 이후 경제 성장의 후광 속에 아파트가격은 상승세를 이어갔다.

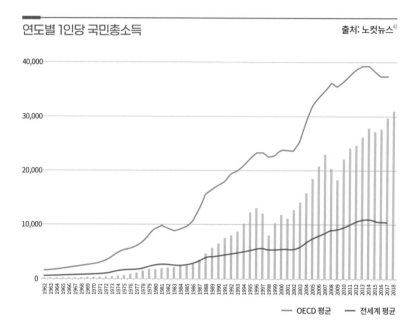

연도별 1인당 국민총소득 · 출처: 노컷뉴스[4]

— OECD 평균 　— 전세계 평균

그러나 최근 경제성장 속도가 줄어들었는데도 아파트가격 상승이 계속됐던 것은 '세대수' 증가와 큰 관련이 있다. 서울의 인구수는 줄고 있으나 세대수는 꾸준히 늘고 있고, 2016년 이후 그 속도마저 가팔라졌다. 독립, 결혼, 이혼, 분가 등으로 세대 분리가 이뤄지면 집이 더 필요하고, 거주 만족도가 높은 아파트에 대한 인기는 높아질 수밖에 없다.

개인적으로는 개인 점유 면적이 넓어지는 흐름도 주택가격에 큰 영향을 준 것으로 본다. 지금 아파트를 구매하는 주요 세대인 4050세대는 형제자매가 한 방에 머물던 어린 시절을 기억할 것이다. 당시는 17평 아파트에도 5인 가족이 살았다. 그러나 소득 수준이 높아지면서 자녀 2명이 있는 가정이 25평 아파트에 사는 것도 부담스러운 것으로 인식하게 됐다. 소득 수준이 높은 1인 세대는 33평 아파트에 홀로 거주하기도 한다. 양질의 주거 서비스를 받고 싶은 이들이 늘면서 선호 아파트의 가격은 꾸준히 오르고 있다.

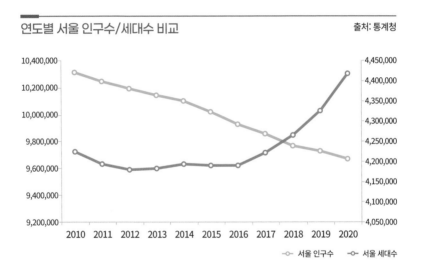

연도별 서울 인구수/세대수 비교   출처: 통계청

—○— 서울 인구수   —○— 서울 세대수

마지막으로 뻔한 레퍼토리지만 '물가상승률'을 언급하지 않을 수 없다. 이는 국민 소득 수준 향상과 경제 성장의 결과이기도 하다. 경제가 계속 성장하면서 소득이 늘어나면 소득과 집값의 괴리가 줄어들게 된다. 40대인 우리 세대만 해도, 2000년대 후반에 결혼을 많이 했다.

집을 장만하기 시작한 2010년 서울 아파트의 평당 가격은 1,848만 원이었다. 25평 아파트 기준 4억 6,200만 원이다. 당시 소득으로는 적지 않은 돈이지만 현재로 보면 비싸다는 느낌은 아닐 것이다. 지난 시절의 가격이 싸게 느껴지는 것은 물가 상승뿐만 아니라 소득 상승에도 영향을 받는다. 2010년 최저 시급은 4,110원이었지만 2021년 최저 시급은 8,720원으로 100% 이상 올랐다.

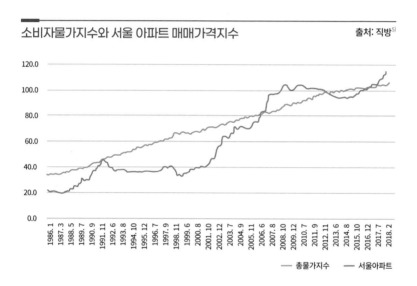

소비자물가지수와 서울 아파트 매매가격지수 　　출처: 직방[5]

당장 마트만 가 봐도 어제 가격이랑 오늘 가격이 다르다. 모든 소비재의 가격이 오르고 있다. 아파트가격이 많이 올랐다고는 하지만 일반 소비자 물가를 따라가거나 함께 가는 상황이다. 특히 2008년 국제 금융위기 이후 미국에서 엄청난 양의 달러를 찍어냈다. 우리나라 역시 정부에서 경기 부양을 이유로 돈을 풀었고, 최근 코로나19 때도 '재난

지원금'이라는 명목으로 적자를 감내하면서까지 돈을 풀었다. 시중에 풍부한 유동성이 돌다 보니 한정된 재화의 가격은 오를 수밖에 없는 구조다. 이 상황에서 아파트가격만 폭락해서 과거의 가격으로 돌아가길 기대하는 것은 과도한 기대다.

향후 서울 아파트가격이 상승할 것인가? 하락할 것인가? 개인적으로는 상승 여력이 남아 있다고 본다. 구조적으로는 당분간 하락기가 오기는 어렵다고 판단한다. 공감하기 어렵다면 과거의 경험을 살펴보자. 83%의 상승장과 17%의 하락·보합장 중 어떤 결과가 펼쳐질까?

PIR이라는 잣대만으로
시장을 평가하기는 무리다

"집값이 비싸서 살 수가 없습니다."

나 역시 공감하며, 실제로도 틀린 말이 아니라고 생각한다. 2020년 9월 서울의 PIR(Price to Income Ratio·가구소득 대비 주택가격 비율)은 15.6을 나타냈다. 'PIR'은 주택가격을 연간 소득으로 나눈 지표다. 서울 아파트 PIR이 15.6이면, 중간소득 계층이 중위 아파트를 살 때 15.6년 동안 한 푼도 쓰지 않고 모아야 살 수 있다는 뜻이다.

주택구입부담지수도 꾸준히 상승하고 있다. '주택구입부담지수'란 중간소득 가구가 표준대출을 받아 중간가격 주택을 살 때 상환 부담을 나타내는 지수다. 지수가 100이면 매달 소득의 25%를 주택구입담보대출 원리금 상환으로 부담한다는 의미이며, 숫자가 커질수록 부담도 늘어난다. 2008년 4분기(157.8) 이후 12년 만에 기록한 최고치다.

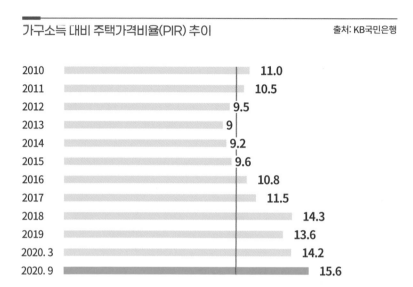

가구소득 대비 주택가격비율(PIR) 추이

출처: KB국민은행

연도	값
2010	11.0
2011	10.5
2012	9.5
2013	9
2014	9.2
2015	9.6
2016	10.8
2017	11.5
2018	14.3
2019	13.6
2020. 3	14.2
2020. 9	15.6

(단위: 년. 중위 소득 및 서울 중위 가격 주택 기준)

서울 주택구입부담지수 추이

출처: 한국주택금융공사 주택금융연구원

연도	값
2012	104.3
2013	90.1
2014	91.9
2015	93.7
2016	102.4
2017	116.7
2018	133.3
2019	126.6
2020	153.4

2장. 집을 사는 것과 빌리는 것 중 뭐가 더 위험한가?

그러나 "높아진 PIR 혹은 주택구입부담지수 때문에 집값이 떨어질 것"이라는 데는 쉽사리 동의할 수 없다. 집값 상승 여지는 분명히 있다고 본다. 우선 기사 두 개를 소개하고 싶다.

걸려도 솜방망이...부동산 시세조작의 유혹

f ☑ ☐ 최종수정 2018.10.23 13:00 기사입력 2018.10.23 13:00 댓글 쓰기

실거래가 위반 과태료 500만원 불과
부풀린 실거래가 뒤늦게 취소매도 처벌수단 마땅치 않아

출처: 아시아경제[6)]

"강남 집값 잡겠다더니"...평당 '1억' 아파트 단지 '속출'

등록 2021-08-17 17:52:12

기사내용 요약

재건축 희소성·똘똘한 한 채 수요 증가
"대책 발표마다 올라"...규제 내성 커져
수급불균형 심화...서울 집값 상승 견인

출처: 뉴시스[7)]

위쪽은 2018년 10월 23일 자 기사로 "걸려도 솜방망이…부동산 시세조작의 유혹"이라는 제목을 달고 있다. 주요 내용은 서울 서초구 반포동 아크로리버파크 아파트가 평당 1억 원에 거래된 것을 '거래설'로

일축하며 실거래가 위반 소지가 크다고 지적했다. 실거래가 위반의 경우 '과태료 500만 원' 정도의 솜방망이 처벌이라 부풀리기 신고가 가능하다는 분석이다. 그러나 해당 사이트는 2019년 10월 "[단독] 아크로리버파크, 또 3.3㎡당 1억에 거래"라는 기사를 내보냈다. 8월 해당 아파트의 전용 59㎡ 물건이 23억 9,800만 원에 매매된 데 이어 9월에는 84㎡ 물건이 34억 원에 계약됐다는 내용이다.

아래쪽은 2021년 8월 17일 자 기사로 "강남 집값 잡겠다더니…평당 1억 아파트단지 속출"이라는 제목이다. 재건축 희소성, 똘똘한 한 채 수요가 증가하면서 서울 강남 3구를 중심으로 평당 1억 아파트가 속출하고 있다는 내용이다. 실제 재건축 이주를 시작한 반포주공1단지를 비롯해 압구정 현대14차와 현대 1·2차, 한양1차, 잠원동 신반포8차, 신반포2차 등에서 3.3㎡당 1억 원을 상회하는 거래가 이뤄졌다고 소개했다. 쓴소리를 먼저 하자면 '평당 1억 아파트가 나랑 무슨 상관이람?'이라고 생각하는 사람은 부동산 공부를 좀 더 해야 한다. 포인트는 '그럼에도 불구하고 집이 팔리고 있다'라는 사실이다.

'2030 패닉바잉'에 대한 기사도 마찬가지다. 2019년부터 젊은 세대의 부동산 구매를 이야기하며 '패닉바잉'이라는 비판 기사가 쏟아졌다. 맞벌이 없이는 서울에 집을 마련하기 어려운 현실에서 '부모 찬스'가 있었을 거라는 추측이다. 실제 정부에서도 불법 증여가 있었는지 조사에 나서기도 했다. 중요한 것은 '있는 사람은 여전히 집을 사고 있다'라는 사실이다.

개인적으로는 PIR과 주택구입부담지수가 시장에 미치는 영향은 점차 낮아질 거로 생각한다. PIR과 주택구입부담지수가 매수자에게 적절

2장. 집을 사는 것과 빌리는 것 중 뭐가 더 위험한가?

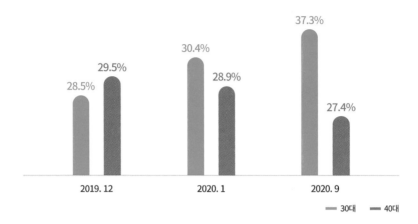

출처: 시사저널[8]

3040대 서울 아파트 매매거래 비중

28.5% 29.5%   30.4% 28.9%   37.3% 27.4%

2019. 12   2020. 1   2020. 9

■ 30대   ■ 40대

한 사인으로 작용하려면 '시장이 원활히 돌아간다'라는 전제가 필요하기 때문이다. 그러나 현재 시장은 '원활히'의 기준에 미치지 못한다. 앞서 이야기했듯이 다양한 규제와 정책으로 집을 팔기 어려워졌고 매물이 잠긴 상태다. 공급도 어렵다. 시장은 이미 매도자 우위 시장으로 건너왔다.

이는 실제 거래에 큰 영향을 준다. 간단히 예를 들어보자. 시장에 물건이 10개 있다고 치자. PIR이 높은 상황이라 매수자들은 아파트가 비싸다고 생각한다. 그럼 매수자가 5명으로 준다. 시장에 물건을 내놓는 매도자는 자신의 물건을 팔기 위해서 가격을 내릴 수밖에 없다. 그럼 PIR은 내려간다. 이제 거꾸로 생각해보자. 시장에 물건이 5개밖에 없다. 그런데 10명이 사려고 한다. 이미 PIR은 높게 형성된다. 5명은 아파트를 사지 못하지만 5명은 아파트를 살 수 있다. 그럼 살 수 있는 사람에게 매물이 넘어가고 PIR은 계속 올라가는 식이다. 수급 조절이

안 되는 상황에서는 '살 수 있는 사람'만 집을 장만하며, 그들은 "PIR이 높아서 집을 살 수 없다"라는 말은 하지 않는다.

쓴소리를 하나 더 덧붙이자면 "PIR이 내려간다면 집을 사겠는가?"라고 묻고 싶다. 2013년 PIR이 9로 내려가면서 집값은 안정세였다. 엄밀히는 하락세였다. 그러나 그때 집을 사는 사람은 많지 않았다. PIR만 놓고 보면 집을 살 최적기였으나 사지 않았다. 집값이 더 내릴 거라고 예상한 때였고 사실 그렇기도 했다.

아파트를 사려는 사람에게 PIR과 주택부담지수는 좋은 참고가 될 수 있다. 그러나 거기에는 앞서 말했던 전제 조건이 필요하다. 시장이 원활히 돌아가고 있어야 한다. 어느 쪽으로 운동장이 기울어져 버리면 '울며 겨자 먹기'라도 해야 하는 상황에 몰린다.

양극화가 심해져
외곽부터 무너질 거라는 전망은 맞을까?

하락장에서 폭락론이 득세할 때 빠지지 않는 게 '일본처럼 무너질 것'이라는 말이다. 과도한 가계부채를 감당하지 못해 주택가격이 폭락하면, 수도권 외곽부터 차례로 시장이 무너져 내릴 것이라고 예상한다. 결론부터 말하면 지금도 여전히 서울부터 수도권 외곽, 그리고 지방까지 일주일에도 몇 번씩 돌아다니는 나로서도 이런 낌새를 전혀 느낄 수 없다. 집값이 무너지려면 최소한 '버려진 빈집'이 어느 정도 있어야 한다. 그러나 정말 낡고 지저분해서 들어가 살기 어려운 다가구주택 지하방 외에는 빈집도 좀처럼 찾을 수 없다. 덧붙여 서울 수도권 집값이 일본을 따라가기 어려운 구조적인 이유도 있다.

첫째, 한국의 전세제도다. 매매가가 떨어진다고 자산 가치가 0이 되는 게 아니다. 최소한의 가치를 전세가 보증해준다. 집값이 다소 하락하더라도 전세를 통해 어느 정도(2021년 8월 기준 45~90%) 버티기가 가능하다. 아파트가격 전부를 대출로 유지하는 것과 절반만 대출로 유지하는 것은 부담 차이가 상당하다. 전세가격 이하로 매매가격이 내려가는 깡통전세의 위험이 전혀 없는 것은 아니지만, 과거 시장에서 이런 위험으로 아파트가격이 내려간 경우는 극히 드물었다. 전세가격은 아파트가격의 하락을 막아주는 안전대 역할이 훨씬 강하다.

서울 아파트 전세가율 추이(매매가격 대비 전세가격 비중) 출처: 부동산114

둘째, 대출의 안전성이다. 그렇지 않아도 우리나라는 LTV와 DTI로 주택담보대출에 엄격한 잣대를 들이대고 있다. 금융위기를 촉발했던 미국의 서브프라임 사태의 경우 대출한도가 매우 높았다. 100%를 넘어서기도 했다. 그러나 현재 우리나라의 주택담보대출은 60%를 넘기기 어렵다. 많은 이들은 주택담보대출의 양이 늘어난 것을 우려하지만, 중요한 것은 대출의 양이 아니라 '연체율'이다. 빚을 갚지 못해 힘들어하는 가계가 많다면 그건 심각한 위험신호라고 봐야 한다.

그러나 우리나라 가계의 대출 증가는 많지만, 연체율은 하락하거나 소폭 상승하는 양상을 보여왔다. 아파트 담보 대출을 주로 취급하는 은행권의 경우 2017년 이후 0.3%를 넘기지 않았다. 가계의 대출 상환 능력이 충분한 상황이며, 우리나라 가계의 경제 건전성은 매우 높다고 할 수 있다. 이런 상황에서 서울 외곽 혹은 수도권에서부터 가격하락이 시작되어 도미노처럼 번질 것으로 예측하기는 매우 어렵다.

셋째, 교통여건의 개선이다. 서울 외곽과 경기 수도권의 집값하락을 예상한 이들의 우려는 서울 외곽과 경기 수도권의 직주근접이 어려워 이를 포기한 사람들이 주택공동화 현상(주택이 쓰이지 않고 비는 현상을 말함)을 만들지도 모른다는 것이었다. 그러나 우리나라는 지난 수십 년 동안 인천과 경기 수도권의 교통여건 향상을 위해 부단히 노력해왔다.

2장. 집을 사는 것과 빌리는 것 중 뭐가 더 위험한가?

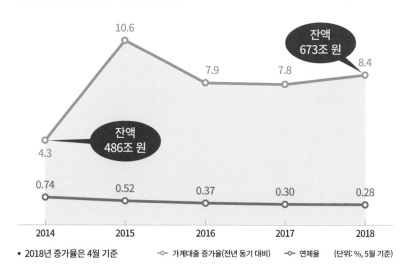

은행권 가계대출 증가율과 연체율

출처: 한국은행, 금융감독원

잔액
673조 원

잔액
486조 원

10.6   7.9   7.8   8.4

4.3

0.74   0.52   0.37   0.30   0.28

2014   2015   2016   2017   2018

• 2018년 증가율은 4월 기준   —○— 가계대출 증가율(전년 동기 대비)   —○— 연체율   (단위: %, 5월 기준)

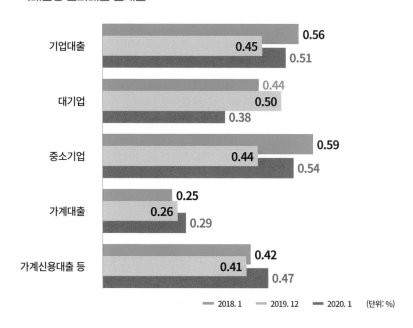

국내은행 원화대출 연체율

출처: 금융감독원

기업대출	0.56 / 0.45 / 0.51
대기업	0.44 / 0.50 / 0.38
중소기업	0.59 / 0.44 / 0.54
가계대출	0.25 / 0.26 / 0.29
가계신용대출 등	0.42 / 0.41 / 0.47

━━ 2018. 1   ━━ 2019. 12   ━━ 2020. 1   (단위: %)

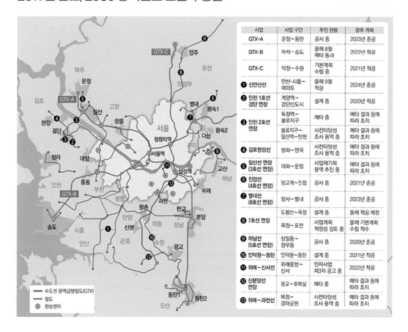

2019년 발표, 2030 광역철도 노선 구상안   출처: 동아일보[9)]

사업	사업 구간	추진 현황	향후 계획
GTX-A	운정~동탄	공사 중	2023년 준공
GTX-B	마석~송도	올해 8월 예타 통과	2022년 착공
GTX-C	덕정~수원	기본계획 수립 중	2021년 착공
❶ 신안산선	안산·시흥~ 여의도	올해 9월 착공	2024년 준공
❷ 인천 1호선 검단 연장	계양역~ 검단신도시	설계 중	2020년 착공
❸ 인천 2호선 연장	독정역~ 불로지구	예타 중	예타 결과 등에 따라 조치
	불로지구~ 일산역~탄현	사전타당성 조사 용역 중	예타 결과 등에 따라 조치
❹ 김포한강선	방화~양곡	사전타당성 조사 용역 중	예타 결과 등에 따라 조치
❺ 일산선 연장 (3호선 연장)	대화~운정	사업재기획 용역 추진 중	예타 결과 등에 따라 조치
❻ 진접선 (4호선 연장)	당고개~진접	공사 중	2021년 준공
❼ 별내선 (8호선 연장)	암사~별내	공사 중	2023년 준공
❽ 7호선 연장	도봉산~옥정	설계 중	올해 착공 예정
	옥정~포천	사업계획 적정성 검토 중	올해 기본계획 수립 착수
❾ 하남선 (5호선 연장)	상일동~ 창우동	공사 중	2020년 준공
❿ 인덕원~동탄	인덕원~동탄	설계 중	2021년 착공
⓫ 위례~신사선	위례중앙~ 신사	민자사업 제3자 공고 중	2022년 착공
⓬ 신분당선 연장	광교~호매실	예타 중	예타 결과 등에 따라 조치
⓭ 위례~과천선	복정~ 경마공원	사전타당성 조사 용역 중	예타 결과 등에 따라 조치

2019년 정부에서 발표한 '광역교통2030'만 봐도 GTX A, B, C 라인과 신안산선 그리고 각종 연장선으로 다양한 교통 개발이 예정되어 있다는 것을 알 수 있다. 물론 상당 시간이 소요되겠지만, 실제 계획했던 노선들이 개통된다면 외곽지역이라도 서울 중심 업무지까지 실제 이동시간이 획기적으로 줄어들게 된다. 교통여건이 개선된다면 외곽이라고 꺼릴 이유가 없어진다. 오히려 비교적 연식이 오래되지 않은 주택지역에 풍부한 녹지, 그리고 최신 상업시설까지 갖춘 주거지로 더욱 각광받을 수도 있다.

지난 수년간 정부 정책과 부동산 현장의 움직임을 보면서 나는 '살

만한 주거지를 만드는 것이 정말 쉽지 않다'라는 생각을 많이 했다. 서울 외곽에 있는 1, 2기 신도시는 정말 잘 만들어진 곳이다. 택지를 조성하고 개발한 후 교육과 상권 등 사람들에게 필요한 요소들을 넣어 신도시를 만든다. 물론 처음에는 여러 인프라가 부족해 힘들기도 하지만 시간이 지나면 주거지로서의 면모가 갖춰지고 사람이 살기 좋은 곳으로 바뀐다. 그런 도시가 갑자기 공동화될 수 있을까? 완벽한 대체재가 있어야만 가능한 일이다. 그러나 여러 차례 강조했듯이 서울에는 땅이 없다. 낡은 지역을 재개발 재건축으로 허물었다가 다시 올려야 하는데 택지 지정부터 건설까지 정말 지난한 과정을 거쳐야 한다.

현재의 주거지들은 어떤 이유에서든 사람들이 지금껏 살아왔고 앞으로도 살 가능성이 큰 곳이다. 만분의 일의 가능성이지만, 외부 충격으로 한국 경제가 무너진다면 그 충격이 중심보다 변두리에 강하게 작용할 수는 있다. 덜 선호하는 곳은 하락 후 회복도 더딜 것이다. 그러나 극단적인 양극화로 외곽부터 무너진다는 것은 현재로서는 이루어지기 어려운 시나리오다. 서울과 수도권 집중은 여전히 진행 중이고, 아파트 역시 여전히 부족한 상황이다.

2

아파트의 역사는
되풀이된다

임대차보호법의 역사를 알면
미래를 알 수 있다

2021년 부동산 시장에 가장 높은 파고를 일으킨 것은 '임대차보호법'이다. 알다시피 세입자에게 안정적인 주거지를 보장해주자는 좋은 취지에서 시작됐다. 그러나 그 결과가 어떠할지는 아직 아무도 모른다. 2020년 7월 시작됐으니 2024년 7월이나 되어야 그 결과를 알 수 있을 것이다. 그전까지는 누구도 시장의 작용과 부작용을 예단하기 어렵다. 다만 임대차보호법의 첫 시행과 이전의 결과들을 통해 '예상'은 해볼 수 있지 않을까 싶어서 지난 자료들을 정리해보았다.

주택임대차보호법이 처음 등장한 것은 1981년 2월이다. 임차인 보호를 위한 것으로, 주된 내용은 '주민등록을 옮겨 놓은 경우 임차권은 제3자로부터 대항력을 가지며, 임대차 기간은 최소 1년으로 한다'라는 것이다. 당시는 산업 개발시기로 서울로 사람들이 몰려서 집이 많이 모자랐다. 집주인은 세입자를 괄시했고, 6개월마다 이삿짐을 꾸리는 세입자가 대부분이었다. 민법에 전세권이 보장되어 있었지만 자기도 모르는 사이 소유주가 바뀌어 전세금을 받지 못하고 쫓겨나는 경우도 허다했다. 전세권은 '등기'를 한 경우에만 법적 보호를 받을 수 있었기 때문에 세입자의 고충은 극에 달했다. 현실과 법의 괴리 때문에 당시 서울민사지방법원에서는 하루에도 몇 차례씩 전세금 반환 소송을 다뤘다고 한다. 주택임대차보호법에서 전세 세입자의 임차권이 대항력을 갖도록 명시한 것은 그만큼 큰 의미가 있다. 또한 임대차 기간이 1년으로 늘어난 것도 임차인으로서는 매우 환호할 일이었다. 하지만 맞닥트린 현실은 기대와 달랐다. 집주인이 전세금을 한꺼번에 올리면서 전셋값이 30%씩 폭등하기 시작했다. 인상된 보증금을 부담할 여력이 없는 세입자는 살던 곳을 떠나야 해서 전세가 상승이 심각한 사회문제가 되었다. 이에 정부는 2년 뒤인 1983년 '임대료 인상 상한선을 연간 5% 이하로 제한'하고, 소액 보증금은 우선변제권으로 지켜주는 형태로 법을 개정했다. 하지만 임대인은 계약 기간이 종료되면 그 이상으로 인상해서 조치의 효과는 미비했다.

다시 주택임대차보호법이 개정된 것은 1989년이었다. 임대차 보호 기간을 1년에서 2년으로 늘리는 것이 주요 내용이었다. 개정된 법이 발효되고 1990년 새해 이사철이 되자 시장의 작용과 부작용이 나타나기 시작했다. 집주인이 선택할 수 있는 것은 상한선에 맞춰 전세가를 올리거나, 계약이 종료되었을 때 누적 상승분 혹은 다음 상승분을 예상해 왕창 올려 받는 것이었다. 그래서 전세 계약 실거래가를 살펴보면 계약 갱신권 사용분과 신규 계약분의 가격이 다른 '이중가격' 형태를 볼 수 있다. 전세가의 최대 피해자는 서민들이었다. 전셋값 인상으로 집주인과 마찰이 잦아졌고, 상승한 전세가를 맞춰주지 못해 서울 변두리나 수도권으로 이사해야 했다. 한편에서는 오른 전세금에 돈을 조금만 더 보태면 집을 장만할 수 있겠다는 생각으로 집을 사려는 이들이 늘어났는데, 수요가 많아지자 집주인이 부르는 호가도 상승했다.

이때 호황을 누린 주택이 바로 '다가구주택'이다. 단독주택과 연립주택의 중간 형태로 한 집에 여러 가구가 살 수 있도록 현관, 부엌, 화장실을 따로 하는 임대 전용 주택이다. 세입자가 매매로 집을 장만하고, 다가구주택이 일부 전세물량을 소화하면서 전세가는 차차 안정을 찾아갔다. 또한 1기 신도시 입주도 큰 역할을 했다. 이 과정에서 임대인과 임차인 모두 변화된 법령에 적응해 가면서 전세제도 자체도 안정화됐다.

2020년 7월 주택임대차보호법이 개정되고 1년 반 정도가 흘렀다. 개인적으로 과거 주택임대자보호법의 제정과 개정 시기에 일어났던 일이 그대로 반복되고 있다고 해도 과언이 아니라는 생각이다. 물론 개정된 법에 적응되면 2+2의 전세제도에 모두 익숙해지고, 전세시장도 안정화될 수 있을 것이다. 그러나 과거 전세가 상승과 집값 상승의 이력이 지금도 그대로 반복되리라는 것 역시 쉽게 예상되는 상황이다. 향후 2년이 무주택자들에게 더 가혹한 시기가 되지 않을까 하는 우려도 적지 않다.

1주택자의 혜택을
고려해야 할 때다

1989년 주택임대차보호법 개정 이후 주택 구입자가 늘었다. 세입자들은 '이사의 고달픔'에 지치고, 조금만 더 돈을 보태면 내 집을 가질 수 있다는 생각에 적극적으로 주택 매입에 나섰다. 나는 이러한 '밀리고 밀린 상태'의 결정이 2022년 상반기부터 재현되리라 생각한다. 실제로 전세금이 많이 오른 시기 이후에 아파트를 구매한 사례는 많이 있었다.

전세가율이 낮았던 2009년 매매를 꺼리던 이들은 전세가율이 올라가면서 조금씩 투자자 위주로 구매하기 시작했고, 전세가가 정점을 찍은 이후에도 시차를 두고 거래를 많이 했다. 전세가 상승은 투자 수요와 함께 실거주 수요도 함께 많아지는 현상을 불러왔다. 앞서 언급했던 젊은 층의 '패닉바잉'도 엄밀히는 실거주 수요라고 본다. 물론 현실적으로 아파트가격을 다 부담할 수 없는 경우 '부모 찬스'를 썼을 수도 있고, 부유한 부모들이 거주지가 분리된 자식 명의로 아파트를 사두는 '에셋 파킹(Asset Parking, 자산을 저장해두는 수단)' 형태일 수도 있다. 또 들어가서 살 수 없는 집을 전세를 껴서 미리 사두는 형태도 있을 것이다. 그러나 이 모든 방법의 목적이 실거주라면, 미래의 어느 시기에는 분가나 결혼, 이사를 통해 들어가 살게 될 것이므로 실거주 수요라고 봐야 한다.

이쯤 되면 무주택자는 '왜 이들이 무리해서까지 집을 마련했는가?'를 알아봐야 한다. 1주택자의 혜택이 어느 때보다 크기 때문이다. 내 주변에는 2+2 조건의 낮은 전세가로 2년을 더 살 수 있는데도 집을 산 사람들이 있고, 이들의 이유는 논리적이고 과감하다.

서울 아파트 전세가율 흐름

출처: KB국민은행

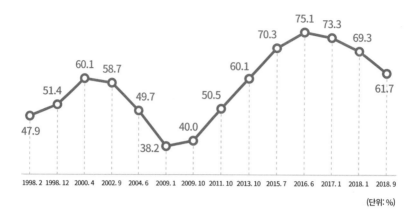

47.9 51.4 60.1 58.7 49.7 38.2 40.0 50.5 60.1 70.3 75.1 73.3 69.3 61.7

1998. 2 1998. 12 2000. 4 2002. 9 2004. 6 2009. 1 2009. 10 2011. 10 2013. 10 2015. 7 2016. 6 2017. 1 2018. 1 2018. 9

(단위: %)

1분기 수도권 아파트 매매거래건수 추이

출처: 부동산114

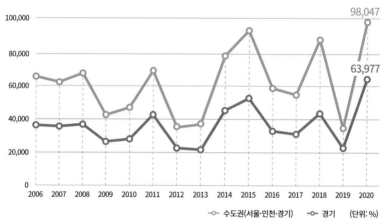

98,047

63,977

2006 2007 2008 2009 2010 2011 2012 2013 2014 2015 2016 2017 2018 2019 2020

─○─ 수도권(서울·인천·경기) ─○─ 경기 (단위: %)

- 2020년 4월 1일 조사
- 2019년까지는 한국감정원 추출, 2020년은 실거래가 반영

2장. 집을 사는 것과 빌리는 것 중 뭐가 더 위험한가?

첫째, 1가구 1주택자의 양도세 면제 조건이다. 현행 법규는 한 가구가 하나의 주택을 2년 동안 보유하고 거주하면 매매가격 12억 원까지는 양도세 비과세 혜택을 제공한다. '양도소득세'란 내가 산 가격보다 판 가격이 높으면, 그 차익에 대해서는 세금을 내는 것이다. 그런데 일단 구입 후 살면서 2년이 지나면 12억 원까지 가격이 상승해도 세금을 내지 않는다. 주거 안정화를 위한 정책적인 배려다. 다주택자와 비교해 매우 유리한 조건이다. 일시적 2주택자를 제외하고 2주택자의 경우 기본세율 20%를 가산하고, 3주택은 30%를 가산해 양도소득세를 내야 한다. 1가구 1주택의 경우 12억 원을 초과하더라도 장기보유특별공제 혜택을 최대 80%까지 받을 수 있다. 집값이 12억 원을 초과하더라도 오래 살면 살수록 양도소득세 부담이 줄어든다.

둘째, 취득세와 증여세 혜택이 크다. 1주택자는 주택가액에 따라 1~3%의 취득세를 낸다. 조정대상지역에 주택을 살 경우 일시적 2주택을 제외하고 2주택자는 8%, 3주택자 이상은 12%의 취득세를 내야 한다. 1가구 1주택자는 증여세율도 조정되는데 1가구 1주택자가 소유주택을 배우자와 직계존비속에게 증여하면 3.5%의 취득세율을 적용한다. 단, 조정대상지역 내 3억 원 이상 주택을 증여하는 경우는 12%의 세금을 내야 한다.

셋째, 보유세 혜택도 있다. 2021년부터 1세대 1주택의 종합부동산세율은 0.6~3%이다. 조정대상지역의 2주택자부터는 1.2~6.0%로 강화된다. 거기다 1가구 1주택은 11억 원까지 공제되고, 기타 경우 공제금액이 6억 원이라서 다주택자와 비교해 1가구 1주택자의 부담이 크게 줄어든다. 현 정부에서 제공하는 1가구 1주택자의 혜택은 이만큼 많다.

다주택자들이 집 구매를 꺼리면 전세가는 상승할 수밖에 없다. 주택임대차 3법의 시행은 파고를 더 키우는 역할을 하고 있다. 실거래가를 확인하면 1989년처럼 매매가와 전세가 상승이 그대로 반영된 것을 확인할 수 있다. 전세가도 오르고 매매가도 오르는 상황에서, 집값 하락 혹은 청약 당첨만을 기다리며 '1가구 1주택자의 혜택'을 썩히고만 있을 텐가?

2장. 집을 사는 것과 빌리는 것 중 뭐가 더 위험한가?

전세로 밀려날 것인가?
자가로 밀려날 것인가?

언젠가는 집값이 안정화될 것이다.
그러나 언제?

"그럼에도 불구하고 영원히 오르는 자산은 없다."

처음 부동산을 접할 때부터 마음에 새겼던 문구다. 많은 무주택자가 고대하는 것처럼 부동산 상승장이 영원히 펼쳐지지는 못할 것이다. 상승하던 가격도 언젠가는 주춤하다가 고점에서 아래로 곤두박질칠 수도 있다. 과거를 돌아보면 무리한 투자를 일삼던 투자자들이 이런 때 큰 피해를 보았던 것도 사실이다. 이때를 대비해야 한다는 마음을 갖는 것은 투자자든 실수요자든 올바른 태도라 생각한다. 그러나 정말 중요한 것은 그때가 언제인지를 알고 있느냐는 것, 그리고 그때까지 내게 혹은 우리에게 버틸 체력이 있느냐는 것이다.

시장에는 항상 이유가 있다. 투자의 많은 부분은 불확실성이요, 심리라고 하지만 따지고 보면 아예 이유가 없는 경우는 거의 없다. 특히 부동산에서는 물량 폭탄이든 IMF든 국제금융위기든 이유가 항상 있었다. 비교적 많은 부동산 거래를 해보았고 지금도 다주택자인 나는, 사실 무주택자나 1가구 1주택자보다 주택 하락에 대한 리스크가 훨씬 크다. 수익이 나면 좋겠지만 손실이 난다면 남들보다 수십 배의 위험에 처하게 된다. 따라서 그냥 '뇌피셜'이 아니라 생사를 건 사투라고 생각하고 집값 안정화 시나리오, 정확히는 집값 하락 시나리오를 찬찬히 따져보았다.

하나, 가장 먼저는 공급이 충분하다는 가정이다. 현재 서울시에서 진행하는 재건축 사업이 마무리된 후 준공되는 시점을 따져보았다. 둔촌 주공아파트나 잠실 미성아파트, 크로바아파트 등 재건축이 진행 중인 곳들이 많다. 이 아파트들은 2023년 혹은 2024년에 준공되고 입주가 시작될 것이다. 또한 아파트를 건축하는 데 최소한 3년이 걸린다는 가정 아래 당장 오늘부터 정부에서 재건축 재개발 규제를 완화하거나, 건설사를 압박해 신규분양을 늘린다면 2024년부터는 입주물량이 나올 수 있다. 그 물량이 시장에서 어느 정도 크기로 작용할까 고려해본다.

둘, 다음으로 새 아파트에 대한 기대감이 차오른다는 가정이다. 정부에서 3기 신도시에 진심이고, 적극적으로 건설에 임한다면 2024년에는 입주가 가능할 것이라 예상할 수 있다. 물론 현재로서는 가장 빨리 잡았을 때 2024년이다. 시기적으로 2년의 기간이 있지만, 중요한 것은 무주택자들이 정부의 약속을 믿고 이를 아파트 매매 결정에 선반

2장. 집을 사는 것과 빌리는 것 중 뭐가 더 위험한가?

영할 수도 있다는 것이다. 몇 년만 기다리면 새집에 들어갈 수 있다는 확신이 있다면 많은 이들이 높은 전세가를 감당하면서 세입자의 신분을 유지할 것이다. 무주택자들이 이러한 기대심리에 반응할 수 있을 것인가, 한다면 언제쯤 될 것인가가 또 다른 관건이다.

셋, 마지막으로 앞서 언급했듯 구축 아파트가 시장에 원활히 나오는 상황이 벌어지는 것이다. 양도세 완화 등으로 구축이 시장에 나오면 시장은 매도자 우위에서 밸런스가 맞는, 더 나아가서는 매수자 우위로 변화할 수 있다. 그러면 자연스럽게 매매가 이루어지고 전세에서 자가로 갈아타는 인원으로 인해 수요 감소가 나타날 수 있다.

이 세 개의 가능성을 놓고 '실현 가능성'을 타진해본다.

첫째, 2024년부터 공급이 폭발적으로 늘어나는 상황이다. 나는 얼마나 공급이 늘어나는가보다, 늘어난 공급이 기존의 갈급함을 채워줄 수 있느냐가 문제라고 본다. 구축 매물이 잠긴 현재 시장에서 무주택자를 포함한 주택 수요는 상상을 초월한다. 추가적인 공급이 이루어진다면 이들에 의해서 빠르게 흡수될 것이다. 지난 2018년 12월 9,510호의 헬리오시티가 시장의 우려와 걱정이 무색하게 빨리 소진된 것도 같은 이유에서였다. 그러나 추가적인 공급은 쉽지 않을 것이다. 앞서 소개한 분양가 상한제로 인해 건설사들의 마진은 큰 폭으로 제한될 수밖에 없다. 적자 혹은 약간의 이익을 위해 큰 건설사들이 주택 시장에 뛰어들거라고 기대하기는 어렵다. 정부의 압박으로도 시장의 논리를 거스르기는 어려울 것으로 보인다.

둘째, 3기 신도시에 대한 기대감이다. 아직은 사전청약에 대한 열기가 뜨겁지만 이를 온전한 기대감으로 표현하기는 이르다. 게다가 높은 청약경쟁률에 벌써부터 실망한 사람들이 나타나고 있다. 여러 차례의 사전청약과 당첨자 발표 사이에서 실망하는 사람은 더 많아질 것이다. 게다가 3기 신도시 차질과 지연에 대한 우려가 점차 커지고 있다. 토지 보상이 원만히 이루어지고 실제 성공적인 입주가 이루어지기 전까지 기대감에 의한 시장 변화는 일어나기 어려워 보인다.

셋째, 마지막으로 정부의 규제가 완화되어서 다주택자 매물이 쏟아지고, 전세시장이 안정화되는 경우다. 가능성이 크지 않다. 올해는 대선까지 있다. 지금도 많은 후보가 "다주택자가 주택 시장을 혼탁하게 하고 있으므로 실수요자 주도 시장으로 재편해야 한다"라며 목소리를 높인다. 이런 상황에서 정부에서 기존의 정책 실패를 인정하고, 새로운 정책을 펼치기는 불가능에 가깝다고 본다. 정부의 정책 변화가 없다면 다주택자 매물 해제와 전세시장 안정화는 어렵다. 2024년부터는 임대차 3법에 사람들이 적응하고, 이 주기를 받아들여 나름의 분위기를 만들 수는 있다. 그러나 그때까지는 전세시장의 불안과 지속적 상승을 예상할 수밖에 없다.

개인적으로 현재 부동산 시장의 안정화를 기대할 수 있는 시기는 빨라도 2024년, 무리가 없는 선에서는 2027년 이후다. 그때까지는 부침을 반복하며 현 상태를 유지할 것이다. 그 사이에 얼마나 전세가가 오르고, 매매가가 오를지는 예단할 수 없다.

항상 집값은 가파르게 오르고 느리게 내린다

가끔 주변 지인들에게 부동산 컨설팅을 해준다. 가진 자금으로 어디를 사면 좋을지 물으면, 지도를 펼쳐놓고 가고 싶은 곳과 갈 수 있는 곳을 절충한다. 대화 중에 빠지지 않는 게 바로 이것이다.

"아휴, 내가 그때 집을 사자고 했는데 이이가 말려서 못 샀어요."

대충 비슷하다. 남편 때문에, 아내 때문에, 시어머니 때문에 그도 아니면 옆집 아저씨의 훈수 때문에 집을 사지 못했다고 이야기한다. 그 결과가 수년 후에 오른 집값과 씨름하는 상황이다.

"시장이 오르든 내리든 살 집 한 채는 있어야 한다."

이 말에 100% 공감한다. 그 이유는 집값은 아무리 내려가도 제자리를 찾아오고, 나아가 더 상승하기 때문이다. 시간이 흐르도록 놔두기만 하면 된다. 집값의 속성 중 하나가 가파르게 오르고 느리게 내린다는 것이다. IMF처럼 우리나라만 망하는 특이한 상황만 벌어지지 않는다면 집값은 늘 빠르게 오르고 느리게 내렸다. 매도자의 마음과 시장 상황이 절묘하게 맞아떨어진 결과다.

먼저 집값이 가파르게 오르는 원인을 살펴보자. 집값이 오르면 살 사람이 많아진다. 사람들은 집값이 쌀 때는 거들떠보지도 않다가 오르기 시작하면 집을 사려고 안간힘을 쓴다. 어떻게든 시장에 들어오려고 기를 쓴다. 그런데 이 시장에서는 들어오는 사람만큼 나가는 사람도 있다. 바로 집을 가진 사람들이다. 집값이 오르기 시작하면 매도자는 슬금슬금 시장에서 빠져나간다. 더 오르기를 기다린다. 수요는 늘기 시작했는데 공급은 줄어드니 가격은 더 가파르게 오른다. 확실한 매도자 우위 시장일수록 가격 상승폭은 매우 커진다. 물건은 줄고 사려는 사람은 많으니 이전 실거래가보다 1~2억 원 높은 가격에도 사려는 사람이 생긴다.

집값이 느리게 내리는 원인은 뭘까? 수도권 거주자 비율은 자가 50%와 세입자 50%로 나뉜다. 절반이 집을 가진 사람들이다. 시장에 있는 절반은 가격이 내려가도 쉽게 집을 팔지 못한다. 당장 나가서 살 집을 구한다는 게 여간 귀찮은 일이 아니기 때문이다. 집값이 내릴 때 집을 팔 수 있는 사람은 다주택자, 그중에서도 투자금이 많이 들어가 있어서 이자를 감당하기 어려운 사람들이다. 그런데 하락기에 집을 내놓으면 잘 안 팔린다. 하락기에는 정말 집이 안 팔린다. '떨어지는 칼날'이라도 되는 양 가격을 아무리 깎아도 매수자가 붙지 않는다. 상황은 그렇지만 매도자도 아주 가격을 후려쳐서 팔기는 어렵다. 사람 심리 중에 '손실기피'라는 것이 있다. 5만 원을 길에서 주웠을 때의 기쁨과 5만 원을 길에서 잃어버렸을 때의 고통이 똑같지는 않다. 공짜로 얻은 것은 흐지부지 써서 없애버리면 그만이지만, 가지고 있는 것을 잃어버릴 때는 굉장한 고통으로 다가온다. 그래서 웬만하면 버티려고 한다. 가뜩이나 거래도 이루어지지 않는 데다가 매도자가 손실기피를 하니 가격이 크게 내려가지는 않는다. 게다가 전세 세입자가 있으면 전세금만큼은 보전되기 때문에 가격의 하방경직성이 나타난다.

이러한 집값의 속성은 '한국 시장은 부동산 불패'라는 믿음을 만들어내는 데 일조했다. 특히 1주택자의 경우, 한곳에서의 평균 주거기간이 11년 정도로 매우 길다. 보통 결혼해서 아이를 낳으면 아이가 대학에 갈 때까지 한곳에 정착해서 살려고 한다. 그 사이 집값의 부침이 있어도 대부분은 살 때보다 팔 때 오른 가격에 집을 매도하게 된다. 만약 상황이 안 좋아 부동산 하락기를 맞았다고 해도 오른 만큼의 하락은 맞지 않을 것이다. 최악의 경우 아파트가격이 내렸다 해도 가파른 상승장에서만큼의 큰 손해는 입지 않을 것이다.

그렇다면 여기서 질문이 생긴다. "빠르게 오르는 시기에 집을 사야 할까? 느리게 내리는 시기에 사면 안 될까?" 여기서부터는 선택의 영역이다. 경험상 무주택자가 내 집 마련에 실패하는 가장 큰 원인은 '시기를 가리기 때문'이었던지라 우려스럽다. 모든 투자가 마찬가지지만 내리는 시기에 집을 장만하는 이들은 고수다. 주식도 그렇고 아파트도 그렇다. 웬만한 강심장이 아니고서는 피가 흥건한 시장에 들어서지 못한다. 초보자는 내릴 때는 내리는 것이 무섭고, 오를 때는 오른 가격이 무서워서 집을 사지 못한다. 차라리 오른 때라도 산 사람이 나은가? 평생 사지 못한 사람이 나은가? 지금 시장에서 자신의 자산을 점검해보면 쉽게 답을 찾을 수 있으리라 단언한다.

규제가 강화되든 풀리든, 집 없이 사는 게 가장 위험하다

이쯤에서 결론을 내고 가야 하지 싶다. 2020년 7월 주택임대차보호법이 개정되고 임대인으로부터도 많은 문의를 받았다. 전세가를 어떻게 하면 좋겠냐는 거였다. 계약갱신권을 받아들여야 하면 그렇게 하고, 새로운 세입자를 받는 상황이라면 형편껏 하라고 무난한 답을 드렸다. 개중에는 욕심껏 전세가를 올려 부른 임대인도 있었다. 세입자는 당장 다른 집을 구해서 나가겠다고 했단다. 그런데 며칠 후 임차인으로부터 '마음이 바뀌었다'라는 전화를 받았다. 속으로 '터무니없는 금액을 이야기하다니!'라며 열을 내고 부동산중개소를 찾은 세입자는 이미 오른 전세가에 입을 다물지 못했을 것이다. 인근 시세까지 모두 알아보고 나서 대출을 받든 부모님께 돈을 융통하든 전세가를 맞춰주겠다는 답을 할 수밖에 없었다. 이야기를 들은 나도 시장의 변화를 다시금 실감하지 않을 수 없었다.

"이러다 갑자기 집값이 떨어지면 어떻게 하지요?"

오르면 오르는 대로, 내리면 내리는 대로 세입자는 사실 늘 불안하다. 나는 욕 먹을 각오를 하고 지금 시장에서는 아파트를 사는 것이 최선이라는 답을 해주고 싶다. 유튜브에서도 "집값 상승을 부추긴다! 무턱대고 사라고 하면 집이 사지냐? 집값이 하락하면 누가 책임지냐?" 하는 댓글이 달린다. 그러나 나의 대답은 일관적이다. 지금은 "사고 싶다"가 아니라 "사야만 한다"라고 말할 때다. 구체적으로 무주택자 입장에서 규제가 유지되고 공급이 줄어 '집값이 오를 때'와 규제가 풀리고 공급이 풀려서 '집값이 내릴 때'를 가정해 이익과 손실을 가늠해보자.

우선 현재와 같은 상황이 유지되어 집값이 오를 때다. 운이 좋아서 계약갱신권을 썼다고 치자. 그래서 4년 동안 안정되고 편안하게 집을 잘 빌려서 썼다고 치자. 다음은 어떻게 되는가? 집값이 오르면서 전세가도 오르지 않을까? 문제는 그만큼 벌이가 되고 수익이 늘어나는가이다. 지난 십수 년 동안 "벌이가 넉넉해서 저축한 돈으로 전세금을 올려주고도 힘들지 않았어"라는 이야기를 한 번도 들어보지 못했다. 매매가와 전세가는 앞서거니 뒤서거니 하면서 함께 오르는 경향이 있다. 게다가 보유세가 늘고 주택 임대차 규제가 강화되면 임대인들은 자신들에게 돌아오는 공을 세입자에게 전가하려는 경향을 보인다. 주먹이 얼굴로 날아오면 사람들은 손으로 얼굴을 가린다. 얼굴이든 손이든 주먹으로 맞는 것은 같지만 손이 덜 아프기 때문이다. 피해가 덜 가는 방법이 있고, 그 방법을 알고 있다면 그대로 행동하게 되어 있다. 어떤 형태로든 늘어난 보유세를 세입자에게 전가하려 들 것이다. 실제 세금과 비용의 전가는 경제학 기본서에 나와 있는 인간의 본능이다. 도덕적으로 이들을 비난하는 것은 자유지만, 법의 테두리 안에서라면 규제할 방법은 없다. 세입자 입장에서 전세금을 맞추지 못하거나, 여러 경우로 임대인과 마찰을 빚는 경우 새로운 집을 구해서 나가야 한다. 대부분은 지금보다 못한 주택으로 이사하거나 입지가 더 좋지 않은 곳으로 밀려난다. 차선에 차차선까지 밀리는 상황이 닥치면 삶의 고달픔이 상당해진다. 상대적 '박탈감'도 느끼게 된다. 자신의 돈은 전세금으로 잠자는 동안 집주인의 아파트가격은 훌쩍 올라가 버렸다. 자신은 전세금만 고스란히 돌려받지만, 집주인은 전세금도 올려 받고 아파트가격도 올라 기분이 좋다. 직접 겪어보지 않은 사람은 그 상실감을 알 리 없다.

다음으로 규제가 풀리고 공급이 늘어나 집값이 내릴 때다. 4년을 잘 살고 났더니 집값이 내렸다. 그게 과연 세입자에게 좋기만 한 일일까? 전세가와 집값의 차이가 크지 않다면 내릴 때는 전세가 밑까지 내려갈 때도 있다. 집주인이 대출을 많이 받은 집에 세를 들었다면, 집주인이 대출을 상환하지 않아 경매로 넘어가는 일도 생긴다. 물론 요즘은 전세금 보증제도가 잘 갖춰져 안전장치가 더 많아졌다고는 해도 '깡통

전세'의 위험을 아예 배제할 수는 없다.

무주택자에게는 2개의 선택지가 있다. 계속 전세나 월세를 살거나 집을 사는 것이다. 물론 어느 쪽도 쉽지 않다. 그러나 지금은 나쁜 것과 더 나쁜 것 중에서 나쁜 것을 선택해야 하는 때다. 오르기 전에 집을 샀으면 최선이었을 것이다. 그래서 오른 가격에 집을 사는 것은 분명 나쁜 선택이다. 하지만 전세나 월세로 전전하는 것은 더 나쁜 선택이다.

다시 한번 강조하지만 상승장이 펼쳐지든, 혹은 상승장이 막을 내리고 하락장이 펼쳐지든 '집을 가진 쪽'이 미래의 승자가 된다. 최소한 집을 갖고 있으면 세입자보다는 리스크가 적기 때문이다. 향후 3년은 서울 부동산 시장에 아파트가 넘치게 공급되는 일은 없을 것이다. 설사 수급을 예전만큼 맞출 수 있다 해도 여러 여건상 조정폭은 제한적일 수밖에 없다. 전세시장은 항상 하방경직성을 유지해준다.

8년간의 직장생활 끝에 도저히 못 해 먹겠다고 사표를 쓴 후 나는 참 여러 가지 일을 전전했다. 회사생활만 아니라면 뭐든지 하겠다며 '과외 구함' 전단지를 붙이고 다니기도 했다. 새벽 5시에 일어나 '뭘 해 먹고 살지'를 심각하게 고민했다. 당시는 부동산 침체기였다. 나는 몇 권의 책을 읽고 '부동산은 안 되나 보다' 하고 마음을 접었다. 친구와 에어비앤비(AirB&B, 자가주택 단기 임대사업) 사업을 하겠다며 야심 차게 준비했으나 그도 안 되어 샀던 집을 고스란히 팔아야 했다. 그런데 고민 없이 샀던 아파트가 1년도 안 된 시간에 수천만 원이 올랐다. 그제야 '내가 그동안 뭘 놓치고 있었지?'라는 생각이 들었다. 금쪽같던 돈과 시간, 열정을 들여 준비했던 사업은 망했으나 새로운 기회가 열리는 순간이었다.

2장. 집을 사는 것과 빌리는 것 중 뭐가 더 위험한가?

갑자기 해묵은 이야기를 꺼낸 이유는 내게 '그때 부동산 대폭락을 주장하는 책들을 읽지 않았더라면 몇 년의 시간은 절약할 수 있지 않았을까?' 하는 아쉬움이 크게 남아 있기 때문이다. '경제적 자유를 얻을 방법이 뭐가 있을까?'를 고민하며 밤잠을 설치던 때였다. 그런데 잘못된 부동산 책을 읽은 탓에 부동산의 '부'자도 모른 채 '부동산은 끝났다'라는 생각만 했다. 정확히 만으로 2년을 지체했다. 최소한 이 책을 읽는 독자들은 나 같은 실수를 반복하지 않았으면 하는 바람이다.

'오늘이 2022년이 아니라 2015년이었다면, 그도 아니면 2016년이었다면, 그도 아니면 2017년이었다면.' 현재의 무주택자라면 과거에 집을 사지 않은 것, 혹은 못 산 것에 대한 후회가 분명히 있을 것이다. 그러나 오늘을 또다시 허투루 넘긴다면 내년에도 '올해가 2023년이 아니라 2022년이었다면' 하며 후회하게 될 것이다.

"

부동산 거래의 기본적인 원칙과 시장의 변화를 읽을 수 있다면 상대적으로 유리한 위치에서 자신이 원하는 곳을 매매할 수 있다. 나와 가족의 더 나은 삶, 나아가 경제적 자유를 위해서라도 '부동산 공부는 평생 한다'라는 생각을 가져야 한다.

"

부린이가 꼭 해야만 하는
부동산 첫 공부

명심하라.
부동산 공부는 사기 위해
하는 것이다

흙수저들이 흔히 하는 말이 있다.

"나도 부동산 자산가 부모님이 있으면 좋겠다!"

나 역시 '장학금을 못 타면 어쩌지?' 하며 전전긍긍하던 20대가 있었다. 부모님 슬하에서 편히 대학에 다니는 친구들이 몹시 부러웠다. '물려받을 부동산도 있고 좋겠다'가 당시 내 마음이었다. 그런데 나이가 들고 부동산을 정말 열심히 파고들다 보니 '부러움의 이유'가 달라졌다.

'내게도 내 집 마련의 원칙과 경험을 알려줄 부모님이 있었다면 어땠을까?'

아파트 공부를 본격적으로 시작하고, 주변을 돌아보며 이런 생각을 하게 됐다. 부모님들로부터 "어쨌든 집부터 장만해라. 내가 살 집은 언제 사도 밑지는 장사가 아니다"라는 이야기를 들은 친구들은 일찍 자리를 잡았다. 대단한 부동산 자산가는 아니더라도 평수를 늘리려, 아이들을 더 좋은 곳에서 키우기 위해, 직장 가까이에 가기 위해 아파트를 사고판 경험이 있는 부모는 자식에게 내 집 마련의 중요성을 수시로 강조한다. 이런 이야기를 듣고 자란 사람과 그렇지 않은 사람의 차이는 매우 크다. 그야말로 '부동산 DNA'가 있고 없고의 차이다.

수업을 진행해보면, 부동산 DNA가 있는 친구들은 공부보다 성과를 만드는 데 열심이다. 사실 일반적인 초보자 대상 부동산 수업에서 아파트 거래의 모든 것을 가르치는 것은 무리다. 사전정보 탐색, 임장 시 유의점, 사야 할 집과 사면 안 되는 집을 구분하는 법, 거래 시 유의점 등이 주가 된다. 대부분 이 정도 공부로 집을 산다는 걸 상상하지 못한다. 그러나 부동산 DNA를 가진 친구들은 필요한 내용은 다 알았다며 현장으로 나간다. 그리고 최대 6개월 안에 내 집 마련에 성공한다. 이런 친구들을 몇 번 만난 후 아예 나는, 내 강좌를 듣는 수강생들에게는 "내 집 마련까지 공부는 6개월을 넘기지 마라!"라고 단호하게 이야기한다. 흙수저에 부동산 DNA도 갖추지 못했는데, 스스로 기회를 만들 강단도 없다면 도대체 무엇으로 이 큰 격차를 해소할 수 있을까.

부동산 공부 특히 내 집 마련을 위한 '부동산 첫 공부'는 절대로 6개월을 넘겨서는 안 된다. 그 이유는 기간이 길어지면 길어질수록 중도 포기자가 될 가능성이 크기 때문이다. 대체로 부동산 공부를 시작하는 이들의 패턴은 이러하다. 처음에는 어떤 이유에서든 부동산에 관심이 생긴다. 부동산이 들썩인다는 기사에서부터 친구가 집을 사거나, 누가 뭘 팔아서 얼마를 벌었다거나, 돌아보니 무주택자는 나밖에 없는 것 같다거나 등을 생각하게 되면 '나만 뒤떨어지는 거 아냐?' 하는 위기의식이 찾아오고 '절대 그럴 순 없지. 뭐라도 해봐야지' 하고 마음먹게 된다.

이후로 책을 읽고 유튜브를 눈이 빠지라고 보고 지인들에게 "어디가 요즘 핫하대?" 하며 묻기 시작한다. 호갱노노나 부동산지인, 아실, 부동산 실거래가 앱 등을 설치하고 지금 사는 곳부터 열심히 뒤져보기 시작한다. 금액을 보면 엄두가 안 나지만 '어찌어찌 되지 않을까?' 싶은 생각에 앱 서핑을 계속한다. 결전의 날은 부동산중개소에 가는 날이다. "아파트를 보고 싶다"라는 말에 중개인은 이 아파트의 이 매물, 저 아파트의 저 매물을 보여준다. 많게는 하루에 5~6개 물건을 돌아보고 돌아온다. 머릿속에 남는 건 A 집의 벽지 색깔, B 집의 싱크대 문짝이 깨져 있던 것, C 집의 안방 침대 정도다. 무엇 하나 머리에 가지런히 남는 게 없다.

하지만 이때까지는 자신의 처지를 점검해볼 체력은 남아 있다. 은행잔고와 보험 대출 가능액, 마지막이라는 각오로 양가에서 당겨올 수 있는 현금, 주택담보대출 가능액, 그리고 대출 시 매달 갚아야 하는 이자와 원금. 대부분 여기서 정신이 아득해진다. 20~30년 장기대출은 상상만 해도 숨이 턱턱 막힌다. "좀 싼 아파트를 더 살펴보자"라는 배우자의 성화에도 "알았다"라는 성의 없는 대답으로 얼버무린 후 '정말 대출을 받아서 그 비싼 집을 살 수 있을까?'라는 생각이 든다. '그래, 피곤이 좀 가시면 호가 매물들을 좀 더 가지런히 정렬하고 대출 계획도 좀 더 구체적으로 잡아봐야겠다'라고 생각했다면 그나마 낫다. 그러나 열에 아홉은 꼭 아파트를 알아보러 다닐 때 다급한 일이 생긴다. 회사에 시급한 업무가 들어오거나, 누가 다치거나 집안 대소사를 챙겨야 하는 일이 벌어지거나, "조만간 집값이 떨어진다고 하던데?" 같은 이야기를 듣는 식이다. 이쯤 되면 마음 깊은 곳에서 '그래, 사는 일도 피곤한데 집은 다음에 사도 되지'라는 소리가 들려온다. 자연스럽게 몸도 마음도 일상으로 빨려 들어가고, 내 집 마련의 꿈은 흐지부지된다. 이런 패턴으로 부동산 초보는 언제나 초보 자리에서 벗어나지 못한다.

내 집 마련까지를 뜻하는 '부동산 첫 공부'의 기간은 꼭 6개월이다. 사람은 몸만 지치는 게 아니다. 마음도 쉽게 지친다. 다잡은 각오도 계절이 두 번만 지나면 낡고 헤진다. 공부는 6개월이면 족하다. 그 사이에 반드시 부동산중개소에 찾아가 쥐 잡듯 뒤져 내가 사고자 하는 아파트를 찾아야 한다. '공부를 해보겠다'와 '6개월 안에 사겠다'의 차이는 결과에서 나타난다. 사겠다는 마음으로 책을 보고 임장을 다니면 '내가 집을 사도 되는 이유'로 자신을 설득하고 '사도 되는 지역'을 찾게 된다. 살 수 있는 물건을 추려서, 다리가 지칠 때까지 찾아다니게 된다. 그렇게 계약서에 도장을 찍는 일까지 할 수 있다.

집을 한 번만
살 것이라는 착각에서
벗어나라

주변에 부동산 공부를 권하면 간혹 "내 집 한 채 장만하면 그만이지. 뭘 공부까지 하고 그래. 그 사이 돈이나 더 모으고 말지"라는 말을 듣는다. 그럴 때면 생업에 매진하겠다는 의지는 알겠으나, 내 집 장만에 대해 잘못 알고 있는 부분이 있어 꼭 앞서서 잔소리를 듣게 한다. 우선 당신이 살 게 될 것은 '집 한 채'가 아닐 확률이 매우 높다.

다음 그래프는 국토교통부에서 발표한 '2020 주거실태조사'다. 2020년 기준 주택의 평균 거주기간은 7.6년이지만 자가의 경우 10.6년이다. 상당한 기간이지만 결코 일생에 한 번은 아니다. 어림잡아 마흔 살에 첫 아파트를 장만했다고 해도 80대 기대수명까지 최소한 4~5번의 이사는 해야 한다. 당신이 장만해야 하는 집도 최소한 4~5채다. 아무리 일생에 걸친 일이지만 4~5번씩 반복해서 아파트를 사야 하는 일

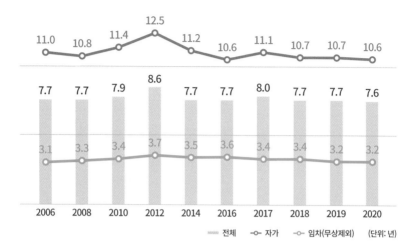

점유형태별 현재주택 평균거주기간 출처: 국토교통부

	2006	2008	2010	2012	2014	2016	2017	2018	2019	2020
전체	11.0	10.8	11.4	12.5	11.2	10.6	11.1	10.7	10.7	10.6
자가	7.7	7.7	7.9	8.6	7.7	7.7	8.0	7.7	7.7	7.6
임차(무상제외)	3.1	3.3	3.4	3.7	3.5	3.6	3.4	3.4	3.2	3.2

(단위: 년)

이 벌어진다면 공부할 만한 가치는 충분하지 않을까?

또 누구에게든 돈을 모으는 일보다 집을 사는 일이 더 중요하다. 이미 실감하고 있을 것이다. 월급을 모아서 아파트를 사는 것은 불가능하다. 월급이 오르는 것보다 아파트가격이 훨씬 많이 오른다. 아파트는 내 미래의 소득을 당겨서 사는 것이다. 대출을 받아서 사고 이를 상환하는 과정이 꼭 필요하다. 그런데 내 미래소득이 아무리 올라도, 미래의 아파트는 더 많이 올라 있을 가능성이 매우 크다. 지금까지도 그래왔기 때문이다. 그래서 '얼마를 모아서 사느냐'보다는 '얼마나 먼저 사느냐?'가 더 중요하다.

마지막으로 더 나은 삶을 위해 부동산 공부가 필요하다. 인간은 욕망의 동물이다. 남들이 좋은 집에 살면 나도 좋은 집에 살고 싶다. 자

20년간 서울 아파트 매매가격지수 vs 근로자 임금총액 증가 추이

출처: KB부동산, 고용노동부 '사업체노동력조사'

- 1999년 서울 아파트 매매가격지수=100 기준, 1999년 근로자 임금총액=100 기준으로 변환

근로자 임금총액   서울아파트 매매가격지수

가를 장만한 후에도 '내가 사는 곳이 최고지'라며 만족하는 경우는 드물다. 일단 짐을 풀고 시간이 지나면 '더 좋은 곳'이 보이기 마련이다. 욕망을 실현하기 위해서는 꾸준한 공부와 경험이 필요하다. '부동산 첫 공부'로 내 집을 마련한 후에도 정책의 변화와 부동산 시장의 흐름을 새겨들어야 하는 이유가 이것 때문이다. 게다가 중고거래라는 부동산 거래의 특성상, 여러 가지 절차를 거쳐 중개인이라는 3자를 통해 거래할 수밖에 없다. 부동산 거래의 기본적인 원칙과 시장의 변화를 읽을 수 있다면 상대적으로 유리한 위치에서 자신이 원하는 곳을 매매할 수 있다. 나와 가족의 더 나은 삶, 나아가 경제적 자유를 위해서라도 '부동산 공부는 평생 한다'라는 생각을 가져야 한다.

부동산 뉴스,
듣고 싶은 것만 들으면
결과가 좋지 않다

많은 이들이 시장의 흐름을 알려면 뭔가 보고 배워야 하는데 도대체 어떻게 해야 하느냐고 묻는다. 특히 정부 정책과 부동산 흐름을 보고하는 기사를 어떻게 찾아보는지 궁금해한다. 사실 나는 특별히 기사를 찾아보진 않는다. 일상적으로 보는 것들은 있으나 매일 매일 빼놓지 않는 '기사 읽기의 매뉴얼' 따위는 없다.

나는 즐기지 못하는 스트레스는 사절이다. 성실히 꾸준히 하자는 취지에서 매뉴얼을 만드는 것에 의미를 두기는 하지만, 과한 스트레스를 받으면 있던 흥미조차 사라져버린다. 다행히 '돈'은 인간에게 흥미가 생길 수밖에 없는 주제다. 실제로 우리 삶에서 '아파트 = 돈'이다. 흥미를 유지하면서 뉴스를 보거나, 임장을 다니면 점차 보이는 것이 늘어난다. 그래서 많이 읽고, 많이 듣고, 많이 고민하라고 권한다.

부동산 뉴스는 네이버만 봐도 웬만한 것은 다 있다. 다만 뉴스의 양이 너무 많고, 전문가라고 하는 이들의 주장도 제각각이라는 게 까다롭다. 자칫 '함정'이 될 수도 있으니 주의해야 한다. 뉴스 자체가 '신호'로 작용해 시장에 영향을 미치기도 한다.

출처: 뉴시스[10]

2021년 9월 2일 국토연구원에서는 '언론 보도 때문에 서울 집값이 올랐다'라는 취지의 보고서를 냈다. 사람들이 기사에 자극을 받는다는 내용이다. 그러나 집값 상승의 모든 원인이 기사 탓이라고 할 수는 없다. '자신이 보고 있는 것이 자신의 의사결정에 큰 영향을 미친다'라는 사실을 안 것으로 충분하다.

개인적으로 읽지도 않고 거르는 기사가 몇 개 있다. 첫 번째, 분양 광고 기사다. 광고 기사를 구분하는 방법은 간단하다. 대표적으로 기사

하단에 아파트나 오피스텔, 지식산업센터 등 광고가 붙은 것들이다. 그럴듯하게 어느 지역이 좋다거나 어느 부동산이 요새 뜬다고 소개하는 듯하다가 "그런데 말이야. 요즘 이런 걸 팔고 있거든" 하면서 팔려는 부동산을 소개한다. 이런 기사들은 기사로서의 가치가 없다.

두 번째, 아주 적은 데이터를 가지고 이것이 마치 시장의 흐름인 양 호도하는 기사들도 배제한다. 2019년부터 "중국인이 서울 아파트 싹쓸이"라는 기사가 자주 나왔다. 기사에서는 "2015년 1월부터 2019년 8월까지 외국인이 사들인 주택이 1만 341채인데 이 중 중국인이 매수한 주택이 4,773채였다. 전체 46.2%에 달한다"라고 소개했다. 그러나 사실 2016년부터 2020년까지 전체 매매 중 중국인이 차지하는 비율은 0.4~0.7% 수준이었다. 이 정도를 두고 싹쓸이라고 표현할 수 있을까?

세 번째, 시장에 나타나는 현상에 잘못된 이유를 갖다 붙이는 기사도 걸러야 한다. 2021년 봄부터 "서울 거주자 '아파트 원정투자' 역대 최다"라는 제목의 기사가 실렸다. 국토교통부에서 매월 발표하는 '아파트 매입자 거주지별 현황' 자료 중 '서울 거주자들이 서울 이외 지역에서 매입한 아파트가 한국부동산원이 통계를 내기 시작한 2006년 이후 최다(2021년 6월 기준 3만 2,420건)'라고 했다. 매입이 많았던 곳은 경기, 인천 그리고 강원도 순이었다. 이에 대한 원인으로 기사는 전문가의 말을 빌려 "서울보다 상대적으로 아파트가격이 덜 오른 지역이 더 상승할 것이라는 기대심리로 매입이 늘어나고 있는 분위기"라고 정리했다. 기사는 이를 '원정투자'라고 못 박았다. 그러나 이 설명은 진실이 아니다. 서울 거주자들의 아파트 매입 지역을 자세히 살펴보면 하남시, 구리, 광명, 의정부, 김포 등 서울 인접지가 많았다. 서울 집값이 오르기 때문에 인접한 지역에 이주를 선택한 이들이 늘어난 결과라고 봐야 한다. 실제 서울시의 인구는 꾸준히 감소하지만 경기도 인구는 꾸준히 증가하고 있다.

정리해보자. 뉴스를 볼 때는 내가 여기서 무엇을 얻을까를 고민해야 한다. '나한테 남은 게 뭔가?' 이런 생각도 좋다. 만일 그동안 부동산 뉴스를 꾸준히 보아왔다면 결과가 눈앞에 보일 것이다. 앞서 열거한 기사들은 의도가 있다. 아파트를 사지 못한 이들의 감정을 자극한다. 그리고 '그들 때문에 내가 집 한 칸 장만하지 못했다'라는 원망과 푸념을 던지게 한다. 이런 상태에서는 뉴스를 보고도 진실을 보지 못하고, 듣고 싶은 것만 듣는 상황이 벌어진다.

기본적으로 사람은 감정의 동물이라 '듣고 싶은 것만 들으려는 경향'이 짙다. 예를 들어보자. 열애 후 결혼하고 아이를 낳을 때는 기아와 난민에 관한 기사는 듣기를 꺼린다. 나의 정서와 맞지 않기 때문에 듣고 싶지 않다. 그러나 실직하거나 빚에 허덕일 때는 세상 불행한 뉴스가 다 내 이야기 같다. 마찬가지로 내가 아파트며 상가며 부동산을 여럿 갖고 있다면 '부동산가격이 오를 것'이라는 뉴스에 더 열중하게 되고, 내가 10년째 무주택자요, 전세를 전전해야 하는 상황이라면 '집값 곧 폭락 올 것'이라는 기사가 반갑다. 관련 뉴스가 더 없나, 언제쯤 집값이 움직이나, 주장의 근거는 무엇인가? 누가 더 찾아보라고 하지 않아도 일일이 찾아보고 줄줄 외게 된다. 그 결과는 자신에게 남는다. 원하는 기사들만 계속 좇아 읽다 보면 가진 이는 더 가지려 할 것이고, 무주택자들은 더 오래 무주택자로 살게 될 것이다.

부동산 뉴스는 '밸런스'를 맞춰야 한다. 오른다는 기사가 있다면 내린다는 기사도 보아야 한다. 미분양 속출이라는 기사가 떴다면 아파트 분양가와 경쟁률을 확인하는 기사도 봐야 한다. 고정해서 보는 뉴스 채널의 색깔을 확인하는 것도 중요하다. 단순 시청자로서는 뉴스의 논조에 그대로 말려들기 쉽다. '문제가 무엇이라고 진단하고, 원인은 무엇이라고 해석하는가?' 의도를 알기 어렵다면 다른 의견도 들을 수 있도록 같은 주제에 대해 여러 채널의 뉴스를 봐야 할 필요가 있다.

만일 지금까지 '듣고 싶었던 것'만 들었다면 새로운 주장이 불편하고 어이없을 것이다. 그러나 일단 듣고 나서 시장의 상황과 대입해보라. 뉴스가 전하는 것이 사실인지 확인하기 위해 부동산중개소라도 한번 나가보자. 아파트 전세가와 가격은 어떻게 움직이고 있는지, 매물은 많은지 적은지, 뉴스와 현장의 소리를 교차해보면 서서히 밸런스를 맞춰갈 수 있을 것이다.

4

정부 정책 vs 시장의 수급, 알면 달라진다

2022년 초 푸념하는 이들은 두 부류다. 하나는 아파트를 사지 못한 경우, 다른 하나는 아파트를 팔아버린 경우이다. 2017년 이후 많은 정책이 쏟아졌다. 정부의 목소리는 한결같았다. "부동산으로 돈을 버는 시대는 끝났습니다. 가격도 곧 안정화될 것입니다. 무리한 추격 매매는 자제해 주십시오." 더불어 다주택자에게도 실제 사는 곳 이외의 주택은 매도하라는 강력한 사인을 주었다. 실제로 수강생 중에는 "집값이 떨어질 거라는 이야기만 듣고 살던 집을 팔아서 지금은 무주택자입니다. 수억 원이 올라버려 살던 집도 다시 들어가지 못하는데 분양물량을 기다려야 할까요?"라며 상담을 청하는 분들도 여럿 있었다.

부동산 시장의 향방을 점치기는 어려우나 부동산 거래는 시장에서 이루어진다는 전제는 잊지 말아야 한다. 정부의 정책과 시장의 수급, 2

가지 모두를 살펴야만 한다. 시장이 과열 양상을 띠면 정부는 안정화 대책을 내놓고, 시장이 침체 국면으로 접어들면 정부는 다시 활성화 대책을 내놓는다. 따라서 정부의 정책과 시장의 수급이 일치하기는 매우 어렵다.

"그럼 정부 정책을 따라야 합니까? 아니면 아예 반대 방향으로 가야 합니까?"

개인적으로는 시장의 방향 즉 가격의 오르내림은 수급(수요와 공급)이 결정한다고 생각한다. 시장경제에서 가격을 결정하는 것은 수요와 공급이다. 이것만은 확실하다. 시장에 공급이 넘치면 가격은 하락하고, 공급이 줄어든 상태에서 수요가 많아지면 가격은 상승한다. 다만 그 양을 정확하게 계량할 필요가 있다. 일례로 아파트 시장의 경우 공급을 신규 입주물량으로 한정하는 경우가 많은데, 구축 아파트 역시 중요한 공급원이다. 구축의 매물 잠김 현상이 나타난 상태에서 신규 입주물량이 쏟아져도 가격이 안정되기는 어렵다.

그렇다면 정부의 정책은 부동산 시장에 어떤 영향을 미치는가? 정부의 정책은 속도에 영향을 준다. 우리는 과거 노무현 정부 때의 부동산 가격폭등과 이명박 정부 때의 부동산 가격하락을 이미 경험했다. 이명박 정부 초기부터 부동산은 빠르게 안정화되었고, 심지어 하락세로 돌아섰다. 보금자리 주택을 짓고, 혁신도시와 기업도시를 지정해 일자리를 지방으로 내려보내고, 2기 신도시 입주가 맞물리면서 안정화 속도가 빨라졌다. 이처럼 정부의 정책은 수급이 안정화되는 과정에 '가속도'를 붙일 수 있다. 물론 반대의 경우도 가능하다. 공급이 줄어드는 상황에서 정부가 구축 매물까지 원활히 거래하지 못하도록 제도를 변경

하면 가격은 가파르게 상승할 수밖에 없다. 따라서 수급 못지않게 정부의 정책도 중요하다.

또 하나, 정부의 정책과 시장의 수급은 영향력을 미치는 시장이 각기 다르다. 부동산 시장을 '유동성 시장(투자 수요)'과 '실거주자 시장'으로 양분할 때, 정부의 정책은 유동성 시장에 크게 영향을 미친다. 정부가 전세난을 해결하기 위해 다주택자를 양성하고 전세대출을 풀기 시작하면 유동성 시장이 움직인다. 하지만 실거주자 시장은 상대적으로 영향이 덜하다. 실거주자 시장은 수요와 공급에 따른 영향을 크게 받는다. 신규분양과 입주물량이 늘고, 구축 아파트의 매매가 늘어야 가격 안정화가 가능하다.

물론 세상에 영원히 오르는 재화는 없다. 아파트 시장이라고 상승장만 지속되지는 않을 것이다. 전문가 대다수가 장기적으로 인구와 경제 양쪽 모두에 성장 한계가 오면서 정체가 지속되면, 주택가격 역시 상승 여력이 떨어질 것이라고 말한다. 개인적으로도 만일 가격이 천정부지로 오른다면 매수를 미루거나 포기하는 사람이 늘면서 매수 수요가 감소한 형태의 안정화가 올 수도 있다고 생각한다. 이미 살 사람이 다 샀다면 마지막에는 실거주자만 남을 것이다.

문제는 다시 현재의 시장으로 돌아온다. '지금이 부동산 경기 사이클의 어느 부분이냐?'라는 질문은 '언제 집을 사야 하나?'라는 질문과 연결된다. 다소 어렵다고 느낄 수도 있지만 '내가 할 수 있는 것' 혹은 '내가 해야만 하는 것'에 집중하면 답은 쉽게 나올 것이라고 본다. 우리 대다수는 정책을 만들 수 없다. 내가 할 수 있는 것은 시장에 참여자가 될 것이냐, 아니냐를 결정하는 것뿐이다. 특히나 내 집 마련이 목표라

118

3장. 부린이가 꼭 해야만 하는 부동산 첫 공부

면 상대적으로 정부의 정책 변화에 영향을 덜 받는다고 할 수 있다. 주택 공급의 80%가 민간 영역에서 행해지는 상황이라는 것도 중요한 포인트다. 속도보다는 방향에 집중하는 것이 맞다.

덧붙여 정부 정책에 귀 기울이고 시장에 대한 영향을 주시하는 것은 좋으나, 모든 것에는 '변화의 가능성'이 늘 존재한다는 것을 기억했으면 한다. 대표적으로 '규제책'들은 영원할 수 없다. 시장이 어느 정도 안정화되면 대부분 사라진다. 2002년 8월 주택건설촉진법을 개정해 '투기과열지구 지정제도'가 만들어지고, 다음 해 4월에 강남과 광명, 대전 서구 등이 투기지역으로 지정됐으나 부동산 경기 하락기인 2011년 12월에는 강남3구를 끝으로 투기과열지구가 모두 해제됐다.

아파트 매매는 나의 체력이 중요하다. 경제적으로 가능하다면 사야 한다. "1가구 1주택자라도 12억 원을 넘기면 양도세를 내야 한다는데요?"라는 물음은 무의미하다. 세금은 가진 자가 내는 것이다. 집값이 올라 세금을 내는 것이 나은가? 아니면 집값이 내려서 세금을 내지 않는 것이 나은가? 세금을 낼 정도로 가진 것이 나은가? 아니면 세금조차 내지 못할 정도로 없는 것이 나은가? 뻔한 결론을 두고 고민할 필요가 없다.

참여정부 주요 부동산 대책 일지

출처: 이데일리[11]

구분	대책	주요 항목	내용	비고
2003년	5.23대책	투기과열지구 및 투기지역 확대	수도권 전역 및 충청 일부	수요
		재건축 후분양제 도입	2003년 7월 1일 이후 시행인가 난 곳	재건축
		주상복합 분양권 전매금지	300가구 이상	수요
		LTV 인하	60%→50%	수요
	9.5대책	재건축 소형의무비율 확대	2005년 5월 19일 이후 시행인가 난 곳	재건축
		재건축 조합원 지위양도 금지	조합설립인가 후	재건축
	10.29대책	투기지역 LTV조정	50%→40%	수요
		종합부동산세 도입	2005년부터	수요
		1가구 3주택 양도세율 인상	60% 단일세율	수요
		주택거래신고제 도입	전용 18평 이상	수요
		주상복합 분양권 전매금지 확대	20가구 이상	수요
		강북뉴타운, 광명역세권 개발	뉴타운 12~13곳	공급
		재건축 개발이익환수방안	임대주택 의무건설	재건축
2005년	2.17대책	판교 공급일정 조정	4회 분할에서 11월 일괄공급	수요
		재건축 초고층 불허	2종 층고제한 유지, 3종 엄격관리	재건축
		3개 택지지구 판교수준으로 승격	양주옥정 남양주별내 고양삼송	공급
	5.4대책	기반시설부담금제 도입	신증축 건축물	수요
	8.31대책	종합부동산세 강화	9억→6억, 인별→가구별	수요
		1가구 2주택 양도세율 인상	50%(단일세율)	수요
		실거래가신고 의무화	2006년부터	수요
		송파신도시 건설	205만 평	공급
		수도권 1,500만 평 확보	연간 30만 명	공급
2006년	3.30대책	총부채상환비율(DTI) 도입	6억 초과 40% 이내	수요
		재건축 안전진단 강화	예비, 본안전진단 강화	재건축
		재건축 개발부담금제 도입	개발익 50% 이내	재건축
	11.15대책	수도권 공급물량 확대	06~10년 중 12.5만 가구 증가	공급
		분양가 인하	분양가 25% 인하	공급
		DTI 40% 적용지역 확대	투기지역에서 투기과열지구로	수요
2007년	1.11대책	분양가상한제 민간확대	재건축 재개발 주상복합 포함	공급
		민간택지 원가공개	수도권, 투기과열지구 7개 항목	공급
		청약가점제 도입	9월부터 공공 민간 동시 실시	공급
		전월세대책	임대주택 조기 입주	수요
		담보대출규제	1인 1건	수요

4장

부동산중개소에 가기 전에
반드시 고민해야 할 것들

가격은 시장이 인정한 가치라는 것을 인정하라

구축 아파트에는 '정가'가 없다. 단지 거래 시 당사자 간에 합의한 '가격'이 존재할 뿐이다. 파는 사람도 사는 사람도 '이 정도 가치는 된다'고 수긍할 때 거래가 성사된다. 요즘은 인터넷은 물론 부동산 앱까지 나와 있어서 부동산중개소에 가기 전에 매물을 확인할 수 있다. 매물의 현재 상태를 사진으로 제공하기도 하며, 조금만 시간을 들이면 아파트 단지나 평수별로 가격이 어떻게 변화했고, 현재 가격은 어느 선에 형성되어 있는지까지 알 수 있다.

이 정도 사전조사를 했다면 부동산중개소에 가기 전에 한 번쯤 '이 가격을 내가 수용할 수 있는가?'를 생각해보자. 물론 최근에 많이 올랐다면 "몇 달 사이에 1억 원이나 오른 걸 나 보고 수용하라고?"라는 반감이 먼저 들 것이다. 그러나 그런 감정적 대응에 앞서 '가격은 왜 올랐을까? 단지별로는 왜 가격 차이가 날까? 나는 어느 선까지 시장의 가격을 수용할 수 있을까?'라는 생각을 할 수 있어야 한다. 이 과정을 거치지 않으면 앞으로 펼쳐질 '내 집 마련'의 지난한 과정을 힘 있게 끌고 나가기 어렵다.

간혹 "직접 가서 보니 A단지보다 B단지가 2억 원이나 더 비싸더라고요. 제 눈에는 비슷비슷해 보이던데"라는 임장 후기를 듣곤 한다. 가격 차이가 한두 건의 거래에서만 나타난 것이 아니라면 이는 '시장이 인정한 가치의 차이'라고 봐야 한다. A단지가 B단지보다 2억 원이 비싼 것은, A단지를 산 사람들이 바보여서가 아니다. 수년간 꾸준히 차이를 두고 가격이 상승했다면 분명한 이유가 있다. 이를 인정하고 스스로 이해할 수 있는 원인을 찾아야 한다. 이런 노력 없이 "나는 도저히 수긍이 안 간다"라는 태도로 버티며 시장 가격을 받아들이지 못한다면 결코 시장에 참가할 수 없다. 단순히 '2억 원이나 싸다'라는 이유만으로 B아파트를 사면 반드시 후회하게 될 것이다.

"가격이 좀 올라주면 좋겠는데. 어디를 사면 좋을까요?"

흔한 질문이다. 답은 간단하다. 가장 비싼 아파트를 사면 된다. 이미 시장에서 높은 가치를 인정해주었기 때문이다. 아파트가격이 상승한다면 가장 먼저 상승할 것이고, 상승폭도 적지 않을 것이다. 설령 상승 비율은 저가 아파트보다 적다고 하더라도 절대가격이 높으니 상승폭은 상당하다. 1억 원짜리 아파트는 50%가 올라야 5,000만 원이지만, 20억 원인 아파트는 10%만 올라도 2억 원이다. 비싼 아파트일수록 하락장에서 가격이 흔들리더라도 제자리를 찾을 확률이 높다. 모두가 사고 싶어 해서 높은 가격을 형성한 것인 만큼 가격이 회복된다면 이전의 수요가 살아날 것이다. 물론 이런 대답은 개개인의 수요자에게는 부질 없다. 사고 싶다고 누구나 살 수 있다면 비쌀 이유가 없기 때문이다. 수요자는 자신의 경제 한도 안에서 최고의 방법을 찾아야 한다.

다시 본론으로 돌아가 '시장의 인정 가격'과 '나힌데 적정한 가격'에 대한 이야기를 해보자. 부동산에는 정가라는 것이 없다. 그래서 시장의 인정 가격을 이해하고, 내게 적정한 가격의 물건을 찾아야 한다. 기본 전제는 시장 가격의 흐름을 파악하면서, 비싼 아파트는 분명히 비싼 이유가 있다는 것을 인정하는 것이다. 이것은 아파트의 어떤 요소가 시장 가격에 영향을 미치는지를 알아가는 중요한 과정이기도 하다. 만일 다양한 요인(일자리, 교통, 학군, 환경 등)을 점검한 후에도 거주와 소유로서 그 아파트의 가치를 인정할 수 없다면? 매매하지 않으면 된다. 다양한 요인을 통해 거주 혹은 소유로서 아파트의 가치를 확인했다면 이후 이 가치가 이어질 것인지, 아니면 소멸할 것인지를 점검한다. 가치가 이어진다면 부동산가격의 부침에도 아파트가격은 장기적으로 제자리를 지킬 것이다. 소멸할 경우라면 좀 더 신중하게 접근한다.

다음으로 '내게 적정한 가격인가?'를 고민해야 한다. 뒤에 나오는 '가격을 결정하는 가이드라인'에서 더 자세히 설명하겠지만, 매매는 내가 돈이 있을 때야 실현할 수 있다. 아주 현실적으로 접근해야 한다. 부동산 첫 공부를 시작했다면 최장 6개월 안에는 내 집 마련에 나서자. 그때까지 내가 현실화할 수 있는 비용은 얼마인가? 시장의 가치는 인정했으나 내가 그 가치에 대한 대가를 낼 능력이 없다면 다음 장에서 소개하는 '포기하지 못할 것과 감수할 것들을 선별'하는 단계로 진행해야 한다.

포기하지 못할 것과
감수할 것들을 선별하라

상담해보면 절반 이상은 "현재 사는 집을 사고 싶다"라고 말한다. 그래서 더 고민이 깊다. 그 집을 살 수 있는 상황이라면 진즉에 샀을 것이다. 살 수 없는 상황이라서 전세나 월세를 선택했을 가능성이 크다. 그나마도 전세자금대출이나 보증금대출을 받았을 수 있다. 예를 들어 현재 전세 8억 원에 33평 아파트 전세를 살고 있다고 하자. 매매가는 보통 15억 원 정도다. 그럼 차이가 7억 원이다. 대출을 받으면 살 수도 있을 것 같다. 그러나 서울과 수도권 대부분이 규제대상 지역이라 15억 이상 아파트는 대출이 나오지 않는다. 게다가 전세가 8억 원 역시 일부는 대출로 메꿔져 있다면 사고 싶어도 살 수 없는 것이 현실이다.

그럼 이때는 어떻게 해야 하는가? 가장 먼저 "현재 살고 있는 집에 들어가기 어렵다는 것을 인정하라"라고 조언하고 싶다. 내가 해줄 수 있는 가장 현실적인 조언이다. 최악은 '다음 기회에'라며 내 집 마련을 포기하는 것이다. 실제 부동산 커뮤니티에 들어가 보면 "아파트가격 상승 이야기를 듣고, 살고 있는 아파트의 부동산중개소를 몇 곳 찾아갔는데 엄두가 안 나는 가격 때문에 매매를 포기했다"라는 글들을 쉽게 만나곤 한다. 이게 최악이다. 해결책은 더 실천적인 방법을 강구하는 것이다. "이번 생은 안 되겠구나." 포기하는 것이 아니라 "지금 아파트에서 누리고 있는 것 중에 포기하지 못할 것과 포기를 감수할 수 있는 것들을 선별해 차선지를 찾아보자." 마음먹고 실행에 옮겨야 한다. 이때 중심에서 외곽으로 거주지를 옮기는 것은 어쩔 수 없는 선택이다. 지금까지 완곡하게 말했지만 결론은 "집을 사고 싶다면 외곽으로 밀려나는 것을 감수하라"라는 것이다.

2021년 4월 기준 주택담보대출 가능 규모

출처: 국토교통부

	조정대상지역	투기지역·투기과열지구
LTV <담보인정비율>	9억 이하분 **50%**, 9억 초과분 **30%**	9억 이하분 **40%**, 9억 초과분 **20%**, 15억 초과 **0%**
	서민·실수요자 9억 이하 **60%**	서민·실수요자 9억 이하 **50%**
DTI <총부채상환비율>	**50%**	**40%**
	서민·실수요자 **60%**	서민·실수요자 **50%**

- 2주택 이상 보유세대 주택신규 구입 위한 주담대 금지(LTV 0%)
- 주택 구입 시 실거주 목적 제외 주담대 금지
  예외: 무주택세대가 구입 후 6개월 내 전입, 1주택세대 기존주택 6개월 내 처분 및 전입

무주택자의 경우, 투기과열지구에서도 9억 원까지 아파트 매매가 가능하다. 아파트가격이 9억 원이라면 담보 대출로 3.6억 원(매매가의 40%)을 빌릴 수 있다. 만일 아파트가격이 9억 원을 초과한다면 9억 원까지는 LTV 40%, 9억 원 초과분에 대해서는 LTV 20%가 적용된다. 12억 원의 아파트를 산다고 가정할 때 최대 4.2억 원까지 대출을 받을 수 있다. 자산과 대출을 활용해 살고 싶은 아파트를 알아보면 반드시 살 수 있는 곳이 나타난다.

그렇다면 포기하지 못할 것과 감수할 것은 어떻게 선별하는가? 대표적인 항목은 입지, 교통, 학군이다. 입지에는 거주의 편의성이 포함된다. 도시인에게 생활 편의시설은 필수품이다. 가까이 있지 않으면 여간 불편하지 않다. 교통은 일자리와도 연결된다. 대부분 지하철과 버스가 필요한 이유는 일터로 가기 위해서다. 출퇴근만으로 녹초가 되는 직장인도 상당히 많다. 학군은 부모에게 가장 중요한 항목이다. 아이를 꼭 유명 대학에 보내기 위해서만은 아니다. 학군이 좋은 곳은 안전하고, 아이들이 학원을 오가는 동선도 잘 짜여 있다. 입지, 교통, 학군이 좋은 곳은 비싸다. 두말이 필요 없다. 그러나 외곽으로 나가는 마당에 모든 것을 다 가질 수는 없다.

강남 서초동에 산다고 해보자. 입지, 교통, 학군이 완벽하다. 그러나 내가 집을 사야 한다면 결코 살 수 없는 곳이다. 포기할 수 없는 것을 기준으로 대체지가 정해진다. 만일 편의시설을 갖춘 곳을 원한다면 사실 대부분의 서울과 경기권이 가능하다. 그러나 교통이 우선이라면 지하철 2호선과 7호선, 9호선 라인, 신분당선 등을 끼고 있는 곳이 대체지가 된다. 지하철 노선도를 두고 갈 만한 곳을 물색하면 된다. 학군은 절대 포기하지 못하겠다면 목동이 대표적인 대체지가 된다.

내 집 마련은 자신이 수용 가능한 가격과 포기하지 못할 요건을 갖춘 곳이 교차하는 지점이다. 자신에게 혹은 가족들에게 덜 중요한 것을 우선으로 지워나가면 분명히 원하는 가격대의 아파트를 찾을 수 있을 것이다. 이런 과정에서 '아파트란 단순히 시멘트 덩어리가 아니다'라는 걸 깨닫게 된다면 부동산 첫 공부를 성공적으로 마쳤다고 할 수 있다.

급매는 결코
나를 기다리지 않는다

누구나 싼 아파트를 사고 싶다. 그래서 급매를 원한다. 주변에서 떠드는 이야기나 부동산 투자서에서 본 에피소드들, 유튜브 강의 등을 보면 아주 드문 일은 아닌 것 같다. 누구는 경매로 시세보다 10% 싸게 집을 샀다더라, 누구는 집주인이 해외에 살아서 시세를 잘 모르고 처분하는 바람에 살던 집을 싸게 샀다더라, 또 누구는 세금 때문에 5,000만 원이나 싸게 나온 집을 잡았다고도 한다. 분위기만 보면 나도 곧 '싸게 사는 주인공'이 될 것만 같다. 그러나 실제로 현장에 나가 보면 급매 찾기가 생각보다 쉽지 않다는 걸 금방 깨닫게 된다. 인터넷으로 비교적 싼 물건을 보고, 해당 부동산중개소에 전화해보면 돌아오는 대답은 뻔하다.

"전세 만기가 1년 정도 남아 있어요."

"월세가 껴 있는데 계약갱신청구권을 쓸 것 같아요."

"1층인데 정남향이 아니에요."

수급 불균형으로 인해 지금처럼 아파트가격이 오를 때는 '들어가 살 수 있는 집'을 찾기가 쉽지 않다. 싸다 싶으면 당장 들어갈 수 없는 물건이거나 모두가 좋아하는 동호수가 아니다. 상승장일수록 급매를 찾아다니는 수고를 들이는 것은 물론이거니와 싸게 사는 방법도 고민해야 한다.

먼저 급매를 찾아다닐 때는 1~2번 방문으로 급매를 찾을 수 있으리라는 기대를 해서는 안 된다. 진짜 급매는 수개월 혹은 반년을 기다려야 겨우 한 건 있을까 말까다. 자신이 수용할 수 있는 선의 급매를 꼭 찾아야겠다면 손품 발품의 '양'으로 승부해야 한다. 주기적으로 연락하는 것이 좋다. 나의 경우 일주일에 한 번씩 부동산중개소 세 곳에 꾸준히 전화한다. 한 달에 한 번은 방문도 한다. 이런 식으로 부동산중개소에 '사겠다'라는 이미지를 확실히 심어두면, 급매가 나올 때 반드시 연락을 준다. 단, 인터넷에 물건을 올리기도 전에 연락을 주는 것이니 나 역시 빠르게 결정해줘야 한다. '사야 한다'는 부담을 가질 필요는 없다. 자신의 기준에 맞지 않는다면 다음 물건을 기다려도 된다. 평상시에도 바로 계약금을 쏠 수 있을 정도로 현금 잔고를 유지하는 것도 필요하다.

다음으로 '싸게 사는 법'에 대한 고민이다. 아파트를 싸게 사는 법은 다양하다. 가장 쉽게는 앞서 소개한 급매를 잡는 것이고, 경매를 통해 살 수도 있다. 다음으로 전세나 월세 등의 이유로 호가가 낮은 아파트를 사서 내가 들어가 살 수 있도록 조정하는 것도 방법이다.

2020년 1월의 일이다. 서울 시내 아파트를 구하러 다녔는데 가격이 많이 오르고 주춤하던 때라 매물 자체가 많지 않았다. 실거래가를 확인하면 2019년 11월 중간층이 6억 5,000만 원에 거래된 것이 마지막 거래였고, 당시 부동산중개소에서는 1층에 7억 5,000만 원, 17층에 7억 원인 두 개의 물건이 있었다. 두 개의 물건을 모두 보았는데 17층이 전망도 트여 있고 상태도 좋았다. 그런데 1층 물건과 달리 17층은 5,000만 원이나 싼 대신 바로 입주가 어려웠다. 월세 세입자가 살고 있었고, 거래한다고 해도 세입자를 바로 내보낼 수 없었다. 차라리 전세라면 일부를 대출받아 샀다가, 만기 시 입주를 기다려볼 수 있겠으나 월세가 껴 있는 상황이라 대출로도 충당이 어려웠다. 집주인도 그 상황을 알고 다른 집보다 싸게 매물을 내놓은 것 같았다.

나는 잠깐 고민을 하다가 17층을 매수하기로 마음먹고 세입자를 내보낼 방법을 고민했다. 물론 무턱대고 내보낼 수는 없었다. 먼저 주변 부동산중개소를 수소문해서 세입자와 계약했던 부동산에 찾아갔다.

"월세 세입자를 내보내야 제가 살 수 있을 것 같은데요. 혹시 이사할 수 있는지 여쭤봐 주시겠어요?"

당시 부동산중개사는 다소 불편해했으나 "월세 사시는 분의 이사가 확정되면 여기서 계약을 진행하겠습니다"라며 다시 한번 부탁했다. 얼마 뒤 중개사로부터 "세입자가 이사비랑 부대비용으로 500만 원을 주면 나갈 의사가 있다고 합니다"라고 전해주었다. 나는 수긍하고 이사비와 부대비용을 감당했다. 내심 7억 원에 원하는 아파트를 사게 된 것이 만족스럽기도 했다. 호가보다 500만 원을 더 들였어도, 7억 5,000만 원과 비교하면 4,500만 원은 싸게 구입한 셈이다. 게다가 층과 향이 내가 원하던 것이었다. 나중에 팔게 되더라도 제값을 받을 수 있으리라는 자신이 있었다.

　매수자에게 상승장은 힘든 시장이다. 정말 급매라면 순서가 오기도 전에 이미 누군가가 낚아챌 가능성이 너무 크다. 그래서 개인적으로는 '급매 찾기'에 너무 목을 매지 말라고 말해주고 싶다. 급매를 기다리느라 상승장을 오래 견디다 보면 가격은 더 올라간다. 상승장에서 급매란 '싸게 나온 매물'보다 '싸게 살 수 있는 매물'에 더 가깝다. 앞서 사례처럼 월세가 껴 있는 물건을 사서 비용을 들여서라도 내가 들어갈 수 있도록 상황을 정리하는 것도 방법이다. 금액적으로 조율이 어렵다면 대출 조건이 유리한 물건, 잔금날짜를 길게 잡을 수 있는 물건 등 다른 것도 고려해볼 수 있다.

4장. 부동산중개소에 가기 전에 반드시 고민해야 할 것들

시장과 중개인에 대한
편견을 버려라

나는 차를 좋아한다. 뚜벅이로 오래 살아서 '돈을 쓸 여유가 생기면 꼭 좋은 차를 사보겠다'라는 욕심이 있었다. 마침내 불과 얼마 전에 '좋은 차'를 살 여유가 생겼다. 인터넷으로 자동차 모델을 알아보고 가격을 확인했다. 자동차 딜러들도 여럿 만나 보았다. 그때 '중고거래는 비슷비슷하다'라는 걸 다시금 확인하게 됐다.

새 차에는 정가가 매겨져 있다. 카탈로그를 보고 승차를 해본 후 맘에 들면 계약하면 된다. 사양과 옵션을 선택하는 대로 가격은 조정된다. 그런데 중고는 연식과 차종에 따라 천차만별이다. 스스로 가격을 확정하기가 어렵다. 지금까지 경험상 최상의 물건을 선택하기 위해서는 비교가 필수다. 새 차는 새 아파트, 중고는 구축 아파트라고 생각하면 된다. 모든 중고거래는 '좋은 딜러'를 만나는 것이 중요하다. 제품에 대해 잘 알고, 설명도 잘해주고, 합리적인 선에서 가격 조정까지 해주면 '이 정도 가격은 내야지'라며 최종 결정을 할 수 있다. 좋은 딜러를 만니는 것은 운도 따라야 하지만 노력도 중요하다.

"아파트 거래할 때 중개인 중요한 거 누가 모르나요? 초보라 눈탱이 맞을까 봐 걱정이죠."

상담해보면 초보자일수록 중개인에 대한 오해가 많다는 느낌을 받게 된다. 중개인에 대한 오해는 곧 시장에 대한 오해와 연결된다. 좋은 물건을 소개해주지 않을 것 같다거나, 가격을 부풀리는 것 같다거나, 아파트에 대한 설명도 사실과 다르지 않을까를 걱정한다. 모두 오해이거나 지나친 걱정이다.

부동산 거래는 시장에서 이루어진다. 중고거래 특성상 많이 아는 쪽이 유리한 것은 맞지만, 기본적으로 오픈된 시장이다. 내가 비교를 통해 가격을 확인하면, 중개인이 한쪽 편을 들어 폭리를 취하기는 사실상 어렵다. 초보자일수록 주의는 해야 하지만 스스로 불신을 키울 필요는 없다. 특히 부동산 공부를 할 때는 '어떻게 중개인을 내 편으로 만들까?'를 알아가는 게 더 현명하다.

일단 매물과 가격은 인터넷만 뒤져도 쉽게 확인할 수 있다. 그리고 인근의 부동산중개소 세 곳만 전화를 돌려봐도 가격이 어느 정도인지 물건의 상태는 어떤지 확인할 수 있다. 주택이나 땅은 지역 부동산에서도 정확한 시세를 파악하기 어렵지만, 아파트는 다르다. 물건별 차이점이 주택이나 땅만큼 크지 않다. 또한 인근 부동산중개소라면 거래를 통해 내부 상태를 대부분은 파악하고 있으므로 시세에 대한 감을 갖고 있다. 이미 형성된 기준 가격과 차이가 나는 이유는 동호수 그리고 내부 상태(확장형 혹은 기본형, 인테리어 진행 유무, 보일러 교체 여부 등) 때문이다. 가격 차이가 합당한지 아닌지는 부동산중개소 세 곳 정도에 전화만 해봐도 알 수 있다.

가장 좋은 과정은 평소 얼굴을 익혀서 아는 중개인과 거래하는 것이다. 중개인과 친해진다는 것은 곧 중개인을 내 편으로 만든다는 것이다. 이 상태까지 되면 여러 가지 이점이 있다. 예를 들어 내가 평소 관심을 가지던 아파트에 다른 물건보다 5,000만 원 정도 싼 물건이 매물로 나온 것을 확인했다. '평소 관심을 가지던'이라는 말은 최소한 임장을 몇 번 가보고 부동산도 들러 보았다는 뜻이다. 이때부터는 물건의 사실 여부와 상태 확인에 들어가야 한다.

"사장님, 105동 505호가 7억 5,000만 원에 나왔는데 이게 싼 거예요?"

평소 알던 중개사라면 상태에 대해 말해준다. "어 그 아파트, 집 상태가 별로 안 좋아. 10년째 수리를 안 했고 월세 세입자가 들어있는 데다가 베란다 새시도 한 번 바꿔야 돼." 아니면 "7억 5,000이면 많이 싼데 그거 어디서 물건 봤어?"라는 답을 해준다. "그거 완전 급매야. 잡아!"라고 결론을 내주는 중개사도 있다. 강의에서 이러한 대화 사례를 전해주면 "그건 강사님 정도 되고 경험이 많은 분이니까 가능하죠"라는 이야기가 들린다. 그러나 이것 역시 초보자의 오해다.

"부동산중개소 사장님이 왜 제대로 된 대답을 안 해주고, 왜 거짓말을 할 거라고 생각하십니까?"

뭔가 나는 모르는 사정이 있을 거라고 지레짐작하고, 초보자는 이런 걸 물어보면 안 된다고 생각한다. 정 믿음이 안 간다면 내가 손품 발품을 더 팔면 된다. 다른 곳에 전화해서 확인하는 방법도 있다. 그러나 이때도 제대로 된 정보를 얻고자 한다면 마인드부터 바꿔야 한다. '나 같은 초보한테 제대로 된 정보를 주겠어?'라는 의문을 가질 필요가 없다. 입장을 바꿔서 생각해보자.

"제가 이번에 꼭 내 집 마련을 해야 하는데 너무 고민이 되어서요."

"이번에 거래 잘 해주시면 팔 때도 사장님이랑 거래해야죠."

이런 이야기를 하는 손님에게 잘못된 정보를 주고 불친절하게 대할 이유가 없다. 중개사들이 가장 싫어하는 손님은 '뜨내기'다. 들어와서 이것저것 물어만 보고 시간만 뺏는 손님들이다. 오래 손님을 상대해온 중개사들은 대충 보면 안다. 이 손님이 진짜 물건을 사러 왔는지, 자료 조사만 하러 왔는지.

중고거래를 잘하기 위해서는 첫째 내가 정보를 많이 알아야 하고, 둘째 사람을 잘 부릴 줄 알아야 한다. '부린다'라는 표현이 부담스럽다면 '활용한다' 정도로 이해해도 된다. 엄밀히 부동산 거래를 통해 나는 중개사에게 돈을 지급하는 사람이다. 갑질하라는 게 아니라 궁금한 것은 적극적으로 물어보고, 거래 시 필요하다고 생각하는 것을 요구해도 된다는 말이다. 가격 조정이나 수수료 조정도 마찬가지다. 아쉬운 쪽이 우물을 파는 것이다. 중개사에게 도움을 받아야 한다면 내가 적극적으로 나서야 한다.

알면서도 중개사를 대하는 게 너무 어렵다 싶다면, 시간 날 때 한 번씩 얼굴을 비추는 것이 가장 좋다. 이름까지는 모르더라도 얼굴을 아는 것과 모르는 것만으로도 차이가 크다.

5장

'어디가 최선인가?'
위치를 선정하는
가이드라인

내 집 마련 제1원칙
'일자리가 있고 주거지가 훌륭하면
어디든 오른다'

"아파트의 가치는 곧 입지의 가치"라는 말이 있다. 과거에 그랬던 것처럼 앞으로도 변함이 없을 것이다. 서울은 아파트를 지을 땅이 절대적으로 부족하다. 좋은 아파트는 얼마든지 지을 수 있지만 '좋은 입지'에 아파트를 짓는 일은 쉽지 않다. 현재는 비슷한 가격대라도 입지에 따라서 미래의 가격은 천차만별이 될 수 있다. 아파트 입지에서 가장 중요한 것은 일자리와의 연계성이다. 다음은 주거지로서의 편의성과 안전성이다. 이 둘로 인해 핵심지와 비핵심지가 나뉜다. 모두가 '강남, 강남, 강남'을 외치는 이유 역시 일자리와 주거지로서의 편의성과 안전성 때문이다.

실제로 서울 근로자 10명 중 3명이 강남에서 일하고, 사업체 10곳 중 2곳이 강남에 있으며 이 비율은 절대 줄지 않는다. 2017년 기준 강남3구의 일자리는 144만 5,200개가 넘고, 사업체 역시 16만 5,300개가 넘는다. 이러한 강남3구 일자리 집중현상은 곧 주거지 쏠림으로 나타난다. 모두 일자리가 풍부하고, 배후주거지도 잘 갖춰진 강남으로 가고자 한다.

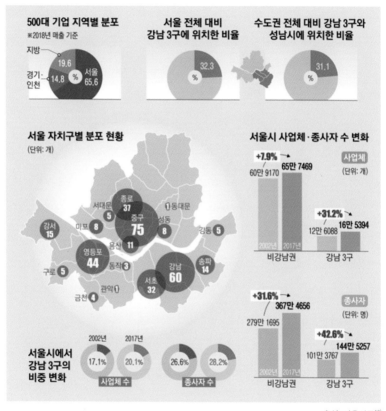

출처: 서울신문[12]

그러나 현실적으로 모두가 강남에 살 수는 없다. 단순히 아파트의 가격 때문만은 아니다. 자신의 생활권이 있고, 여러 사정상 주거지를 옮기는 것이 어려울 수 있다. 강북에서 아이들을 키우고 10년 넘게 산 사람이라면 이미 그 지역에서 나름의 편의성과 안전성을 확보했다고 봐야 한다. 강남이 좋다는 이유로 이 가정을 강남으로 옮겨놓는다고 더 행복해지지는 않을 것이다. 자신이 살아온 곳 혹은 살아가고 싶은 곳을 기준으로 최적의 장소를 고르는 것이 관건이다. 그렇다면 내 집 마련은 어디가 최선인가? 일자리와 주거지가 훌륭한 지역이면 어디든 상관없다. 만일 가용자금이 일자리 주변 지역으로 가기에 어렵다면, 최소한 일자리로 이동이 편리한 곳을 골라야 한다. 여기서 '일자리'란 꼭 내가 출근하는 그곳을 이야기하지는 않는다. 사람들이 일하러 많이 가는 곳, 그래서 항상 수요가 끊이지 않는 곳을 선점하는 것이 중요하다.

오른쪽 페이지의 그림들은 서울의 일자리 분포도와 신설법인 창업 분포도다. 강남3구, 종로구와 중구, 마포구와 영등포구 그리고 가산디지털단지역을 중심으로 구로구와 금천구에 일자리 밀집도가 높은 것을 알 수 있다. 아래쪽에 있는 '신설법인 창업 분포도'를 보면 강남3구, 종로구와 중구, 구로구와 금천구에 밀집해 있는 것을 알 수 있다. 개인과 가정이 집을 옮기는 것이 힘든 것처럼 기업체도 한번 뿌리내린 곳을 옮기는 게 쉽지 않다. 마곡이나 판교처럼 정부에서 새로운 기업형 도시를 새로 만드는 경우를 제외하고 일자리는 있던 곳에서 새로 만들어질 가능성이 크다.

2013년 서울시에서 발표한 '2030 서울도시기본계획' 역시 기존의 일자리를 바탕으로 '권역별 거점지역'을 확대하고, 여기에 맞는 급행철도 등 광역교통망을 확충하는 마스터플랜으로 짰다. 서울시에서는 권역별 균형발전을 목표로 하지만 교통망이 확충된다고 해도 일자리

서울시 400만 일자리 분포도

출처: 서울타임스[13]

서울시 소재 신설법인 창업 분포도

출처: 서울타임스[13]

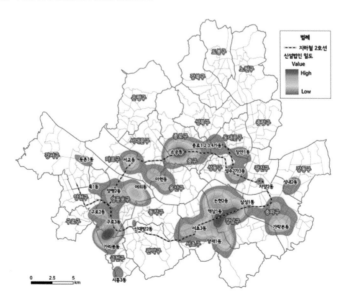

쏠림 현상이 완화되기는 쉽지 않다. 기본적으로 교통은 목적지를 중심으로 확충하게 되어 있다. 사람들이 가고자 하는 곳이 도심과 여의도, 영등포, 강남이기 때문에 이곳에 빠르고 편리하게 가기 위해 교통망이 확대되는 것이다.

2030 서울 도시기본계획   출처: 한국경제[14]

강남에 살 수 없다면 강남으로 쉽게 갈 수 있는 곳에 살고 싶다. 그래서 교통이 중요하다. 강남3구, 광화문과 여의도, 혹은 새롭게 일자리가 많이 생기는 구로구와 금천구로 빠르게 이동할 수 있는 지역을 꼽아보자. 개인적으로 유심히 보는 주거지역은 강남권, 광화문/마포권, 여의도권, 가산/구로디지털단지권, 판교권, 마곡권이다. 강남이 최고 입지인 것은 말할 것이 없다. 광화문/마포권은 전통적인 주거지였다. 그러나 주택 수 증가의 한계로 인해 최근에는 은평구와 일산 고양시에서 이곳으로 출퇴근하는 근로자도 많이 늘어났다. 지하철을 중심으로 계속 주거지가 확대될 것으로 보인다. 여의도권 역시 재건축이 진행될 만큼 노후도가 상당하다. 그 결과 배후주거지가 확장되어 이전에는 각광받지 못했던 강서구와 구로구에도 영향을 미치고 있다. 가산/구로디지털단지권은 새롭게 떠오르는 업무지역으로, 인근에 배후주거지를 형성하면서 영향력이 점차 커지고 있다. 판교와 마곡은 내부 주거지도 많지만 업무지역이 커지면서 인근에까지 수요가 몰릴 것으로 기대된다. 업무지역은 한번 생기면 그 크기가 점점 커지게 되어 있다. 이를 예상하고 일자리 인근에 내 집 마련을 시도하는 것도 좋은 방법이다.

2

최선 입지와 차선 입지를 알면
내게 맞는 곳이 보인다

서울 아파트는 갈수록 부족해질 것이다. 핵심지의 재건축 재개발로 신규 아파트가 공급된다고 해도 엄밀히 '내 집 마련'에는 큰 도움이 되지 못할 가능성이 크다. 모두에게 순번이 올 정도로 충분한 공급이 되기 어렵고, 언제 이루어질지 기약하기 어려운 경우가 대부분이며, 그때를 기다리며 내 집 마련의 시기를 늦추는 것은 최악의 선택이기 때문이다.

모두가 좋다고 하는 곳을 갈 수 없다면 차선이라도 선택해야 한다. 차선 역시 주요 포인트는 일자리와 주거지로서의 편의성과 안전성이다. 이왕이면 내가 아닌 '우리'의 기준이 중요하다. 최선의 주거지에서 차선의 주거지로 이동하는 사람이 많은 곳이 내게도 '최선의 차선'일 수 있다는 뜻이다.

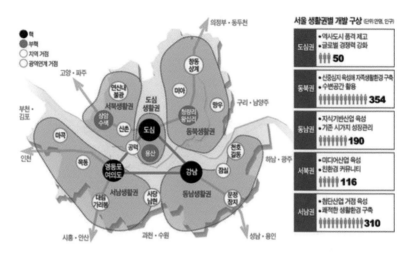

2030 서울 도시기본계획

출처: 한국경제[15]

위 그림은 앞서 소개한 '2030 서울도시기본계획'을 주거벨트로 구분한 것이다. 서울을 크게 5개의 권역으로 나누고, 교통의 연결 방향을 알려주고 있다. 이 연결 방향은 '차선 주거지'를 알려주는 방향과도 일치한다. 새로운 교통(지하철)의 신설은 주변지와 핵심지의 연결로 이루어진다. 이미 일자리를 위해 많은 사람이 외곽에서 중심으로 이동하고 있다. 주택 문제로 고민이 많은 정부 역시 이들 일자리 핵심지로 출근하는 이들을 위해 이동선을 따라 주택지를 개발할 수밖에 없다. 이들 권역을 중심으로 최선 입지와 차선 입지를 알아보자.

1. 강남: 동남생활권

강남구를 놓고 보면 오른쪽에 송파구가 있고 더 가면 강동구, 하남시가 연결된다. 사실 하남시가 생기면서 강동구가 많이 올랐다. 핵심지와 주변지는 상보 역할을 한다. 핵심지가 오르면 주변지가 오르고, 주변지가 비교적 많이 오르면 다시 핵심지가 오른다. 강남구, 송파구의 아파트가격이 상승하면서 강동구가 올랐고, 이들을 받아서 하남시의 아파트가 상승했다.

강남구의 왼편에는 서초구가 있고 더 가면 동작구가 있다. 사실 얼마 전까지 동작구에는 좋은 아파트가 많지 않았다. 그래서 강남구를 기준으로 왼쪽으로 이동한 사람들은 영등포구를 거쳐, 관악구 그리고 금천구로 많이 이동했다. 서남생활권인 여의도권 주거벨트가 교차하는 부분이 있다.

강남 아래는 분당과 판교가 있다. 이곳은 지역 내에서도 양질의 일자리가 풍부해 주거지로 인기가 높다. 강남으로 출근하려는 이들에게는 차선이지만 지역 내에서 출근하는 이들에게는 최선의 주거지다. 이런 이유로 가격이 상당하다. 판교에서 분당으로, 용인 수지구로, 용인 외곽으로 마지막에는 수원까지 주거지가 확대되는 형태다.

5장. '어디가 최선인가?' 위치를 선정하는 가이드라인

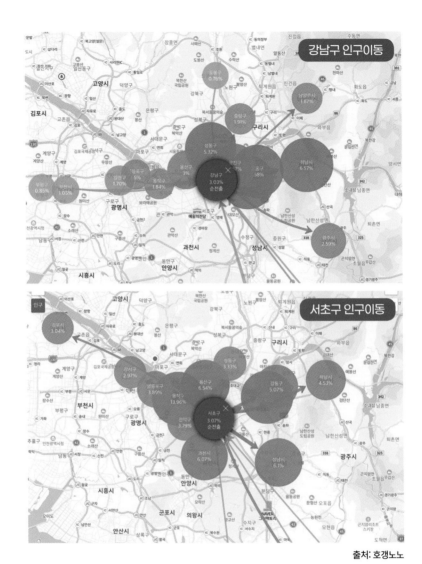

출처: 호갱노노

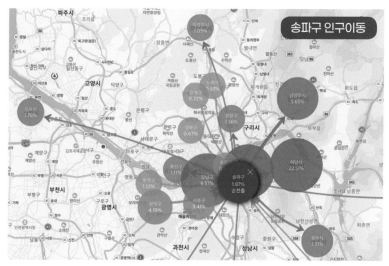

2. 종로: 도심생활권

종로는 가장 오래된 업무 중심지로, 주거지가 형성될 공간이 많지 않았다. 그래서 주거지로 좋은 아파트가 많지 않다. 용산구는 서울에 오래 자리 잡았던 부촌이고, 앞으로 개발도 기대되지만 당장 진입은 쉽지 않다. 도심생활권으로 이동하기 위한 대중교통으로는 지하철 2호선과 3호선, 4호선, 5호선 그리고 경의중앙선이 있다. 인근에는 마포구, 용산구, 성동구, 광진구가 있지만, 마포구에는 여의도로 출퇴근하는 이들이 많고, 용산구도 강남으로의 출퇴근 수요가 많다. 보통 도심생활권으로 출퇴근하는 이들은 3호선과 4호선, 5호선을 주로 이용한다. 3호선에서는 연신내, 불광동, 홍제역을 중심으로 한 은평뉴타운과 더 멀리는 고양시의 일산 서구, 동구, 덕양구 등의 도심생활권으로 내려온다. 4호선은 동대문구와 노원구에서 오고, 더 멀리 가면 의정부와 양주에서도 출퇴근 수요가 있다. 5호선은 강서구와 김포까지 확대된다.

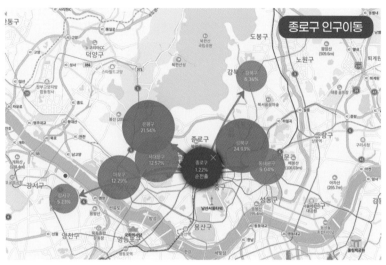

3. 광진구, 성동구: 동북생활권

오래전부터 광진구, 성동구는 각광받는 곳이지만 공통적으로 일자리가 없는 곳이기도 하다. 이곳에 사는 사람들은 일자리를 위해 서울 전역으로 퍼져나간다. 강북과 강남 모두 용이하다. 하지만 강남으로 가는 인구가 월등히 많아서 광진구보다 성동구가 더 높은 가격이 형성되어 있다. 동북생활권은 동대문구, 중랑구로 거주지 이동이 이루어진다.

다음은 노원구, 도봉구, 강북구다. 그다음이 남양주와 신도시 등이고,
의정부와 양주까지도 동북생활권에 포함된다.

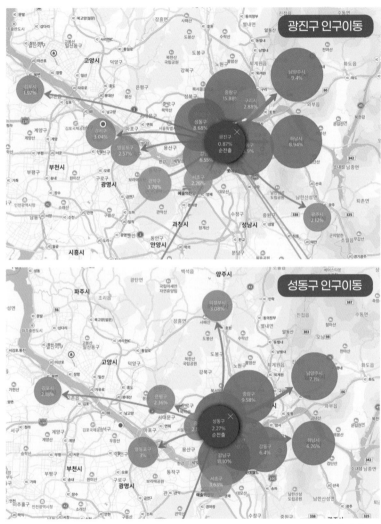

출처: 호갱노노

5장. '어디가 최선인가?' 위치를 선정하는 가이드라인

4. 광화문, 마포: 서북생활권

재개발과 재건축으로 최근 광화문과 마포구 아현동에 새로운 아파트가 많이 들어섰다. 하지만 수요가 항상 많았던 곳이라 가격대가 만만치 않다. 이곳에 아파트를 매매하지 못한 무주택자가 차선으로 선택한 곳이 마포구 상암동, 은평구와 고양시다. 상암동은 DMC 개발로 업무지역을 따로 끼고 있다. 대중교통으로 광화문 출근이 용이하다. 은평구의 경우 새로운 아파트들이 많아지면서 주거지로서의 편의성과 안전성이 높아졌고, 고양시는 1기 신도시라 잘 갖춰진 주거지로 꼽힌다.

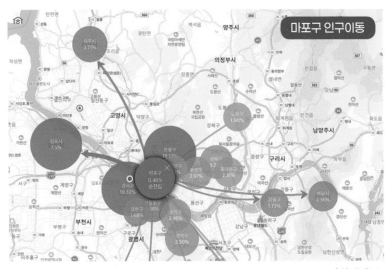

출처: 호갱노노

151

5. 여의도, 마곡, 가산·구로 디지털단지: 서남생활권

여의도에도 일자리가 상당하다. 그러나 아파트가 노후화되고 가격도 높아 선뜻 매매가 어렵다. 여의도로 출퇴근을 하는 이들이 차선지로 꼽는 곳이 양천구다. 특히 아이들 교육을 위해 목동으로 이동하는 사람이 상당하다. 목동으로 이동하는 사람 중 일부는 강남에서 넘어온다. 강남에서 목동은 이동 거리가 상당하지만, 아이들 학군을 중요하게 여기는 경우 과감하게 이동하는 것으로 보인다.

여의도에서 양천구로도 이동하기 어려운 경우는 강서구와 구로구의 아파트를 선택한다. 구로구는 여의도와 물리적으로 가깝고, 강서구는 9호선과 5호선을 이용해 출퇴근이 용이하다.

가산·구로 디지털단지는 하나의 권역으로 묶는다. 7호선 가산디지털단지역과 2호선 구로디지털단지역은 출퇴근 시 가장 사람이 많이 몰리는 지하철로 1, 2위를 다툴 정도로 붐빈다. 대기업이 포진한 지역은 아니지만 스타트업과 벤처를 중심으로 일자리가 빠르게 늘고 있다. 덕분에 인근에 있는 광명시와 금천구, 구로구의 인기가 높아지고 있다. 광명시는 택지를 개발해 금천구와 구로구에 비해 주거지로서 안정적이다. 금천구도 새 아파트를 필두로 가격이 상승하고 있다. 이 지역에 아파트 매매가 어려운 경우 한발 물러나 안양, 안산, 시흥 등으로 퍼져나간다.

마곡은 면적만으로 놓고 보면 크다고 할 수 없지만, 강서구의 아파트 수요를 강력하게 끌어가고 있다. 마곡의 주거지는 거의 완성됐으나 아직 일자리 중 절반은 들어오지 않았다. 앞으로 주거 수요는 꾸준히

늘어날 것이다. 강서구부터 인천시, 고양시, 김포시까지 영향을 미칠
수 있다.

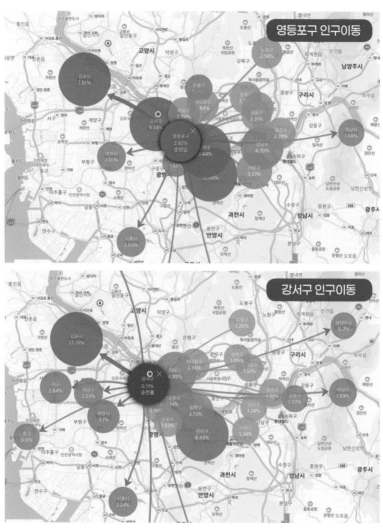

지금 살지 못하는 집일수록
상급지에 마련하라

"미래에 어디서 살고 싶으세요?"

이 답에 30초 안에 답할 수 있다면, 나는 그곳을 사라고 추천한다. 현재 거주하는 지역이라면 가장 좋다. 현재 거주하는 곳이 핵심지에 상급지라서 매입이 어렵다면 동일선상에서 차선책을 선택해 매매하는 것도 방법이다. 여기서부터는 수단과 방법의 문제다. 방향이 정해지면 길은 만들면 된다.

그런데 내 경험상 의외로 많은 사람이 30초 안에 미래에 살고 싶은 곳을 답하지 못했다. 내 집 마련은 하고 싶은데 딱히 '여기다!' 싶은 곳이 없으니 고민만 깊어진다. 선택의 폭이 너무 넓어지면 아예 선택하지 못하기도 한다. 이때는 '미래에 살고 싶은 곳에 갈 가능성을 키운다'라는 생각으로 접근하는 것이 편하다.

무주택자 대부분은 반드시 지금 살고 있는 곳에 정착해야 한다고 생각하지 않는다. 나고 자란 곳에서 살다가 대학 입학이나 취직 등으로 서울로 올라온 경우라면 학교나 회사 근처에 집을 마련한다. 너무 비싸면 지하철을 이용해 이동할 수 있는 주거지를 선택한다. 갓 결혼한 맞벌이 부부도 출퇴근이 가장 중요한 일이라서 직장과 인접성이 좋은 지역에 첫 집을 구한다.

이런 상황에서 '미래 살고 싶은 곳'은 고민거리가 되지 않는다. 주위들은 대로 "강남이요! 목동이요! 광화문이요!"를 외치는 것은 의미가 없다. 그곳의 입지와 생활 편의시설, 교육여건에 대해 알지 못하고 막연히 '좋겠거니'라고 생각하는 것은 10대 아이들이 연예인을 좋아하는 것과 다르지 않다. 현실성이 떨어진다. 여러 여건상 지금 당장 살고 있는 집을 사서 들어가지 못하는 경우도 마찬가지다.

"저랑 신랑 모두 근처에 직장이 있어서 살고는 있는데 여기서 아이를 키우고 싶지는 않아요."

"친정 부모님이 애들을 봐주셔야 해서 이 단지를 벗어날 수 없어요. 그런데 교통이 너무 안 좋아서 사고 나서 후회할까 봐 고민이에요."

이럴 때는 미래의 나와 가족에게 가장 중요한 요소를 확인하고 그것을 채워줄 수 있는 곳을 찾아야 한다. 그렇다면 미래에 살 곳은 어떻게 장만하는가? 먼저 현재의 주거와 소유를 분리한다는 전제를 받아들이고, 다음으로 미래 나와 가족에게 가장 중요한 요소를 확인한 후 다른 사람들이 살고 싶어 하는 곳 중에서 최고의 입지를 선점하는 것이다. 그러나 많은 무주택자가 주거와 소유를 분리하는 데 큰 두려움을 느낀다. 사실 번거롭지 않다면 거짓말이다. 자신은 세입자로 불편을 감수하면서, 사는 집에는 세입자를 들여야 한다. 그러나 주거와 소유를 분리하면 사게 될 집의 전세금만큼 레버리지를 활용할 수 있다. 상급지일수록 대출이 적게 나오기 때문에 전세금이라는 레버리지의 활용은 매우 큰 이득이다. 현재 자신이 살 수 있는 곳보다 한두 단계 더 좋은 입지를 선택할 수 있다.

출퇴근 편의성을 고려한다면 일자리와 교통 중심지를 선택할 수 있고, 주거지 편의성을 고려한다면 녹지가 많은 지역도 고려 대상이 된다. 아이의 교육이 우선이라면 좋은 학군과 학원가가 밀집한 지역을 꼽아야 한다. 경험상 많은 부부들이 아이의 교육에 집중하는 것을 보았다. 미래에는 자신들보다는 아이가 삶의 중심이 될 것이라 예상하기 때문이다. 아이가 태어나서 더 큰 집이 필요해지고, 아이를 중심으로 살아가게 될 것을 기대한다.

"그런데 제가 사정이 생겨서 그 집에 들어가서 살 수 없는 일이 생기면 어쩌죠?"

많은 사람이 이런 걱정을 하는 걸 알면서도, 주거와 소유를 분리해서 상급지를 선점하라고 강조하는 이유는 이 과정이 '가능성을 높이기 때문'이다. 지인 중 한 분은 10년 전에 아들이 결혼하면 살 집이라며 마포구에 아파트 한 채를 장만해두었다. 20대 중반인 아들이 결혼한다면 들어가 살아도 좋을 거로 생각한 것이다. 그런데 10년 후 결혼하고 신혼집을 알아보던 아들은 성동구 금호동에 가서 살고 싶다는 이야기를 꺼냈다. 처가가 가깝고 3호선이 있는 데다가 강남으로 바로 연결되는 동호대교가 가까워 출퇴근이 쉽기 때문이었다. 아들은 어머니와 상의해 마포의 집을 팔아서 금호동에 있는 아파트를 샀다. 전세 낀 집을 팔

고, 대출을 받아서 크게 무리하지 않고도 새 아파트를 장만할 수 있었
다. 이처럼 현재 내가 선점하는 지역이 미래 내가 살고 싶은 지역이 아
닐 수도 있다. 하지만 핵심지를 선점해두면 내가 살고 싶은 지역에 갈
가능성은 확실히 커진다.

가성비를 따질 거면
아직 오르지 않은 아파트가 낫다

언제부턴가 '가성비'라는 말이 흔한 말이 됐다. 먹을거리, 가구, 가전제품 등에 '가성비 좋은'이라는 수식어가 붙는다. 가성비(cost-effectiveness, 價性比)란 '가격 대비 성능'의 준말이다. 지급한 가격에 비해 제품의 성능이 얼마나 큰 효용을 주는지를 나타낸다.

"저는 정말 가진 돈이 없는데, 가성비 좋은 아파트는 없을까요?"

이 질문에는 "지금은 싸지만 다른 곳만큼 오를 수 있는 아파트를 찾아주세요!"라는 요청도 담겨 있다. 가진 돈이 적어서 혹은 경제적으로 큰 부담을 지고 싶지 않아서 가성비 좋은 아파트를 찾는다면, 덜 오른 지역의 아파트를 찾아서 사는 것을 추천한다. 물론 손품 발품이 들어가지만, 원리를 이해하면 그렇게 복잡하거나 어려운 일은 아니다. 다음은 지난 시기 아파트가격의 상승 시기를 보여주는 그래프다.

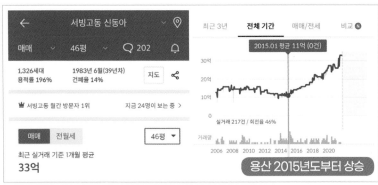

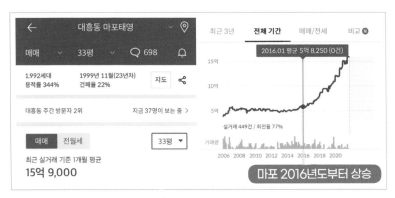

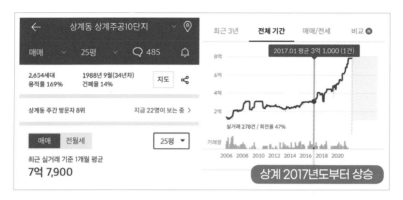

상계 2017년도부터 상승

경기부천 2018년도부터 상승

인천부평 2019년도부터 상승

5장. '어디가 최선인가?' 위치를 선정하는 가이드라인

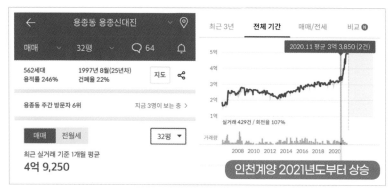

출처: 호갱노노

2014년부터 강남3구가 오르고 이후로 2015년에는 용산, 2016년은 마포가 상승하면서 일명 '마용성광'이 올랐다. 2017년에는 좀 더 외곽인 노원구, 도봉구, 강북구(노도강)가 오르고, 이후인 2018년에는 부천, 2019년은 인천 부평구, 2021년에는 인천 계양구가 올랐다. 강남을 중심으로 외곽까지 시차를 두고 가격이 상승했다. 또한 뒤에 상승하는 곳일수록 상승폭이 가파르고 기울기가 심하다는 것을 알 수 있다. 이전에 상승하지 못했던 에너지가 응축해 폭발하듯이 가격이 올랐다. 아파트 가격의 연이은 상승과 갈수록 기울기가 가팔라지는 것은 무엇을 보여주는가?

침체기에서 상승기로 시장이 변화할 때 시발점이 되는 곳은 보통 가장 수요가 몰리는 곳이다. 강남3구의 가격이 가장 먼저 오른다. 이후에 강남3구보다 입지는 떨어지지만 그래도 사람들의 수요가 몰리는 곳이 오른다. 마포, 용산, 성동구, 광진구 같은 곳이다. 강남3구 가격이 오른 것을 확인한 실수요자들이 자신이 살 집을 찾아 움직이기 시작한다. 그렇게 호수 중앙에 돌 하나가 떨어지면 파고가 중앙에서 외곽으로 퍼져나가듯이 가격 움직임이 일어난다. 이를 두고 순환매(증시에서 어떤 종목에 호재가 발생해 가격이 상승할 경우, 연관성이 있는 종목도 가격이 상승하게 되는 것을 말함), 키 맞추기, 갭 메우기라고 한다. 그 흐름을 보여주는 것이 위 그래프다.

이때 정부의 정책은 파고가 퍼지는 속도에 영향을 미친다. 정부가 내놓는 정책에 따라 수요가 순간적으로 감소하기도 하고, 폭증하기도 한다. 대출 규제 같은 대책을 내놓으면 일시적으로 시장이 얼어붙으면서 속도가 줄고, 매물 감소를 일으키는 대책을 내놓으면 '거래량 감소 속에 호가 상승'으로 속도가 빨라지기도 한다. 그러나 한번 시장의 방향이 상승 혹은 하락으로 결정된 상황이라면 정부 정책만으로 이 흐름을 아예 없애기는 쉽지 않다. 오랫동안 시장에 머물렀던 이들은 '부동산 시장의 역사는 반복된다'라는 말을 믿는다. 과거의 규제책이 시장에 미쳤던 영향과 과거의 시장 친화적 정책이 미쳤던 영향이 그대로 시장에서 재연된다. 과거에 키 맞추기와 갭 메우기가 일어났다면 앞으로도 이러한 흐름이 반복될 가능성이 크다. 이 원리를 이해하고 자신이 이동 가능한 범위 내에서 아파트를 선택하길 권한다.

예를 들어 만약 내가 광화문을 포함한 서북생활권이나 종로를 포함한 도심생활권으로 출퇴근해야 한다면 나는 상암동→은평뉴타운→지축지구→삼송지구→원흥지구→일산 라인을 따라 아파트가격의 흐름을 파악해보겠다. 상암동은 광화문과 종로로 가는 버스와 지하철이 따로 있고, 은평뉴타운부터 원흥까지는 지하철 3호선(구파발역, 지축역, 삼송역, 원흥역)으로 종로까지 연결되어 있다. 각각의 지구에는 주택단지가

상암~일산 라인 지도

출처: 카카오맵

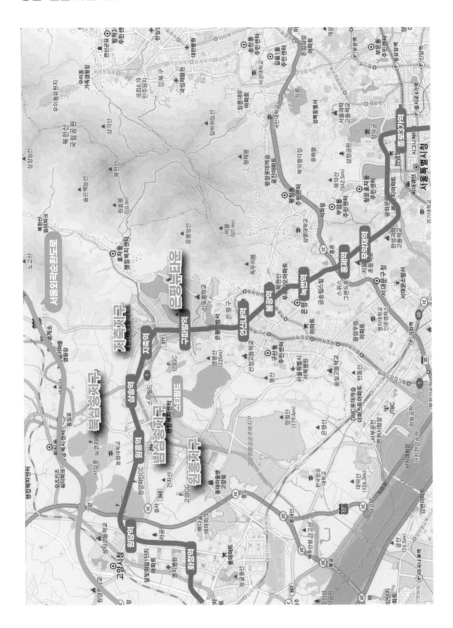

잘 형성되어 있는데 이케아(원흥지구)나 스타필드(상송지구) 같은 쇼핑몰과 학교도 잘 갖춰져 생활이 편리하다. 일자리가 많은 종로와 광화문은 지하철 3호선으로 이동할 수 있는데, 광화문은 종로에서 환승 후 한 정거장만 가면 된다. 버스로도 정거장 2개밖에 되지 않는다. 이런 지리적 연결성 때문에 가격 상승기의 순환매는 상암동에서부터 원흥까지 순차적으로 이루어진다. 이 흐름을 기본에 두고, 아직 오르지 않은 단지의 아파트를 매수하면 '가성비 갑'의 효과를 누릴 수 있다.

자신이 원하는 지역에서 순환매가 진행되는 방향을 알기 어렵다면 앞서 소개한 권역별 입지 분석을 다시 한번 살펴보기를 바란다. 인구의 이동 방향은 상급지에서 배후주거지로 흐른다. 순환매도 대부분 이 순서대로 이루어진다. 가성비 좋은 아파트를 찾는다면 손품 발품을 통해 그 길목 어딘가에 있는 '아직 오르지 않은 단지'를 짚어내야 한다. 다음 장에서 소개하는 그루핑을 통한 비교·평가 방법으로 접근하면 더 쉽게 덜 오른 곳을 찾아낼 수 있을 것이다.

'얼마가 최선인가?' 가격을 결정하는 가이드라인

호갱노노와 네이버 부동산을
동시에 보라

내가 부동산에 입문했을 때 부동산중개사 한 분이 "공부는 와서 하는 게 아니야. 공부를 다 끝내고 부동산중개소에 와야 하는 거야"라는 말을 해준 적이 있다. 펜과 빈 종이를 들고 가서 현장에서 이것저것 메모하는 사람은 아파트 사기 글렀다는 말도 덧붙였다. 경험이 쌓일수록 절대적으로 옳은 말이라는 생각이 든다. 부동산중개소는 아파트를 사러 가는 곳이지 공부하러 가는 곳이 아니다. 공부하겠다는 마음이라면 집에서 인터넷 서핑을 더 하고, 손품을 더 파는 것이 낫다.

개인적으로 부동산 앱은 호갱노노와 네이버 부동산을 동시에 보는 편이다. 특히 가격 변동이 심할 때는 반드시 네이버 부동산에서 호가를 확인해야 한다. 호갱노노는 실거래만 반영하지만, 네이버 부동산은 시장에 나온 매물을 통해 호가를 볼 수 있다. 매매가 충분할 때는 거래 가능 매물과 마지막 실거래가의 차이가 크지 않지만, 매물이 충분하지 않은 상황에서는 호가가 껑충 뛰어 있을 가능성이 크다. 호가를 확인하고, 전화로 실제로 거래할 수 있는지도 물어보고 부동산중개소에 가는 것이 좋다. 가격 변동이 심할 때면 매도자가 매물을 거둬들이는 일도 잦으니 먼저 전화해보는 게 최선이다.

한편 가격이 상승하는 시기에는 "최고가를 내가 쓰며, 울며 겨자 먹기로 아파트를 사야 할까?"를 고민하는 매수자가 상당하다. 이 고민은 사실 여러 현장을 둘러봐야만 해결할 수 있다. 아파트단지 중에 유난히 호가가 높게 나온 것이 있을 수 있다. 이를 받아들이기 어렵다면 거래는 이루어지지 않는다. 정상 시장이라면 거래가 줄면서 가격도 내려갈 것이다. 한두 곳이 아니라 일대의 호가가 가파르게 오른 것인데, '지금 사야겠다'라는 마음이 들었다면 더 깊이 고민해봐야 한다.

일례로 마지막 실거래가가 4억 원이었던 아파트의 호가가 6억 원으로 올라 있다. 실제 부동산중개사와 통화를 했더니 매수자들이 호가를 한껏 올렸다고 한다. 이럴 때 매수자 대부분은 2억 원이나 오른 가격에 사기를 꺼린다. "마지막 거래가가 4억인데 6억이 말이 되어요? 그건 아니죠, 사장님. 옆 단지로 갈래요." 하고 떠날 수 있다. 그러나 옆 단지도 상황은 비슷하다.

이때는 차선책으로 생각했던 지역으로 이동해 둘러보는 것이 좋다. 두 입지의 가격 차이가 이전보다 현격히 벌어졌고, 차선책으로 생각했던 지역의 가격은 이전과 크게 다르지 않다면 '순환매'를 기대하며 그 아파트를 거래하면 된다. 그런데 차선책이던 곳까지 호가가 1억 원 이상 올랐다면? 그때는 '오른 호가를 받아들여야 하는가?'를 진지하게 고민해야 한다. 물론 그다음 차선책으로 이동해 시세를 파악할 수도 있다. 하지만 핵심지와 비핵심지의 입지 차이는 분명하므로 실거주 입장이리면 그다음 차선지로의 이동은 힘든 선택이다.

여러 가지 상황이 벌어질 수 있으므로, 앱과 전화를 최대한 활용해야 한다. 원하는 입지, 차선 입지, 그다음 입지를 정하고 해당 입지의 대장아파트를 기준으로 또 2~3곳의 아파트단지를 선별한다. 아파트단지별로 그간의 가격 변동과 최종 실거래가, 그리고 네이버 부동산에 올라온 매물을 점검한다. 비교적 싼 매물과 정상 매물을 비교해본 후 해당 물건의 부동산중개소에 전화해서 물건 상황을 물어보면 된다. 우선 최근 매물 양의 변화와 거래량 변화, 가격 동향과 매수자들의 심리, 급매물과 급전세 유무 등을 묻는다. 부동산중개사들이 느끼는 시장의 분위기를 실감할 수 있을 것이다. 다음으로 현재 실거래가와 호가의 차이가 나타나는 이유는 무엇인지, 호가에서 어느 선까지 조정이 가능한지, 급매로 보이는 물건이 있다면 실제 거래가 가능한지를 점검한다. 마음이 가는 물건이 있다면 해당 물건의 상태와 실제 방문이 가능한 일정을 문의한다.

부동산중개사에게 물어야 하는 질문 리스트

✅ 최근 매물의 양과 거래량은 늘었는가? 줄었는가?

✅ 가격의 변화는 어떠한가? 매수자 우위 시장인가, 매도자 우위 시장인가?

✅ 급매물과 급전세가 있는가?

✅ 실거래가와 호가의 가격 차이는 어느 정도인가? 이유는 무엇인가?

✅ 호가를 조정한다면 실거래가와 어느 정도 차이가 나는가?

6장. '얼마가 최선인가?' 가격을 결정하는 가이드라인

사실 하루 이틀에 끝낼 만한 일은 아니다. 그러나 직접 부동산중개소에 들러서 서너 집을 볼 시간이면, 아파트단지 수십 개에 대한 정보를 긁어모을 수 있다는 걸 기억하자. 물건에 대한 정보와 가격을 정리하면서 '내가 감당할 수 있는 가격'에 대한 감도 잡을 수 있을 것이다.

"대출은 얼마까지 받는 게 좋을까요?" 답은 당신이 알고 있다

'영끌(영혼까지 끌어모은다)'이라는 말이 유행한 지도 꽤 된 것 같다. 아파트가 급등하면서 웬만큼 마음을 먹지 않고서는 집을 장만하기 어려운 상황이 됐다. 부동산 관련 사이트에 가보면 영끌의 수준을 논하는 글도 많다. 각각의 사정이 다르고 모아 놓은 돈, 모을 수 있는 돈이 다르다. 대출이라는 무거운 짐에 대한 부담감도 다르다.

'얼마가 최선인가?'에 대한 답을 알기 위해서는 먼저 현재 확보한 자금과 대출한도를 확인해야 한다. 아주 구체적으로 확인해야 한다. 그리고 최소한과 최대한의 범위도 정해야 한다. 예를 들어 '청약통장은 계속 들고 갈 것이냐 말 것이냐? 아이들 학자금 통장을 깰 것이냐 말 것이냐?'는 부부가 합의해서 결정할 일이다. 최소한의 범위에 넣을지 최대한의 범위에 넣을지도 고려해야 한다. '견물생심'이라는 말이 있다. 사람은 좋은 것과 그렇지 않은 것을 금방 알아차린다. 직접 아파트를 돌아다녀 보면 비싼 물건이 훨씬 눈에 잘 들어온다. 예산을 초과하는 집들을 두고 속앓이를 크게 하는 일도 생기고, 성급하게 계약했다가 무르지도 못하는 일도 생긴다. 여러모로 아파트에 돈을 맞추기보다 돈에 아파트를 맞추는 것이 현명하다. 가용범위를 미리 정해두면 순차적으로 문제를 해결해 나갈 수 있다.

최대한의 범위는 '영끌'에 해당할 수 있다. 영끌이 가능한 범위는 예·적금, 펀드와 주식 등을 포함한 현금과 주택자금대출, 신용대출 그리고 P2P 대출(peer-to-peer, 온라인에서 투자금을 모아 개인이나 기업에 빌려주는 대출 금융 서비스)까지 포함한다. 여유가 있는 부모님이 있다면 어느 정도 보탬이 될 수도 있겠으나, '좀 보태주시지 않겠어?'라고 막연히 생각하기보다 '얼마나, 어느 시기에' 도움을 받을 수 있을지 정확히 확정하고 시작하는 것이 좋다.

구분	현행		개선	
	투기과열지구	조정대상지역	투기과열지구	조정대상지역
우대요건	무주택 세대주(공통)		무주택 세대주(유지)	
①소득기준	부부합산 연소득 0.8억 이하 생애최초구입자 0.9억 이하		부부합산 연소득 **0.9억 이하** 생애최초구입자 **1.0억 미만**	
②주택기준	6억 원 이하	5억 원 이하	**9억 원 이하**	**8억 원 이하**
우대수준	**최대 4억원 한도(공통)**			
①LTV	50%	60%	(~6억)**60%** (6~9억 구간)**50%**	(~5억)**70%** (5~8억 구간)**60%**
②DTI	50%	60%	**60%**	60%
③DSR	은행권 40% / 비은행권 60%		은행권 40% / 비은행권 60%	

출처: 금융위원회

주택담보대출은 2021년 7월 1일 기준으로 새로운 안이 제시됐다. 투기과열지구 주택기준 9억 원 이하일 경우, 나머지 조건을 충족하면 최대 4억 원까지 적용된다. 대출이자는 은행과 상품에 따라 제각각이다. 4억 원 대출에 보수적으로 연 3.5% 이자를 계산하면 약 117만 원의 이자를 내야 한다.

신용대출은 담보가 필요치 않다. 안정적인 직장인이라면 마이너스 통장을 포함해 신용대출이 가능하다. 연 8,000만 원 이상 고소득자는 신용대출 1억을 초과할 때 DSR(총부채원리금상환비율) 40%를 적용받는다. 또한 신용대출 총액 1억 원 초과 시 1년 내 주택을 구매할 경우 대출이 회수되기도 한다.

P2P 대출에 대한 상세 설명은 다음 장에서 하기로 하겠다.

"대출은 얼마나 받는 게 좋을까요?"라는 질문을 참 많이 듣는다. "형편껏 부담되지 않는 선에서 받으세요"라고 답하는데, 그 기준을 정하기가 쉽지 않은 듯하다. 이자에 대한 부담이 제각각이니 이해는 간다. 월 300만 원의 이자에도 아랑곳하지 않는 사람도 있고, 월 50만 원 이자에도 "콩나물 1,000원어치를 살 때도 손이 떨린다"라는 사람도 있다. 부담을 '덜 가지'라고 강요할 수 있는 일이 절대 아니다.

대출 규모에 대한 개인적 기준은 '월세 부담률'이다. 같은 집에 들어가 살 때 내가 어느 정도의 월세를 내고 살 수 있는가를 판단해서 그만큼을 이자로 부담하면 가장 무난하다. 우리가 집을 사는 가장 단순한 이유는 '내 집 마련'이지만, 그 안에는 '주거비를 줄인다'라는 부분도 포함되어 있다. 집을 사면 다달이 나가는 주거비가 사라진다. 역으로 집을 사지 않으면 다달이 월세를 내야 한다. 물론 전세라는 제도가 있지만 주거비를 책정할 때는 제쳐두고 생각해보자.

"내가 이 집에 살 때 어느 정도 월세를 부담할 수 있을까?"

위치가 맘에 들수록, 집 상태가 좋을수록, 누릴 수 있는 것이 많을수록 더 많은 돈을 낼 것이다. 마찬가지로 더 좋은 집을 사려면 더 많은 대출이 필요할 수밖에 없다. 월세를 낸다는 조건으로 이자를 계산해 대출을 받으면 최소한 밑지는 장사는 아니다. 만일 그 돈조차 아까워 대출이 꺼려진다면 '내가 그 월세를 모아 1년 후 혹은 10년 후에 무엇을 할 수 있을까?'를 곰곰이 생각해보길 바란다. 월에 100만 원이라면 1년에 1,200만 원이다. 10년을 모으면 1억 2,000만 원이다. 물론 적은 돈이 아니다. 그러나 그렇게 10년을 모은 1억 2,000만 원으로 무엇을 할 수 있을까? 그 돈을 모은다고 지금 원하는 그 집을 살 수 있겠는가? 누구도 그렇다고 확언할 수 없을 것이다. 우리나라의 평균 물가상승률과 임금상승률의 관계는 앞서 설명했다. 월에 100만 원을 복리로 굴려서 2배가 된다고 해도 평균 물가상승률을 따라가기 어렵다. 물가 역시 복리로 오르기 때문이다.

요즘 같은 상황에서 서민들은 막다른 골목에 다다른 것 같다는 하소연을 많이 한다. 아파트만 아니라 많은 것의 가격이 상승하고 있다. 제자리걸음인 것은 월급밖에 없다. 우리는 결코 월급을 모아서 재벌이 될 수 없다. 자산가도 될 수 없다. 포기할 것은 포기하고, 베팅해야 할 것에는 베팅해야 한다. 오랜 시간 저축을 해서 내가 3년 후 5년 후에 살 수 있는 집과 현재 내가 대출을 받아서 살 수 있는 집을 비교해보자. 절반 이상의 확률로 현재 대출까지 받아서 살 수 있는 집이 훨씬 더 좋은 집이라고 확신한다.

'돈이 없어서'라는
핑계는 접어두자

"돈은 없지만 집은 꼭 사고 싶습니다!"

약 2년 전에 온라인 강의를 듣던 수강생이 직접 나를 찾아왔다. 30 대 중반의 그는 온라인 마켓에서 소소한 물건을 파는 e-소상공인이었다. 그는 "제게는 꼭 이루고 싶은 소원이 있습니다"라며 나를 찾아온 이유를 이야기했다.

"서울에 집을 꼭 사고 싶습니다."

6개월 후에 결혼을 약속한 이가 있었다. 그러나 살아온 삶이 순탄치 않아 모아 놓은 돈이 많지 않았다. 그래도 그는 꼭 부부 명의로 된 신혼집에 들어가 살고 싶다고 했다. 나는 최대한 영끌을 해서 모을 수 있는 돈이 얼마인지를 물어보았다. 2억 원이 채 안 됐던 것으로 기억한다. 적지 않은 돈이지만 그가 원하는 아파트를, 그것도 들어가 살 집을 사기에는 턱없이 부족했다.

이야기를 한참 듣고 원하는 아파트는 어떤 것인지 물어보았다. 그는 집에서 일해도 되지만, 아내가 될 사람은 종로 쪽으로 출퇴근을 하고 있었다. 대충 생각해도 강북의 구축 아파트가 무난할 것 같았다. 그러나 집의 상태와 앞으로 상승 여력을 생각할 때 그보다는 뉴타운 쪽이 더 낫다 싶었다. 물론 구축 아파트보다 뉴타운 아파트가 훨씬 비쌌다. 이야기를 들은 그도 구축 아파트보다는 뉴타운이 좋겠다고 했다. 나는 이리저리 머리를 굴리다 "그럼 가서 물건을 좀 구해보라"라고 이야기했다. 손품과 발품을 최대한 팔아서 시세보다 저렴한 물건을 찾아오라는 이야기에 "네, 알겠습니다" 그는 당차게 대답하고 돌아갔다.

몇 주가 지나고 그를 만났던 것도 잊어버릴 즈음 그에게서 연락이 왔다. "대표님, 7억 5,000만 원짜리 물건을 찾아냈습니다." 실제 그가 급매를 찾아왔다. 이야기를 들어보니 매매가가 8억 원인 아파트인데 전세가 3억 5,000만 원이 껴 있다고 했다. 집 상태도 나쁘지 않아 보였다.

"마음은 알겠지만 신중하게 생각하셔야 합니다. 초기 비용이 많이 들고, 리스크도 있습니다."

"대표님, 저는 이 집을 꼭 사고 싶습니다. 일단 사게만 해주시면 제가 열심히 갚아나가겠습니다."

나는 P2P 대출의 리스크에 대해 몇 차례나 설명하고 그에게 "그래도 하겠냐?"라고 물어보았다. 그는 어느 때보다 진지하다며 어떤 리스크든 감당하겠다고 답했다.

P2P 대출이란 투자자로부터 받은 투자금을 바탕으로 자금이 필요한 사람에게 대출해주고, 투자자에게는 원금과 이자를 돌려주는 방식

의 금융업이다. 개인적으로는 '사채'의 고급지고 세련된 표현이라고 설명하는데, 그만큼 대출에 대한 높은 부대비용과 금리를 감당해야 한다. 다만, P2P 대출의 주택담보대출은 LTV, DTI 규제대상이 아니므로 KB 감정가의 80%까지 대출금을 받을 수 있다.

P2P 대출 상품은 크게 개인신용대출과 주택담보대출로 나뉜다. 개인신용대출은 연 5~20%, 주택담보대출은 낮은 곳은 연 7~10% 선이지만 높은 곳은 10~16% 정도다. 또한 주택담보대출의 경우 상담사 수수료, 설정비가 들어가고 중도상환수수료도 여느 은행보다 높다.

그는 대출상담사와 상의 후 P2P 대출을 사용하기로 하고, 온갖 서류를 준비해서 대출을 일으켰다. 실제 시세 8억 원의 80%에 해당하는 6억 4,000만 원의 돈을 대출받았고, 자신의 돈과 합쳐 집을 샀다. 물론 등기를 마치고 이사했다고 일이 끝난 것은 아니었다. 그가 온라인에서 사업하는 것이 그나마 다행이었다. 아파트를 담보로 사업자 대출을 받을 수 있었다. 아파트 담보 사업자 대출의 이자는 3.5~5% 수준으로 P2P 대출에 비하면 매우 저렴했다. 그는 등기를 마치고 3개월 후에 높은 수수료를 지불하고 P2P 대출을 정리할 수 있었다. 듣기로는 세입자 이사 비용과 대출상담사 수수료, 설정비, 중도상환수수료까지 약 3,500만 원이 공중분해 됐다고 했다. 듣는 내가 다 속이 쓰렸다. 그런데도 그의 얼굴에는 웃음기가 가시지 않았다.

"그 사이 집값이 엄청나게 올랐습니다. 대출을 바꿔 타면서 이자도 많이 줄었고요. 이제 아내랑 열심히 살면서 갚아나가기만 하면 되는 거죠."

그는 P2P 대출을 이용하면서 3,500만 원을 냈지만, 5,000만 원이나 저렴한 급매를 잡았으므로 결과적으로는 1,500만 원이나 싸게 아파트를 장만한 셈이다. 게다가 못 살 것 같던 집을 사게 됐으니 그의 꿈도 이룬 것이다. 마지막으로 2022년 현재 그가 샀던 아파트의 실거래가는 10억 원을 넘겼다. 요즘도 그에게서 '자다가도 웃음이 난다'는 문자를 받는다.

나는 가끔 "돈이 없어서 집을 못 산다"는 수강생에게 그의 이야기를 해준다. P2P 대출을 이용해서 집을 사라는 말이 절대 아니다. 많은 빚을 지고 편히 잠자는 사람은 거의 없다. 나는 그를 통해 '하고자 하는 일이 있다면 핑계는 그만둬야 한다'는 교훈을 얻었다. 누가 봐도 못 살 것 같은 집을 그는 샀고 자신의 선택에 만족했다. 그 앞에서 돈이 없어서 집을 못 산다는 말은 핑계일 뿐이다. 눈높이를 낮추면 내가 살 수 있는 집이 있고, 사고자 하는 의지가 있다면 돈을 마련할 방법도 충분히 열려 있다. 지금 사는 것과 사지 않는 것이 1년 뒤 10년 뒤 어떤 결과를 가져올지 곰곰이 생각해보자. 실행하고 베팅하지 않는 사람에게 변화란 절대 생기지 않는다.

싸서 싼 물건을
급매로 착각하지 마라

앞에서 '급매는 나를 기다리지 않는다'라는 이야기를 했었다. 이 말을 듣고 부동산 앱들을 뒤진 이의 반응은 크게 반반이다. 급매가 없다는 데 절망한 사람이 있는가 하면, 이런 게 급매가 아닐까 혹하는 마음으로 현장에 나가보는 쪽이다. 그리고는 '이게 급매 맞나요?' 하는 쪽지를 보낸다.

대표적으로 많은 경우가 저층 혹은 탑층, 서향 혹은 북향, 나홀로 아파트 매물 등이다. 흔히 시장에서 '못난이 물건'이라고 부르는 것들이다. 시세가 상승할 때 다주택자들이 매도하는 대표적인 물건이다. 물론 못난이 물건이라고 꼭 사지 말라는 것은 아니다. 아이가 있는 집은 1층을 선호하고, 층간소음에 예민한 이들은 탑층도 좋아한다. 새벽에 나갔다가 한밤중에 돌아오는 맞벌이 부부는 서향이든 북향이든 관심이 없고, 주택단지가 잘 만들어진 지구에서 주변시세가 오르는 중에 아직 덜 오른 나홀로 아파트도 좋은 매물이 된다. 그러나 이것은 모두 '제값' 혹은 '싼값'으로 샀을 때다. 앞서 나열한 물건은 선호도가 높지 않은, 말 그대로 '싸서 싼' 매물이다. 그래서 이런 물건은 당연히 다른 매물보다 싸야 하고 그게 제값이다.

"1층은 로열층보다 10% 싸면 된다는데 맞나요?"

어떤 사람들은 공식을 좋아한다. 7억 물건이므로 1층은 6억 2,000만 원 정도면 적당하다고 혼자 생각한다. 그러나 가격은 홀로 매기는 것이 아니다. 가격은 시장에서 여럿이 정해야 한다. 내가 잘 모를 때는 과거의 지표를 보고 판단해야 한다. 이왕이면 시장이 안정적이던 2017년 이전의 지표를 참고하자. 지금에 비하면 가격은 아주 낮겠지만 층마다 향마다 매물의 가격 차이를 직접 확인할 수 있을 것이다. 현재 호가가 이를 반영하고 있다면 '제값'이고, 이를 반영하지 않고 높게 책정되어 있다면 '비싼 값'이다.

요즘은 층간소음 때문에 부동산중개소에서 "탑층도 인기가 높다"라는 이야기를 자주 듣는데 이 역시 실거래가로 확인해야 한다. 지금까지 그렇게 받아왔다면 중개소의 말이 맞지만 그렇지 않다면 재고하자. 이때는 부동산중개사 한 분의 이야기만 들어선 안 된다. 최소 세 분 이상의 이야기를 듣고 스스로 검증해봐야 한다.

사실 가격에 대한 많은 의문은 실거래가에 답이 있다. 내가 싸다고 혹은 비싸다고 느끼는 것은 중요하지 않다. 얼마에 팔렸는가가 중요하다. 싸다고 느껴진다고 싼 게 아니다. 만일 나는 싸다고 느꼈는데 시장에서는 전혀 그렇게 보지 않는다면 나중에 나는 더 싸게 팔아야 한다.

같은 단지라도 전체적으로 가격이 낮을수록 개별 아파트마다 가격 차이도 작다. 지방 10평대 1억 원짜리 아파트의 경우 동향과 남향이 같은 가격대로 팔리고, 1층도 5층과 같은 가격에 팔린다. 그러나 시장이 항상 좋을 수는 없다. 시장이 안 좋을 때는 동향보다 남향이 빨리 팔리고 1층보다 5층이 빨리 팔린다. 내가 이 집을 팔고 나갈 때도 고려해야 한다.

덧붙여 '차악의 선택'에 대해 이야기해보자. '인간의 감'은 참 좋은 능력이다. 가끔 "인근 지역까지 다 비교했는데 살 수 있는 게 흔히 말하는 못난이밖에 없는데 어쩌죠?"라는 질문을 듣는다. 정상적으로 물건이 순환되는 시장이라면 몇 곳의 단지, 몇십 곳의 아파트를 돌아다녀 보면 '이 집이 내 집이다'라는 감이 오게 되어 있다. 그런데 시장이 안 좋고, 매물이 잠길 때는 그런 감이 오는 아파트를 찾기가 어렵다. 좋은 것은 하나도 없고 나쁜 것만 눈에 남는다는 이야기다. 이때는 어쩔 수 없이 나쁜 것과 더 나쁜 것 중에서 선택해야 한다. '사는 것'과 '안 사는 것'의 차이를 다시 한번 생각해보라. 안 사는 것보다 사는 게 낫다면 힘들지만 나쁜 것이라도 선택해야 한다.

7장

'어떤 물건이 최선인가?'
물건을 선점하는
가이드라인

'비교하라'
덜 오른 아파트를
가장 쉽게 찾는 팁

처음 서울 아파트를 뒤지고 다닐 때는 나도 "도대체 어느 단지가 더 싼지 어떻게 안담!" 하고 한숨을 쉬기도 했다. 사방팔방으로 돌아다녀도 가격이 너무 올라 살 곳이 없었다. 그도 그럴 것이 부동산 초보의 귀에까지 동네 이름이 들릴 정도라면 이미 그곳을 찾는 수요는 차고 넘칠 단계다. 그때는 부동산중개사를 붙잡고 하소연도 많이 했다. 돈은 없고 아파트는 사고 싶은데 너무 많이 올랐다는 뻔한 레퍼토리였다. 그런데 꾀죄죄한 청년이 안쓰러웠는지 몇몇 분이 '지금도 가서 살 수 있을 만한 곳들'을 알려주었다. 물론 입지는 지하철로 두세 정거장을 더 가야 하거나 버스를 타고 들어가야 할 정도로 더 안 좋았다. 직접 인근의 부동산중개소를 찾아가면 가격에 아무 미동도 느낄 수 없었다. '정말 오르긴 오를까?'라는 의문이 들었다. 그런데 내가 망설이고 망설이다 시간을 흘려보낸 수개월 후 실제로 가격이 오르기 시작했다. 그때 순환매의 원리가 실제 시장에서 아주 강하게 작동한다는 것을 처음으로 체험했다.

이후 '순환매의 흐름을 더 쉽고 편하게 확인할 방법이 없을까?'를 고민하다가 '대표선수'를 뽑아서 이들을 비교해보는 방법을 사용해보기로 했다. 사실 성냥갑 같은 아파트는 다 거기서 거기 같아도 단지마다 개별성이 있다. 같은 24평 신축이라도 강남에 있는 물건과 강북에 있는 물건이 다르다. 그래서 대표선수를 뽑을 때는 비슷한 입지(대단지 아파트단지), 비슷한 연식, 비슷한 가구 수로 제한해야 한다. 나는 서울을 몇 바퀴 돈 후에 3명의 대표선수를 뽑았는데 가양주공 6단지와 광명시 하안주공 12단지, 그리고 상계주공 10단지였다.

	가양주공6단지	하안주공12단지	상계주공10단지
교통	9호선	없음	7호선
일자리	마곡	가디, 구디, 독산	없음
호재	마곡 입주	1호선(철산1정거장)	차량기지부지(일자리)
약점	생활편의, 학군	학군, 교통	일자리
정리	생활편의, 학군 약점	학군 약점	-
대장	마곡	철산	중계→상계

이 단지들을 꼽은 데는 몇 가지 이유가 있다. 첫째, 구축 매물(매매와 전세, 월세)의 공급이 많은 만큼 수요와 공급의 밸런스가 투명하다는 점이다. 데이터에 대한 신뢰도가 매우 높다고 할 수 있다. 둘째, 거주하

는 사람들의 소득 수준이 비슷하다. 그래서 어느 한 곳의 가격이 오르면 나머지도 오를 가능성이 크고, 어느 한 곳의 가격이 내리면 따라서 내릴 가능성이 크다. 이 또한 데이터의 신뢰도를 높이는 이유가 된다.

잘 알려진 대로 가양동과 광명시 하안동, 상계동은 주공아파트가 상당히 밀집한 지역이다. 정부에서 서민들에게 싸게 많은 아파트를 공급하기 위해 택지를 개발해 공급했다. 결과적으로 연식이나 아파트 구조, 생활환경이 매우 비슷하다. 가양동과 광명시 하안동, 상계동은 교통상황도 비슷하다. 가양동은 지하철 9호선이, 상계동은 7호선이 지나간다. 광명시 하안동은 버스로 2~3개 정거장만 가면 7호선 철산역이나 1호선 독산역을 이용할 수 있다. 이후 나는 3~4개월의 시차를 두고 세 곳의 가격 변화를 감시했다. 다음은 최근의 가격 변화다.

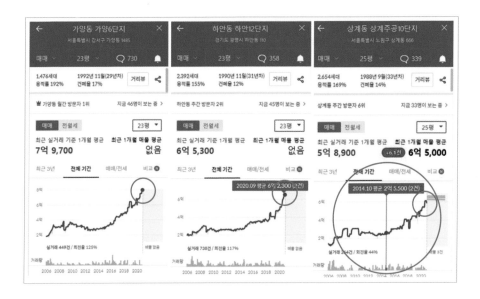

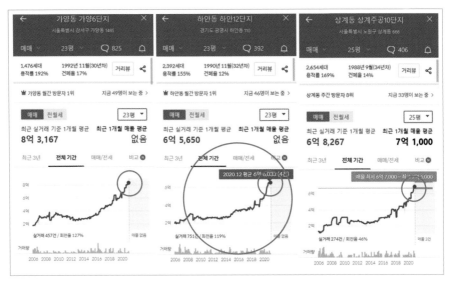

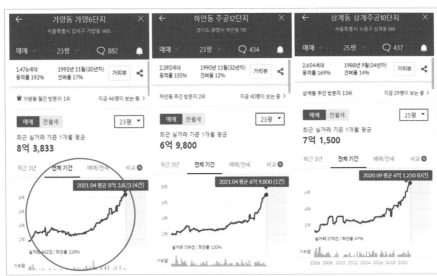

세 단지의 절대가격은 다르지만, 앞서거니 뒤서거니 하면서 가격이 같이 상승한다는 걸 확인할 수 있을 것이다. 2019년을 기준으로 놓고 보자. 2020년으로 넘어오면서 가양주동(7억 9,700만 원→8월 3,167만 원)과 상계주공(5억 8,900만 원→6억 8,267만 원)의 가격이 대폭 상승했지만 하안주공은 6억 5,000만 원 대로 가격이 오르지 않았다. 다음 2020년 4월을 기준으로 보면 하안주공(6억 5,650만 원→6억 9,800만 원)과 상계주공(6억 8,267만 원→7억 1,500만 원)은 가격이 상승했지만 가양동은 8억 3,000만 원대로 가격이 정체되어 있다. 3개 단지를 이런 식으로 비교해보면, 2020년 초반에는 하안주공을, 2020년 4월에는 가양주공을 사야 할 때였음을 알 수 있다.

그루핑은 관심 단지 몇 개를 두고 '어느 곳이 싼가?'를 고민할 때 유용한 방법이다. '키 맞추기, 갭 메우기'가 진행됐던 내용은 각종 사이트에서 쉽게 확인할 수 있다. 최근 2~3년간의 데이터만 모아도 가격이 먼저 오르고 나중에 오르는 순서를 파악할 수 있을 것이다. 또한 과거의 격차와 현재의 격차를 비교해서 '상대적으로 저렴한 물건'을 골라낼 수도 있을 것이다. 가까이 있는 단지일수록, 비슷한 환경일수록 밸런스를 맞춰가는 쪽으로 움직인다. 반드시 실거래가와 비교하며 스스로 점검해보길 권한다.

'현재 가치 vs 미래 가치'의 기준은 나의 지식과 확신뿐이다

흔히 말하는 '명품 아파트'에는 3가지 요건이 있다. 첫째 자족시설, 교통, 교육, 문화 등의 인프라, 둘째 교육여건, 셋째 좋은 이웃이다. 흔히 이를 종합하는 것이 강남3구라고들 한다. 압구정 현대와 잠실 아시아 선수촌은 1980년대에 만들어졌다. 대치동을 대표하는 미성·선경·우성 아파트는 1990년대에 만들어졌다. 2000년대 들어서서 도곡동 타워팰리스와 삼성동 아이파크 등이 자리 잡았다. 최근에는 잠원동의 아크로리버뷰신반포, 신반포 자이, 개포동의 래미안블레스티지, 삼성동의 센트럴아이파크까지 분양 단계부터 프리미엄이 붙으면서 신고가를 꾸준히 갈아치우고 있다.

이런 아파트들이 이름을 당당히 떨치게 된 이유를 살펴보자. 가장 먼저는 계획도시로서의 인프라가 잘 갖춰진 것이 한몫했다. 사통팔달 교통망과 학교와 학원가, 기업 사무실이 이전하기 시작한 것이 30년 전이다. 시간이 흐르면서 인프라는 더욱 좋아졌다. 교육은 두말할 것도 없다. 1990년대 8학군이라고 부르면서 학습 수준이 상당한 학생들이 몰리자 자연스럽게 학원가가 형성됐다. 교육여건이 좋아지면서 더 수요가 몰렸다. '좋은 이웃'의 정의를 무엇으로 표현할지 모르겠으나, 살 수 있는 사람만 사는 곳이 되면서 아파트 평균 가격만큼 거주자들의 평균 급여도 올라갔을 것이다. 아마 시간을 되돌릴 수 있다면 서울시민 절반 이상이 강남에 집을 마련할 것이다. 아파트가 아니라 빌라라도, 하다못해 작은 땅덩이라도 사두려 할 것이다. 이쯤에서 질문 하나!

"지금 사는 곳이 30년 후 강남만큼 좋아질 것이라 기대합니까?"

선뜻 대답하지 못하는 이들이 많을 것이라 예상한다. 자신이 사는 혹은 사려는 지역이나 아파트에 대한 분석이 제대로 안 된 경우가 대부분이라서 그렇다. "아파트는 단순한 시멘트 덩어리가 아니다." 여러 번 강조한다. 아파트에는 주거의 가치와 함께 투자의 가치도 포함되어 있다. 그래서 흔히들 말하는 "실거주하실 거면 설령 부동산 하락기가 오더라도 사두는 것이 낫다"라는 이야기에 동의하지 않는다. 하락기가 와도 10년 이상 장기거주하면 회복하고 상승기에 접어든다는 것은 맞다. 그러나 "내가 직접 살 집이니까 가격이 내려가도 괜찮다"라는 생각은 안이하고 무책임하다. 이왕이면 실거주 가치와 함께 투자로서의 가치까지 충족하는 아파트를 골라야 한다.

실거주자의 가장 큰 고민은 현재 가치와 미래 가치의 충돌이다. 예를 들어 인프라가 잘 갖춰진 10년 내외의 구축 아파트와 30년 이상 되어 언제일지 모르지만 재건축을 기다리는 아파트를 놓고 고민하는 경우가 많다. 그도 그럴 것이 서울 핵심지에 있는 아파트는 대부분 연식이 오래됐다. 이미 재건축된 것들은 가격이 천정부지로 비싸다. 손에 쥔 자금으로는 준신축이나 재건축을 기다리는 물건을 살 수밖에 없는데 장단점이 각각이라 고민이 깊다. 30년 이상이라 재건축 이야기가 나올 정도의 아파트는 외부에서 봐도 상태가 좋지 않다. 지하주차장이 없어 비와 눈을 피할 수 없고, 입주민 커뮤니티도 없다. 구조도 좋지 않고 심하면 '녹물'이 나온다고도 한다. 그런데도 이미 준신축만큼 가격이 올라 있다. 언제일지 모르나 재건축되면 새 아파트로 탈바꿈할 거고, 그때 신축을 장만하는 것보다 지금이 덜 비싸다고 생각하기 때문이다.

10년 내외의 아파트는 신축만큼 가격이 비싸지 않은 대신 시설도 그만큼 좋지는 않다. 그러나 10년 내외면 살기에 불편함은 없다. 지하주차장과 입주민 커뮤니티를 이용할 수 있고, 대단지라면 단지 조경도 깔끔하다. 당장 들어가서 살기에는 좋으나, 장기적으로 가격이 상승할지는 미지수다. 이미 분양가 이후로 가격이 많이 상승했고, 호재가 없다면 그 상태로 안정될 가능성이 커 보인다.

단순히 준신축과 구축 아파트의 비교만은 아니다. 흔히 호재가 생겼다는 이유로 사용가치보다 높은 가격이 매겨진 단지가 상당히 많다. 새로 신설되는 지하철 노선, 일자리 창출 단지 조성, 기피 시설 이전, 복합쇼핑몰 입점까지 다양한 호재들이 예정되어 있다. 그러나 그게 언제일지는 아무도 모른다. 하루아침에 윤곽이 드러나는 경우는 많지 않고 짧게는 3년 길면 10년 이상의 시간이 필요하다. 이럴 때 당장 살기 편한 곳을 살 것인가, 미래 가치가 높은 곳을 살 것인가는 진지한 고민거리다. 결론은 '스스로를 설득할 수 있는가?'에 달려 있다. 자신도 불안하고 확신이 서지 않는 결정은 하지 않는 게 맞다. 예기치 않던 악재가 터지거나, 호재가 무산되어 가격이 하락하면 상당히 힘들어진다.

예를 들어 신축 아파트의 미래 가치가 높다고 생각해서 웃돈을 주고 분양권을 샀다고 생각해보자. 그런데 중간에 부동산 경기가 안 좋아져 웃돈은커녕 분양가보다 아파트가격이 더 내려갔다. 실입주자라고 해도 입주를 기다리는 마음이 결코 좋을 리 없다. '차라리 구축 아파트나 사서 일찍 들어가 살 것을' 하는 마음이 들기 마련이다. 더 떨어질지 모른다는 불안한 마음에 손해를 감수하면서 팔아버릴 수도 있다.

그런데 이런 상황을 예견할 수 있고, 스스로를 설득할 수 있을 정도의 확신이 있다면 그 방향대로 가도 된다. 잔파도를 견딜 뚝심이 있다면 생각대로 일이 풀리지 않을 때도 '배웠다'라고 생각할 수 있고, 원하던 결실을 볼 때까지 견디며 기다릴 수도 있다. 막상 입주하고 나니 부동산 경기가 다시 좋아지고 신축 아파트로 수요가 몰리면서 가격이 다시 상승할 수도 있다. 이때도 충분히 부동산을 공부해 '회복기'가 올 것을 확신하고, 그 자리를 지킨 사람만 웃을 수 있을 것이다.

눈에 보이는 가치는 계산하기가 쉽다. 그러나 보이지 않는 가치는 계산이 어렵다. 누구는 될 거라고 하고 누구는 안 될 거라고 한다. 이때야말로 공부해야 할 때다. 될 거라는 믿음이 단단히 섰을 때 몸테크든 월세살이(상승할 것이라 예상한 아파트를 사 두고 자신은 준신축에서 월세를 사는 형태)든 선택할 수 있다. 아이들에게까지 몸테크를 하라고 하기가 부담스럽고 '내 집 두고 월세살이가 웬 말인가?' 싶다면 모두가 따르는 현재의 가치를 선택하는 것이 맞다. 어느 쪽이든 그 기준은 자신의 지식과 확신이다. 단기적으로든 장기적으로든 이 기준을 활용하면 후회도 없다.

호재도 두드리고
선점해야 가치가 있다

사실 나는 '호재'를 믿지 않는다. 초보 시절 "지하철이 개통되면 집 값이 뛴다"라는 이야기를 듣고 지하철 7호선 중동역 인근 아파트를 돌아다녀 본 적이 있다. 그런데 2012년 지하철이 개통되고도 이상하리만치 가격이 오르지 않았다. 지금 생각하면 부동산 하락기였으므로 당연한 결과였다. 2017년에는 우이신설경전철에 개통한다고 해서 유심히 보았다. 역시나 가격이 오르지 않았다. 경전철의 위력이 얼마나 작은 것인지 그때 깨달았다. 김포골드라인 역시 처음 개통했을 때는 김포 아파트가격을 끌어올리지 못했다. 당시 김포의 아파트가격은 정체 하락기로 투자자들이 실망 매물을 내놓기도 하는 시기였다.

비단 지하철뿐만이 아니다. 정부에서 발표한 각종 계획이 호재가 될 것으로 기대했으나 무산된 경우도 숱하게 봐왔다. 인천 검단의 '스마트시티' 구축계획이 무산됐고, 남양주 별내신도시는 지하철역과 연계한 초대형 복합단지 '메가볼시티'를 만든다는 사업이 무산됐다. 의정부는 지하철 7호선 연장 시 신곡장암역과 민락역을 신설하려던 계획이 무산됐고, 가재울뉴타운은 6호선 새절역에서 광흥창을 연결하는 경전철 서부선 사업이 무산됐다. 인천 청라는 지하철 7호선의 연장 개통이 몇 년째 지연되고 있다.

물론 각종 호재가 이처럼 가격에 영향을 못 미치거나 아예 무산되는 것은 아니다. 호재가 현실화하면서 가격이 오르고 지역의 '대장아파트'가 바뀌는 경우도 숱하게 많다. 목동은 총 14개 단지로 2만 6,000가구로 구성되어 있다. 예전에는 신서초등학교를 끼고 있는 9단지가 대장아파트였다. 그런데 1996년 5단지가 들어오고 주변의 낡은 빌라가 철거되자 분위기가 바뀌기 시작했다. 현대백화점 같은 생활편의시설과 하이페리온 등 랜드마크 고층 주상복합단지가 들어서면서 7단지의 생활환경이 크게 개선되니 외부에서 보는 시각도 달라졌다. 결과적으로 2000년대 초반부터 7단지는 9단지를 제치고 대장아파트로 자리매김하게 됐다.

광운대역의 월계시영(미륭, 미성, 삼호 3차) 아파트도 호재로 대장이 된 아파트다. 이전에도 그랬고, 현재까지도 분진과 소음으로 주거지로서의 매력도는 매우 떨어진다. 현재 지하철 1호선과 경춘선이 지나간다. 큰 철길 때문에 반대쪽으로 건너가기가 어렵고 역세권의 진가도 느껴지지 않는다. 시멘트 사일로 등 혐오시설이 많은 것도 큰 단점이었다. 그런데 서울시에서 광운대를 대단위로 복합개발한다는 발표가 나고 수도권광역철도인 GTX C노선까지 들어오기로 하면서 가격이 폭등하기 시작했다. GTX C노선을 이용하면 광운대−청량리−삼성으로 정거장 2개만 가면 강남으로 이동이 가능해진다. 혐오시설 이전과 상업&문화를 갖춘 복합시설이 갖춰지고, 직주근접까지 가능해진다니 가치가 한껏 올라갔다. 최근에는 재건축 붐(안전진단 단계)이 불면서 가격이 천정부지로 오르고 있다. 마찬가지로 창동도 '창동역세권 개발계획' 때문에 대장아파트가 삼성아파트에서 동아청솔아파트로 바뀌었고, 주공아파트 안에서도 대장아파트가 창동주공 4단지에서 주공 19단지로 바뀌었다. 호재가 주는 파급효과가 대단함을 실감한다.

그렇다면 내 집 마련을 하려는 무주택자는 이 호재를 어떻게 활용해야 할까? 무산되는 호재를 피하고 실현되는 호재를 잡으려면 어느 장단에 춤을 춰야 할까? 간단하다. 확률이 높은 곳에 베팅하면 된다. 쉬운 방법은 '미래 가치를 단순화하는 것'이다. 지금까지 어떤 지역의 호재가 실현되었는가를 알면 앞으로 어떤 지역의 호재가 실현될지가 보인다. 과거에 가장 비슷하게 성공한 사례를 보면 성공 확률이 높은 곳을 알 수 있다.

예를 들어 과천지식정보타운과 광명시흥테크노밸리, 계양테크노밸리 세 곳을 비교해보자. 모두 성공한다면 상당한 일자리가 마련될 것이고 그로 인해 인근 주택 수요도 늘어날 것이다. 어디가 가장 먼저 시작할 것인가? 어느 곳이 가장 성공적으로 사업을 마무리할까? 계양보다는 과천을 꼽는 이가 많을 것이다. 실제로도 그럴 가능성이 크다. 단순하게 생각해보자. '나라면 세 곳 중 어느 곳에 사옥을 마련할까?' 과천은 거래처나 업무관계로 미팅할 때 아무래도 유리하다. 서울과 가깝고 배후주거지가 든든해 직원들을 고용하기도 용이하다. 반면 계양은 서울과 거리도 멀고 배후주거지도 아직 완전히 갖춰지지 않았다. 상식적인 수준에서 과천지식정보타운의 높은 성공 확률을 점칠 수 있다. 광명은 과천보다는 후순위지만 계양보다는 선순위로 꼽는다.

'돌다리도 두드려 보는 것'은 미래 가치를 선점하는 기본 태도다. 내 집 마련에 신중하지 않을 사람이 누가 있겠냐마는 호재만 보고 들어가는 건 무리다. 개인적으로는 '호재는 플러스알파'라고 조언하곤 한다. 여러 요건이 잘 갖춰진 곳을 고르되, 호재가 있으면 더 좋은 곳일 뿐이다. 호재만으로 내 집 마련을 했다가 호재가 무산되거나 무한히 지연될 때의 피로감은 상상을 초월한다.

당신이 가진 돈으로
살 수 있는 것을 사라

　시장에는 항상 리스크가 존재한다. 그러나 부동산 시장, 특히 주택 시장은 그 리스크가 상대적으로 적다고 믿는다. 또한 향후 2~3년 동안 아파트가격은 상승할 것이다. 그래서 유튜브에서든 강의에서든 개인적인 의견을 내놓아야 할 때는 과감하게 "당신이 살 수 있는 것 중에 가장 좋은 것을 사라"라고 말한다. 재밌게도 수년째 이 말을 듣는 사람들의 레퍼토리 역시 바뀌지 않는다. "사고 싶어도 살 돈이 없다"라는 대답이 반복됐다. 그래서 나도 조언을 바꾸었다. "당신이 가진 돈으로 살 수 있는 것을 사라"로!

　대부분 "투자를 하라는 말씀인가요?"라고 묻는다. 당신이 그 집에 들어가 살 수 없고, 집을 사는 행위를 투자라고 생각한다면 '그렇다'. 그러나 내 말에 일리가 있다고 생각하고 '무주택자'라는 신분을 최대한 활용할 수 있다면 꼭 한 번 고려해보길 바란다. 이것은 '돈이 너무 없는' 무주택자인 당신에게 내가 해줄 수 있는 최선의 조언이기도 하다.

지난 7년간 아파트가격은 상승했다. 1980년대를 기준으로 현재까지 기간 중 4/5인 약 80%의 기간 동안 아파트가격은 보합이거나 상승했다. 1/5 기간만 하락했을 뿐이다. 전체적으로는 몇 배의 상승을 이뤘다. 돈이 없어서, 저축하기에도 빠듯해서, 대출받기 싫어서, 전세로도 만족하기 때문에 등 지금 당신이 무주택자로 사는 데는 여러 이유가 있을 수 있다. 그러나 나는 이 모든 이유가 합당하지 않다고 생각한다. 앞에서 '전세 세입자의 안정적 지위'가 이제 더이상은 안정적이지 않다고 말했었다. 돈이 없다는 핑계도 접어두자. P2P 대출까지 이용해 자신의 보금자리를 마련한 청년도 있다. 마찬가지로 저축에 대한 환상에서도 벗어나길 바란다. 평범한 월급쟁이가 10년을 안 먹고 안 쓰고 저축해도 지금 원하는 그 집은 결코 살 수 없다.

그렇다면 무엇을 해야 하는가? 최대한 빨리, 가진 돈으로 살 수 있는 집을 사야 한다. 설령 그 집에 실제로 들어가 살 수 없다고 해도 사서 일정 기간을 유지할 수만 있다면, 지금 산 그 집이 당신이 원하는 집을 장만하는 지렛대 역할을 해줄 것이다. 가장 적은 돈으로 장만한 그 집의 집값이 올라, 원하는 집을 장만할 때 큰 보탬이 될 것이기 때문이다.

앞으로 2~3년간의 부동산 시장은 이전에 겪어본 적이 없는 시장이 될 것이다. 1989년 임대 기간을 2년으로 확정한 임대차보호법이 발효되면서 시장은 안개 속에 있었다. 결과적으로 2년 후까지 전세가는 폭등했고, 안전할 것 같았던 전세 세입자의 지위는 크게 위협받았다. 지금도 마찬가지다. 2020년 임대 기간을 4년으로 확정하고, 고작 1년 사이에 전세가는 물론 집값까지 폭등했다. 이전의 임대차보호법 개정 때에도 한 회기(2년)는 지나고 나서야 시장은 안정을 찾기 시작했다. 이번에도 마찬가지일 것이다. 고로 3년간 우리는 안개 속에서 여러 번 파고를 맞게 될 것이다.

돈이 없다는 이유로 무주택자로 이 시기를 넘기고 나면 당신은 높아진 전세가와 아파트가격에 또다시 좌절할 것이다. 그야말로 '벼락 거지'가 무엇인지 몸소 체험하게 될 것이다. 안다. 아마도 당신은 돈이 많지 않을 것이다. 아마도 당신이 살 수 있는 아파트는 경기도 아주 외곽이나 지방 소도시 정도일 것이다. 그러나 나는 그곳도 매우 나쁘지는 않다고 생각한다. 왜? 임대차보호법은 서울·경기·인천에만 영향을 미치는 것이 아니다. 전국적으로 같은 상황이 펼쳐지고 있다. 공급 폭탄이 진행 중이거나 예정된 곳이 아니라면 지방 소도시도 가격 상승의 여건이 충분하다. 단, 경기도 아주 외곽이나 지방 소도시는 지금까지 당신이 겪은 실거주 아파트 시장과는 분위기와 환경이 완전히 다르다. 그래서 아파트를 산다고 해도 '실거주 아파트'를 고를 때와 같은 눈으로 아파트를 고르면 승산이 없다. 당신의 경쟁자는 실수요자들이 아니다. '유동성 시장'을 이끄는 투자자들이다. 그러므로 그들의 눈으로 아파트를 고르고, 일정한 수익 후에는 팔고 나와야 한다.

실거주 아파트 체크리스트	투자용 아파트 체크리스트
✅ 출퇴근이 편한 곳	✅ 공급이 적어 수요가 살아 있는 곳
✅ 자녀 학군 좋은 곳	✅ 투자금이 적게 들어가는 곳
✅ 자녀 학교 가까운 곳	✅ 과거에도 시세와 같이 오르고 내린 곳
✅ 편의시설 좋은 곳	✅ 현재는 아직 가격이 오르지 않은 곳
✅ 주변 녹지가 많은 곳	✅ 2년 후에 매도가 가능한 곳
✅ 교통망이 좋은 곳	
✅ 인근에 호재가 있는 곳	

개인적으로는 공급 폭탄이 떨어지지 않는 곳 중에서 아파트 밀집 지역, 공시지가 1억 원 미만, 전세가가 충분히 받쳐주는 지역을 추천한다. 인근 지역은 가격이 오르는데 아직 많이 오르지 않았다면 금상첨화다. 그러나 과거에 인근 지역은 오르는데 가격이 오르지 않은 아파트라면 절대로 골라서는 안 된다. 세부적인 리스트는 위와 같다.

지방 소도시는 인구가 적고 자가율도 높다. 뒤집어 말하면 수요가 서울만큼 많지 않다는 뜻이다. 받쳐주는 전세의 힘이 서울만큼 강하지 않으니 유동성이 빠져나가면 가격이 쉽게 무너질 수 있다. 소도시 지방 부동산 시장은 한 번 무너지기 시작하면 매도도 안 되고 회복도 어렵다. 일단 이 사실을 알고 시작해야 한다. 투자금이 적게 든다는 것은 가성비가 높다는 말이기도 하다. 특정 단지보다 조건이 좋은 곳을 고르자. 가성비는 주변 아파트를 다 비교한 뒤에 따져야 한다. 주의할 점은, 지방 소도시는 역세권 개념이 약하고, 아이를 학교에 보내면서 생활할 수 있는 조건이면 대체로 주거조건이 다 비슷하다. 팁을 보태자면 과거의 움직임을 확인하면 매매할 때인지 아닌지 감을 잡을 수 있을 것이다. 단, 과거 상승장에서 소외된 곳이라면 열외다. '내가 사면 괜찮겠지'라는 생각은 오판이다. 과거에도 시세와 같이 오르내렸으나 현재는 오르지 않은 곳이 가장 안전하다는 걸 잊지 말자.

지방 소도시 아파트를 사는 것은 리스크가 크다. 매도 시점을 완벽하게 잡는 것도 불가능하다. 내가 들어가 살 수 없는 집이라면 보유 기간을 길게 가져가는 것은 위험하다. 나는 보유해야 하는데 다른 유동성 투자자들이 먼저 빠져나가면 시장은 점점 더 어려워진다. 선점하고 가격이 하락하기 전에 팔고 나와야 한다. 2년 후 매도가 가장 안전하다.

이런 조언이 누군가에게는 불편하다는 걸 안다. 그래서 고민도 하고 욕먹을 각오도 했다. 그저 매일매일을 열심히 살아가는 당신이 현재 돈이 없다는 이유로, 집이 없다는 이유로 2~3년 후 더 가난해지는 일이 없기를 바라는 마음에서 낸 용기라고 해두자.

PART 2 ———

그렇다면 어디를 사야 하는가?

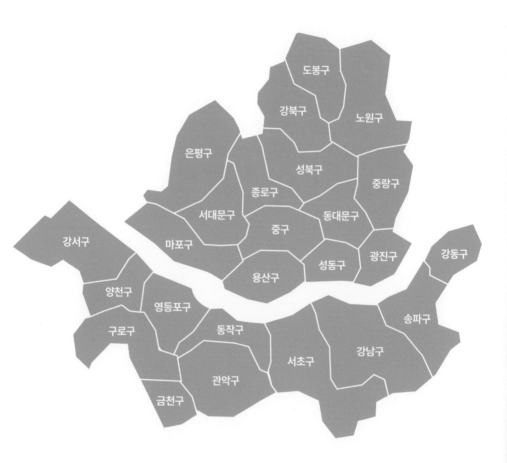

1장

서울

01

중구 신당동
서울의 중심,
수요는 늘지만 아파트는 없다!

추천: 버티고개역(6호선) 우측 2개 아파트
교통: 약수역(3·6호선)과 버티고개역(6호선)을
      이용해 교통 편리
학교: 도심이라 학교가 많지 않음
생활: 구상권이 혼재돼 있음

중구 신당동은? 중구는 서울의 중앙부에 자리하고 있다. 강남이 급속도로 발전해, 서울 중심지의 지위가 강남으로 옮겨갔다고 생각하는 이들도 많긴 하지만 여전히 서울의 핵심지라는 건 맞다. 다만 중구 자체의 인구는 1975년 28만여 명에서 2020년 12만여 명으로, 30여 년간 절반 이하로 줄었다. 남산 고도제한으로 건물을 확장하기가 어려운 데다가 새로운 주거지를 마련할 땅이 없는 것이 가장 큰 요인으로 꼽힌다. 개발사업이 없다시피 해서 서울의 중심부임에도 거주여건은 좋지 않다.

인근 아파트는? 중구 신당동의 추천 아파트는 버티고개역 가까이에 있는 정은스카이빌(102세대, 2005년 준공)과 남산타운(5,150세대, 2002

출처: 네이버 지도

년 준공)이다. 두 아파트 모두 산을 깎아서 만들다 보니 오르막길이 있고, 서울 중심을 정비하지 못한 탓에 주변이 어수선한 감이 있다. 신도시와는 확실히 구별된다. 하지만 서울 어디로든 출퇴근할 수 있고, 물리적으로도 가까워 서울 중심을 찾는 수요는 꾸준하다.

추천 단지 장점	❶ 버티고개와 약수역을 이용해 서울 어디로든 출퇴근이 편리함 ❷ 남산과 인접해 있음 ❸ 수요가 꾸준함
추천 단지 단점	❶ 주거 환경이 좋지 않음 ❷ 학원가가 형성되지 않았음
추천 단지 호재	❶ 남산타운 리모델링 시범단지 지정

남산타운 리모델링사업 개요

남산타운아파트 리모델링 조감도
(남산타운아파트 리모델링 준비위원회)

위치	서울시 중구 신당동 844외 1필지
규모	최고 18층, 35개 동, 3116가구(임대 2034가구 제외)
증축 가구수	466가구

출처: 비즈니스워치[16]

향후 호재는? 해당 아파트는 리모델링이 가장 큰 호재다. 5,000 세대가 넘는 초대형 단지라서 리모델링이 진행된다면 서울 중심의 랜드마크가 될 가능성이 크다. 입지는 바꿀 수 없다. 주변여건이 어떻든 서울의 중심에 있는 것만으로도 꾸준히 수요가 발생한다. 리모델링이 되면 나머지 여건은 자연스럽게 개선될 수 있다.

남산타운의 리모델링 사업은 2019년 첫 닻을 올렸다. 지하철 6호선과 3호선을 도보로 이용할 수 있고, 강남과 광화문으로 이동하기도 편리한 데다가 한남동이나 이태원 생활권을 누릴 수 있는 '황금입지'라서 건설사들이 눈독을 들이고 있다. 기대감이 반영되어 아파트가격도 꾸준히 상승 중이며, 현재 준비위는 2021년 조합설립 후 3년 이내 착공을 목표로 하고 있다.

단지명	입주 연도	세대수	평형	매매가(만 원)	전세가(만 원)
남산정은스카이빌	2005. 11	102	50	125,000	90,000
남산타운	2002. 5	5,150	32	146,000	57,750
신당약수하이츠	1999. 7	2,282	32	136,000	63,000

성동구 성수동
서울에 교통도 편한, 몇 안 되는 숲세권!
성수전략정비계획이 실현되면?

추천: 서울숲역(분당선) 인근 6개 아파트단지
교통: 서울숲역과 뚝섬역(2호선)을 이용, 강북
　　　과 강남 접근성 모두 좋음
학교: 학원가는 미비함
생활: 근거리 상권은 발달하지 않았음

종로구　동대문구
중구
　　　　　성동구
용산구　　　　광진구

성동구 성수동은?　성수동은 흔히 '뚝섬'이라고 부르는 지역이다. 서쪽과 북쪽으로 중랑천이 흐른다. 과거 성수동은 구로구만큼이나 공장지대 이미지가 강했으나 재개발로 주거지와 업무지역으로 변모했다. 1990년대 경마장이 현재 자리로 이사한 후 2005년 현재의 서울숲이 조성됐다. 강남과의 인접성이 높은 입지에 고급 아파트들이 들어서면서 핫플레이스로 등극했다. 갤러리아 포레, 트리마제, 아크로 서울포레스트 등 초고가 아파트들로 인해 '신흥부촌'으로 불리기도 한다. 구축 아파트 인근에는 아직도 공장지대의 느낌이 남아 있다.

인근 아파트는?　서울숲역 바로 앞의 구축 아파트들이다. 성수동아(390세대, 1983년 준공), 장미(155세대, 1982년 준공), 서울숲대림(372세대,

송정제방공원

롯데서울숲
IT캐슬

동아그린
아파트

SK세원2
주유소

성수현대
아파트

SK LPG
서울숲충전소

서울숲
쌍용아파트

뚝섬리버빌

성수대우
2차아파트

성수우
아파

성수1가2동

서울숲
IT밸리

서울숲
SKV1타

청강엔

SK셀프
성수만세주유소

제스티살룬

뚝섬역

스타벅스

성수1가2동
주민센터

체다앤올리

멘야코노하
성수

SK테크노
빌딩

중앙감속기

거울연못

서울포레스트드

성수동아

경일고등학교

도치피자

서울숲역

신장미

경일중학교

경동초등학교

여름캠핑장

수인분당

서울숲대림

트러스톤빌딩

성수1가1동
주민센터

성수1가1동

메가
성수

성수한진타운

경일초등학교

성수공업
고등학교

강변건영

현대쇼핑센타

새마을금고

서울숲
트리마제

서

수도박물관

강변북로

강변동양
아파트

도믹스

강변현대
아파트

2000년 준공), 성수한진타운(409세대, 1994년 준공), 강변건영(580세대, 2002년 준공) 모두 세대수가 많지 않고, 오래되었다. 과거에는 건축 연도와 무관하게 용적률을 기준으로 재건축에 무리가 있다는 평가가 많았다. 그러나 지가가 상승하고 새 아파트에 대한 선호가 높아지면서 재건축 이야기가 끊임없이 나오고 있다. 실제 장미아파트는 2021년 7월 주택재건축정비구역 사업시행 인가를 받았다. 부지가 ㄱ자로 꺾여 있고 세대수도 155세대로 적지만, 지상 20층 지하 3층 규모의 3개 동 286세대 건립으로 승인이 났다. 서울 도심에 서울숲역 바로 앞이라는 입지로 신흥부촌의 이미지는 더욱 굳혀질 것이다.

아파트 장단점은? 해당 단지들의 가장 큰 장점은 편리한 교통과 서울숲이다. 분당선은 강남으로 바로 이어지고, 2호선 뚝섬역을 이용하면 2호선으로 연결되는 중심 일자리로 쉽게 이동할 수 있다. 물론 물리적 거리도 가깝다. 다만 공업지대에 형성된 곳이라 현재는 주변이 어수선하다. 학원가도 부족하고, 근거리 상권도 미비하지만 주변이 정돈되면 더 살기 좋아질 것은 당연하다. 장미아파트의 재건축 진행으로 인근 아파트들도 재건축사업에 탄력을 받고 있다. 성수전략정비구역 사업 진행과 더불어 개발사업이 기대되는 곳이다.

추천 단지 장점	❶ 서울 도심으로 교통 편리함 ❷ 서울 내 숲세권을 경험할 수 있음 ❸ 주변 정리 통해 신흥부촌으로 이미지 변신 중
추천 단지 단점	❶ 인근에 공장지대가 남아 있음
추천 단지 호재	❶ 성수전략정비구역 진행

지구	면적	건립예정 세대수	사업단계	진행단계
1	19만4398㎡	2909	조합설립인가(2017년 7월)	건축심의
2	13만1980㎡	1907	조합설립인가(2020년 2월)	교통영향평가 준비
3	11만4193㎡	1852	조합설립인가(2019년 2월)	건축심의 준비
4	8만9828㎡	1542	조합설립인가(2016년 7월)	건축심의

향후 호재는? 해당 아파트의 호재는 성수전략정비구역 개발의 진행이다. 현재 해당 지역의 상징은 트리마제 아파트로, 고급 주택가 이미지를 선도하고 있다. 성수전략정비구역 개발은 고급 주거촌을 한 강을 따라 짓는다는 것이다. 구축 빌라 혹은 공업지역이 고층 빌딩으로 바뀌게 될 것이고, 이렇게 고급 주거시설이 계속 들어서다 보면 성수동 자체가 고급 주거지로 바뀌게 될 것이다. 해당 아파트는 성수전략정비 구역에서 제외된 지역에 있지만, 이 아파트들이 신고가를 갱신하고 땅 의 희소성까지 부각되면 재건축과 리모델링도 가능해질 수 있다. 이미 높은 가격대를 형성하고 있지만, 구축 그대로도 괜찮고, 추후 재건축도 기대할 수도 있다.

단지명	입주 연도	세대수	평형	매매가(만 원)	전세가(만 원)
강변건영	2002. 2	580	33	199,500	95,000
성수한진타운	1994. 4	378	23	140,000	68,000
서울숲대림	2000. 10	372	31	180,000	81,500
성수동아	1983. 5	390	31	191,500	73,000
신장미	1982. 4	155	31	210,000	-

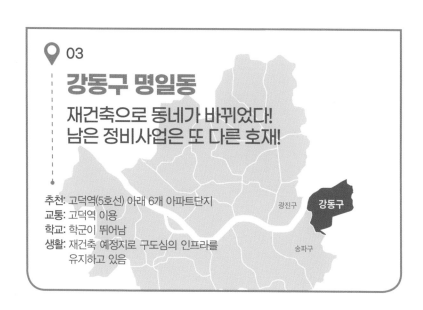

03

강동구 명일동
재건축으로 동네가 바뀌었다!
남은 정비사업은 또 다른 호재!

추천: 고덕역(5호선) 아래 6개 아파트단지
교통: 고덕역 이용
학교: 학군이 뛰어남
생활: 재건축 예정지로 구도심의 인프라를
　　　유지하고 있음

광진구

강동구

송파구

강동구 명일동은? 현재는 강남4구로도 불리지만 얼마 전까지만
해도 강동구는 각광받는 지역은 아니었다. 강남의 확장성에 명확한 한
계가 드러나고 강동구 오른편으로 미사, 하남 등 신도시가 개발되면서
더욱 가치가 상승했다. 그중 명일동은 일반 주택가와 래미안 솔베뉴,
삼익그린2차 등의 아파트단지가 혼재하는 전형적인 주택지다. 고덕역
아래 명일2동은 강동구에서 입지가 가장 좋은 지역으로 명일역, 고덕
역을 10분 이내로 갈 수 있다. 이마트와 강동경희대학교병원, 강동아트
센터가 있고, 유수의 학교도 근방에 위치해 '명일학군'이라고 불리기도
한다. 학원가가 밀집한 곳은 주변 지역에서 셔틀버스를 타고 오기도 한
다. 서울 지하철 8, 9호선이 예정되어 있고, 정비사업도 진행 예정이라
서 수요는 꾸준히 증가할 것으로 보인다.

출처: 네이버 지도

인근 아파트는? 고덕역 아래 아파트들은 오래된 구축 단지들로 현재도 높은 가격대를 형성하고 있다. 다소 높은 가격대를 감수하고라도 내 집 마련으로 거주하는 걸 추천한다. 이후 재건축을 통해 새 아파트로 변신하면 매우 높은 거주 만족도를 얻게 될 곳이다.

삼익그린2차(570세대)와 삼익그린11차(152세대), 명일신동아(570세대), 명일주공우성(572세대), 명일현대고덕(524세대), 명일한양(540세대) 아파트 모두 1986년에 준공되어 재건축 연한 30년을 훌쩍 넘겼다. 바로 옆 단지인 래미안솔베뉴는 삼익그린맨션1차 아파트가 재건축해 2019년 입주한 곳으로 2022년 1월 현재 25평 기준으로 14억에 실거래가를 찍었다. 신축 아파트가격의 상승으로 재건축에 대한 기대감도 상당하다.

아파트 장단점은? 해당 단지의 장점은 고덕역과 명일역을 이용해 일자리로 이동이 수월하고, 녹지가 풍부해 거주환경이 좋다는 점이다. 또한 손꼽히는 학군과 잘 갖춰진 학원가로 학령기 부모에게 매우 인기가 높다. 30년 된 구축이라 낡은 감은 어쩔 수 없지만 살기에 불편한 정도는 아니다. 인기가 높아 가격이 상승한 것이 단점이라면 단점이다. 새 아파트로 탈바꿈될 때까지 오래된 주거환경을 개선하기는 어려워 보인다. 재건축이 수월하게 이루어진다면 가격 상승폭도 상당할 것으로 기대된다.

추천 단지 장점	❶ 거주환경이 좋고 녹지가 충분함 ❷ 고덕역(5호선)을 이용한 출퇴근이 가능함 ❸ 학원가가 잘 형성되어 있고, 학군도 좋음
추천 단지 단점	❶ 가격이 많이 상승했음 ❷ 개발이 오래 걸리는 구축이 많음
추천 단지 호재	❶ 지하철 연장 ❷ 재건축 정비사업

지하철 9호선 4단계 연장구간　　　　　　　　　　出처: 한국경제[8]

🔵 **향후 호재는?**　해당 단지는 자체 재건축 외에도 9호선 지하철 연장 호재가 있다. 9호선 4단계 연장 구간은 보훈병원에서 고덕역을 지나 샘터공원(고덕강일1지구)까지 4.12km 구간에 4개의 정거장을 신설하는 것이다. 서울시와 철도업계에서는 각종 심의와 설계 절차 등을 고려해 2028년 이후에는 개통될 것으로 전망하고 있다. 9호선 연장이 실현

되면 명일동에서 강남권까지 30분 내 진입이 가능하고, 2호선과 8호선을 갈아타는 불편함도 사라진다. 미약하나마 단점으로 꼽혔던 교통여건이 개선되면 당당히 강남4구라는 타이틀을 얻게 될 지역이다.

단지명	입주 연도	세대수	평형	매매가(만 원)	전세가(만 원)
삼익그린2차	1983. 12	2,400	27	149,000	35,800
삼익그린11차	1986. 6	152	28	116,000	55,000
명일동우성	1986. 5	572	46	178,000	80,000
현대고덕	1986. 2	524	46	178,400	90,000
명일한양	1986. 5	540	41	170,000	85,000
명일신동아	1986. 2	570	44	185,800	85,000
명일주공9단지	1985. 11	1,320	33	148,000	49,000

04

노원구 중계동
강북 최대 학원가를 자랑,
상계 재건축에 경전철까지 뚫리면?

추천: 중계동 학원가 인근 7개 아파트단지
교통: 버스 환승 후 노원역(4호선, 7호선)과
　　　하계역(7호선) 이용 가능
학교: 초·중·고 및 교육 인프라 충분
생활: 대형마트와 상권 이용이 편리하나 녹지
　　　는 많지 않음

노원구 중계동은?　　7호선 노원역 아래에는 중계역과 하계역이
나란히 붙어 있다. 노원구를 오른쪽 위에서 왼쪽 아래로 가로지르는 당
현천을 기준으로 위편은 상계동, 아래는 중계동이다. 중계동 아래쪽에
하계동이 붙어 있다. 노원구의 상계동, 중계동, 하계동은 그야말로 아
파트숲이다. 1990년대 초반부터 공급된 곳으로 산업화시대 후반에 '주
거지를 충분히 공급한다'라는 계획하에 건설되다 보니 신도시만큼 녹
지가 풍부하지는 않다. 도로가 넓어 산책로로도 선호되지 않는다. 단지
에 끼어 있는 근린공원이 있지만 충분치 않다. 예전부터 아파트가격은
하계동이 가장 비쌌고 중계역이 그다음, 상계동이 마지막이었다. 아래
로 내려올수록 서울 도심과 가까워서 상계동보다 하계동을 선호했다.
그러나 상계동 16개 주공아파트단지에 재건축 바람이 불고, 중계동은

출처: 네이버 지도

학원가가 명성을 떨치면서 하계동 아파트가격을 바짝 따라잡고 있다.

중계동에서 가장 유명한 곳은 은행사거리다. 강북 최대 학원가로 이름이 높다. 서울 시내에서도 대치동, 목동과 함께 3대 학원가로 꼽힌다. 이들 학원가의 특징은 '자연 발생했다'라는 점이다. 교통이 좋지 않아 임대료가 비교적 싼 지역에 학원들이 자리 잡기 시작하면서 현재처럼 번성하게 되었다. 인근에는 대형 평수의 아파트가 자리해 사교육 여력이 충분한 곳에서 학원가가 시작된 것으로도 보인다. 중계동은 지하철역에서 좀 떨어져 있어서 인근 지역에서 오는 학생은 대부분 학원 통학버스를 이용한다.

중계동 학원가 인근 7개 단지는? 중계동 추천 단지는 중계주공 5, 6, 10단지와 중계청구 3차, 중계건영 3차, 동진신안, 청구, 중계라이프 아파트다. 은행사거리를 기준으로 상권 바깥쪽을 감싸고 있는 형태로 배치되어 있다. 모두 초·중·고는 물론 은행사거리 학원가를 도보로 이용할 수 있는 위치다.

아파트 장단점은? 은행사거리는 그야말로 학원가다. 십자로를 중심으로 상권이 크게 발달했고, 학원이 밀집해 있다. 이들 학원가의 명성 덕분에, 지하철역에서 마을버스를 이용해야 할 만큼 거리가 있음에도 해당 아파트들은 싸지 않다. 아이들이 학교에 다니기 시작하면 이사가 쉽지 않다. 부모는 학군을 따라 이사 다니기도 한다. 이런 상황이라서 해당 아파트 부모들의 만족도는 매우 높다. 대부분 초·중·고를 보내기 위해 10년 이상 거주한다. 앞으로 특목고가 폐지될 경우, 해당 아파트를 포함해 학원가 인근 아파트의 인기는 지속적으로 상승할 것으로 보인다.

이 아파트의 단점은 마을버스를 이용해야 할 정도인 지하철과의 거리, 그리고 녹지 부족 등이다. 지도에서도 한눈에 알 수 있듯이 노원역이나 중계역을 도보로 이용하기에는 상당한 거리가 있다. 버스 노선이 많아 실제로 사는 사람들의 불편이 크지 않다고는 해도 역세권의 편리함을 따라갈 수는 없다. 또한 아이를 키우는 부모로서는 산책로가 부족한 것도 단점으로 꼽힌다. 도로는 넓고 차들도 많다.

추천 단지 장점	❶ 서울 3대 학원가 위치 ❷ 도보로 초·중·고 등교 가능
추천 단지 단점	❶ 지하철을 이용하기 위해 마을버스를 타야 함 ❷ 녹지가 많지 않음
추천 단지 호재	❶ 경전철 동북선 완성 시 역세권 아파트로 탈바꿈 ❷ 상계동 주공아파트 재건축 시 이주 수요 발생

출처: 시사저널e[19]

향후 호재는?   해당 아파트의 향후 호재는 주민들의 기대를 한 몸에 받는 '경전철 동북선'의 개통이다. 경전철 동북선은 서울시의 세 번째 경전철로 2021년 7월에 착공했다. 지난 2007년 확정된 서울 도심을 관통하는 7개 경전철 노선 중 그나마 빠르게 진행되는 사업에 속한다. 경전철 동북선은 왕십리와 노원구 중계동 은행사거리를 잇는 총 12.3km의 노선으로, 14개 정거장을 포함한다. 가장 밑단의 왕십리역은 환승역이라 가치가 높다. 2호선과 5호선, 수인분당선으로 환승하면 일자리가 밀집된 서울 어디로든 이동할 수 있다. 중계동은 경전철에 대한 수요가 크고 기대감도 많은 곳이라 앞으로도 빠르게 진행될 것으로 예상한다. 2022년 현재는 2024년 준공 예정이다.

해당 아파트의 또 다른 호재는, 상계동 주공아파트 재건축 시 이주 수요를 받는다는 것이다. 상계동 8단지가 포레나노원으로 탈바꿈되면서, 상계동 주공아파트 가격이 일제히 상승할 만큼 기대감이 커지고 있다. 이들 이주 수요를 통해 가격이 지지되거나 상승할 것이다. 마지막으로 중계동 아파트들 역시 '재건축 기대감'이 없지 않다. 상계동이 재건축을 통해 새 아파트로 탈바꿈되면 다음은 중계동 아파트일 것이다. 다만 기간이 상당히 걸릴 것이라, 현재는 재개발 이주 수요를 받아내는 것만으로도 가격 상승의 여지가 큰 상황이다. 또한 인근에 새 아파트들이 자리 잡으면 가격 선도 현상이 나타나 동반상승할 여력도 있다.

명품 주거지의 요건은 일자리, 학군 그리고 새 아파트다. 중계동의 경우 경전철 개통으로 일자리로의 연계가 가능하고, 시간의 문제일 뿐 기다리면 새 아파트로의 탈바꿈도 가능하다. '학군(학원가)'은 자연 발생하는 것으로 인위적으로 만들기 어렵다. 이미 서울의 3대 학원가를 품고 있으므로 그 희소성이 매우 높다고 할 수 있다.

중계동 7개 단지의 1차 추천 대상은 아이들을 학교에 보내기 시작하는 가정이다. 한번 정착하면 10년 이상 안정적으로 거주할 수 있다. 10년 정도 시간이 지나면 자연스럽게 상계동 재건축이 진행되어 추격 상승도 경험하게 될 것이다. 시간 여유를 두고 호재를 누릴 수 있는 이들에게 안성맞춤이다.

단지명	입주 연도	세대수	평형	매매가(만 원)	전세가(만 원)
중계주공5단지	1992. 4	2,328	18	58,500	16,800
중계주공6단지	1993. 3	600	18	59,000	21,500
중계주공10단지	1995. 4	330	24	87,000	35,000
중계청구3차	1996. 7	780	31	139,000	56,700
중계건영3차	1995. 12	948	32	130,000	63,000
동진신안	1993. 5	468	47	180,000	75,000
라이프청구신동아	1993. 8	960	41	154,000	64,000

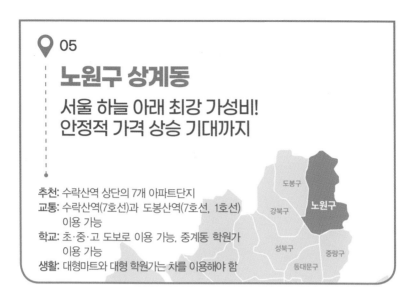

05

노원구 상계동
서울 하늘 아래 최강 가성비!
안정적 가격 상승 기대까지

추천: 수락산역 상단의 7개 아파트단지
교통: 수락산역(7호선)과 도봉산역(7호선, 1호선)
　　　이용 가능
학교: 초·중·고 도보로 이용 가능, 중계동 학원가
　　　이용 가능
생활: 대형마트와 대형 학원가는 차를 이용해야 함

도봉구

강북구

노원구

성북구

중랑구

동대문구

노원구 상계동은?　　노원구 상계동은 '가성비'에서는 빠지지 않는 추천지다. 오랜 기간 서울 아파트 평균가격에서 중간과 아래에 머무르며 서민 거주지라는 이미지가 있었으나, 최근 달라지고 있다.

상계동은 16개의 주공아파트단지로 구성되어 있는데, 이 중 8단지가 '포레나노원'이라는 이름으로 재건축에 성공해 2020년 12월부터 입주가 시작됐다. 나머지 단지들도 재건축 진행에 탄력을 받아 가격이 급상승했다. 포레나노원이 가격을 견인하고 있는데, 2021년 8월 기준 24평형(59㎡)이 10억 원에 실거래되면서 '저렴하던' 이미지는 많이 사라지고 있다. 결과적으로 가성비 좋고 안정적인 가격 상승을 기대한다면 상계동 안에서도 좀 더 외곽으로 나갈 수밖에 없게 되었다. 7호선 수락산역 인근 아파트들을 가장 먼저 추천한다.

225

S-OIL
장암주유소

창포원

수락리버시티1단지
1단지아파트

수락리버시티2단지

수락
리버시티공원

수락리버시티3단지
3단지아파트

누원초등학교

통휴한신
아파트

수락리버시티4단지
4단지아파트

누원고등학교

도봉파크빌
2단지아파트

수락초등학교

도봉극동
아파트

수락중학교

유원도봉
아파트

수락고등학교

상계은빛
3단지아파트

2동

삼환아파트

도봉동다목적체육센터
(2021년8월예정)

수락산벨리체
아파트

은빛1단지
아파트

벽운근린공원

누원
어린이공원

상계은빛2단지
아파트

수락119
안전센터

상계수락파크빌

노원교주유소

도심공항
수락터미널

테니스장

두산
아파트

수락산역

철쭉
어린이공원

극동늘푸른
아파트

출처: 네이버 지도

도봉2동
마을마당

롯데시네마

수락산역 인근 아파트는? 수락산역을 기준으로 위쪽에 있는 수락리버시티(1, 2, 3, 4단지)와 상계은빛2단지, 두산, 상계수락파크빌 아파트단지는 감히 '서울 하늘 아래 최강 가성비'라는 수식어를 붙일 만한 곳이다. 24평형 기준 2022년 1월 현재 6억 원대 매물이 남아 있고, 10평대는 4억 원대 매물도 남아 있다. 지리적으로는 왼쪽에 중랑천을 끼고 위아래로 배치되어 있는데, 최소 500세대 내외에서 1,000세대를 넘는 대단지 아파트로 10평대부터 40평대까지 다양한 평형이 섞여 있고, 단지 내에서 이동도 가능하다.

아파트 장단점은? 대표적인 편의성은 강남과 직접 연결되는 7호선과 종로로 직접 연결되는 1호선을 이용할 수 있다는 점이다. 수락리버시티 아파트의 경우 왼쪽에 있는 중랑천을 건너면 1호선과 7호선 더블역세권인 도봉산역도 이용할 수 있다. 7호선 내에서도 도봉산역과 수락산역은 한 정거장이다.

교육여건은 아파트단지들 중간에 수락초등학교, 수락중학교, 수락고등학교가 있고, 중랑천 너머에는 누원초등학교와 누원고등학교가 있다. 모두 도보로 통학할 수 있다. 학원가의 경우 아파트단지가 형성되어 소소한 학원들은 도보로 이용할 수 있고, 중계동 학원가는 자가로 20분 내외면 된다. 중계동 학원가는 서울에서 목동, 강남과 함께 3대 학원가로 꼽히는 곳으로 강북 학원가의 메카로도 꼽힌다. 이곳에서 오는 통학버스가 많은 편이라 자차를 이용하지 않아도 큰 불편은 없다. 유흥시설들은 중랑천 너머에 있어서, 아이들의 면학 분위기도 잘 조성된 편이다.

단점을 꼽자면 아파트단지 인근의 기본적인 상권과 생활 인프라는 누릴 수 있으나 대형마트와 대형병원은 자차를 이용해야 한다는 점이다. 서울 안에서도 외곽에 위치하다 보니 상권과 인프라는 부족한 것이 사실이다.

추천 단지 장점	❶ 서울 시내 가성비 높은 단지 ❷ 7호선 이용 강남 출퇴근 용이 ❸ 노원역 상권 이용 편리 ❹ 유흥 시설과 거리가 있음
추천 단지 단점	❶ 생활 인프라가 부족 ❷ 일부 단지 임대 아파트 혼재
추천 단지 호재	❶ 상계동 재개발 시 이주 수요 유입 가능 ❷ 7호선 연장에 따른 인구 유입 가능 ❸ 창동역세권 개발 시 이주 수요 유입 가능

향후 호재는? 미래 가능성이 크다고 보는 몇 가지 이유가 있다. 첫 번째, 상계동 주공아파트 재개발이 진행되면 이주 수요를 받을 수 있다는 점이다. 기본적으로 재개발에 따른 이주가 발생하면 수요는 주변으로 퍼진다. 이주민들이 기존 거주지에서 멀리 가는 것을 원치 않기 때문이다. 전통적으로 이주 수요가 증가하면 인근 아파트의 전세가와 매매가는 상승해왔다. 두 번째, 7호선 연장에 따른 인구 유입을 기대할 수 있다. 향후 7호선은 의정부를 거쳐 양주 옥정신도시까지 연장될 것이다. 7호선이 연장되면 출퇴근에 따른 주거벨트가 확장되는데 보통 끝에 살던 사람들이 '상급지로의 이주'를 위해 중간역으로 이사한다. 수락산의 경우 현재는 7호선 끝자락이지만 7호선이 연장 개통되면 중간

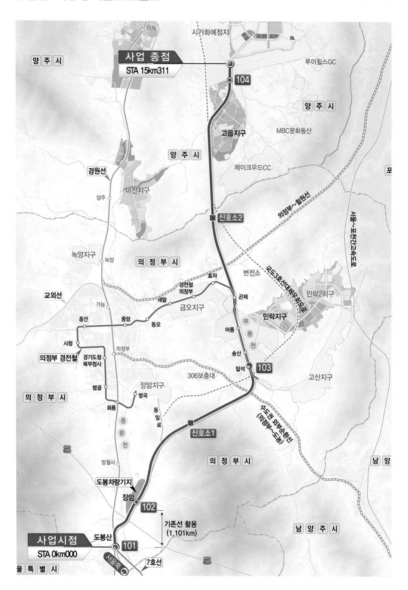

역으로 변모해 경기도 외곽의 지역민들이 이주하는 곳이 될 가능성이 크다. 세 번째, 창동역세권 개발의 이주 수요를 받을 가능성이 있다. 창동은 1호선 기준 도봉산역에서 정거장 3개인 거리로, 이곳 아파트들은 창동역세권이 개발되거나 창동 인근 아파트들이 재건축되면 이주민들이 찾을 만한 거리에 있다.

현재 입지의 장단점과 호재를 종합해볼 때 해당 추천 단지는 서울의 상승 흐름에서는 소외되지 않으면서 향후 호재에 의해 가격 상승을 받을 가능성이 크다. 서울 서민들의 마지막 선택지라고 해도 손색이 없을 듯하다.

덧붙여 수락리버시티단지 아파트는 중간에 있는 수락리버시티공원을 사이로 위 2단지(1단지와 2단지)는 의정부 장암동으로, 아래 2단지(4단지와 3단지)는 노원구 상계동으로 행정구역이 분리되어 있다. 그러나 위 두 단지도 서울시로 편입될 예정이다.

단지명	입주 연도	세대수	평형	매매가(만 원)	전세가(만 원)
수락리버시티1단지 (의정부시 장암동)	2009. 8	680	34	74,800	41,750
수락리버시티2단지 (의정부시 장암동)	2009. 9	473	32	67,000	35,000
수락리버시티3단지	2009. 12	696	33	82,500	48,000
수락리버시티4단지	2009. 12	548	33	85,000	38,000
상계은빛2단지	1998. 10	1,313	24	65,000	33,000
두산	1994. 10	763	31	79,000	34,000
상계수락파크빌	2001. 5	468	32	105,000	44,000

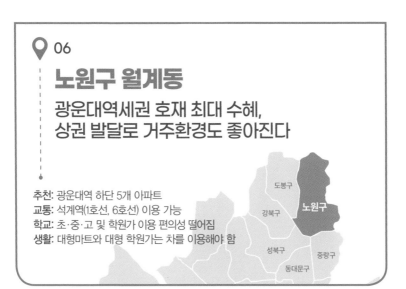

노원구 월계동
광운대역세권 호재 최대 수혜, 상권 발달로 거주환경도 좋아진다

추천: 광운대역 하단 5개 아파트
교통: 석계역(1호선, 6호선) 이용 가능
학교: 초·중·고 및 학원가 이용 편의성 떨어짐
생활: 대형마트와 대형 학원가는 차를 이용해야 함

도봉구
강북구
노원구
성북구
중랑구
동대문구

노원구 월계동은? 노원구 월계동은 2021년에 핫한 동네 중 하나로 꼽혔다. 부동산가격이 상승함과 동시에 '광운대역세권' 개발사업이 본격화되면서 인근 아파트가 폭등하다시피 했다. 2021년 9월 노원구 아파트가격은 22주 연속 서울에서 가장 높은 상승률을 기록했는데, 월계동 시영아파트(미륭, 미성, 삼호3차 아파트)의 상승률에 힘입은 결과다. 2022년 1월 기준 시영아파트 23평형은 9억 5,000만 원에 육박한다. 모두 광운대역세권 개발사업과 재건축에 대한 기대감이 반영된 결과다.

광운대 역세권 개발 프로젝트는 지하철 1호선 광운대역 주변 14만 8,166㎡ 규모 부지에 최고 49층짜리 복합건물 랜드마크를 건설하는 개발사업이다. 2025년까지 2,694가구 규모 주상복합아파트와 체육시설, 도서관 등이 들어서는 사업으로 동북권 최대 규모다. 주민들 모두 10년

출처: 네이버 지도

정도 기간이 흐르면 역세권 개발사업과 재건축이 마무리될 것을 기대하고 있다.

과거 광운대역과 그 아래 석계역 사이는 '혐오 지역'으로 불렸다. 차량기지와 시멘트 공장, 그리고 대규모 물류창고가 몰려 있던 탓이다. 인근에 초안산, 월계근린공원, 중랑천 등 자연환경이 우수함에도 이런 시설들과 부족한 상업, 교육시설 덕분에 제대로 된 평가를 받지 못했다. 역세권 개발사업과 재건축이 마무리되면 혐오시설은 사라지고, 상업시설이 잘 갖춰진 쾌적한 주거환경으로 탈바꿈될 전망이다. 일자리도 늘어나 직주근접 가능성도 커진다.

다만 매수자 입장에서는, 현재 시점에서 이런 호재를 어느 정도로 평가하고 어느 정도로 선반영할 것인가는 고민거리다. 앞서 언급했듯이 광운대역에 붙어 있는 월계동 시영아파트의 경우 신고가를 경신하며 가격이 상승하고 있고 물건이 적어 매입도 쉽지 않다. 이럴 때는 호재 반영은 한 박자 늦지만 가격 상승 여력은 여전히 남은 인근 아파트를 사는 것이 더 현명하다.

광운대역 인근 아파트는? 월계동은 노원구의 가장 아랫단으로 성북구와 닿아 있다. 광운대역을 기준으로 아래쪽에 있는 5개 아파트를 추천하는데 월계동아이파크현대, 월계동신, 월계풍림아이원, 월계그랑빌, 삼창 아파트다. 이들 아파트는 광운대역보다는 석계역에 가깝다. 따라서 광운대역 개발사업의 호재는 광운대역과 맞닿아 있는 아파트들보다 늦게 반영되거나 덜 반영될 수 있다. 그러나 호재가 아예 비껴갈 수는 없다. 또한 동신아파트를 필두로 재건축에 대한 이주와 기대감이 따라오기 때문에 향후 가치도 높아질 것으로 보인다. 광운대역과 닿아 있는 아파트들의 가격이 급상승해 상대적으로 저렴해 보이기도 한다.

아파트 장단점은? 이곳 아파트의 최대 장점은 석계역 더블역세권으로 종로와 마포로 출퇴근할 수 있다는 점이다. 모두 도보로 석계역에 갈 수 있다. 1호선을 이용하면 종로와 광화문으로 출퇴근할 수 있고, 6호선을 이용하면 공덕역을 통해 마포와 여의도로 갈 수 있다. 이러한 직주근접으로 이곳 아파트들의 전세가 비율은 인근과 비교해 상당히 높은 편에 속한다.

단점으로는 생활 인프라가 부족하고, 학교와 학원가 이용이 불편하다는 점이다. 과거 1호선 석계역을 기준으로 개발이 진행되다 보니 주거지역의 편의성이 먼저 들어서지 못했다. 광운대역을 기준으로 오른쪽에 한천초등학교가 있고, 왼쪽으로는 선곡초등학교가 있는데 가깝지 않은 편이다. 중학교는 석계역 아래쪽에 석관중학교가 있다. 생활 인프라는 광운대역 개발사업이 진행되면 빠르게 호전될 것으로 보인다.

추천 단지 장점	❶ 1, 6호선 이용 출퇴근 편리 ❷ 인근 아파트에 비해 저렴함
추천 단지 단점	❶ 생활 및 교육 인프라 부족 ❷ 자연환경 이용한 녹지 부족
추천 단지 호재	❶ 광운대역 역세권 개발로 인프라 개선 ❷ 인근 재건축 아파트의 이주 수요 발생과 가격 상승에 의한 추가 상승 ❸ 장위뉴타운 완성에 따른 가격 상승

장위뉴타운 구역별 진행 상황

출처: 한국경제[20]

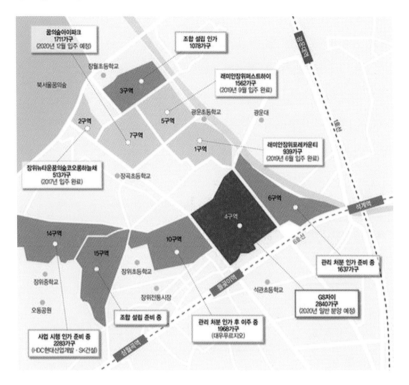

향후 호재는? 광운대역 아래쪽에 있는 아파트의 향후 호재는 앞서 소개한 역세권 개발만이 아니다. 석계역을 기준으로 왼쪽으로 가면 장위뉴타운이 자리 잡고 있다. 월계 시영아파트도 재건축이 진행될 것이다. 그럼 이 아파트들을 중심으로 새 아파트 혹은 새 아파트단지가 만들어지게 된다. 이주가 진행되는 시점에는 이주 수요로 인해 전세가와 매매가가 상승할 수 있고, 새로운 아파트와 단지가 완성된 후에는 새 아파트가 견인하는 가격을 따라 동반상승할 수 있다. 그때가 되면

아파트 인근의 생활여건과 인프라도 많이 개선될 것이다. 신도시급은 아니더라도 생활의 불편은 많이 해소될 것이다. 이를 가정하면 현재 가격은 저평가되었다고 할 수 있다.

해당 아파트의 경우 현재는 더블역세권의 교통 인프라로 인해 출퇴근 수요가 매우 높다. 전세가도 높은 편이다. 향후 생활 인프라가 좋아지면 단점이 보완되면서 수요는 늘어날 것이고 인근 시세 변동을 따라 가격이 상승할 여지가 충분하다.

단지명	입주 연도	세대수	평형	매매가(만 원)	전세가(만 원)
월계동아이파크 현대	2000. 11	1,281	35	125,000	44,000
월계동신	1983. 7	864	23	78,000	18,000
월계풍림아이원	2005. 12	484	31	96,700	58,000
월계그랑빌	2002. 10	3,003	30	94,700	43,000
삼창	1985. 12	296	23	44,000	23,000

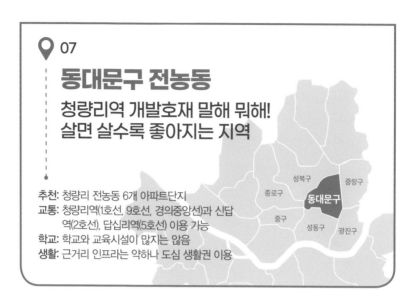

07

동대문구 전농동
청량리역 개발호재 말해 뭐해!
살면 살수록 좋아지는 지역

추천: 청량리 전농동 6개 아파트단지
교통: 청량리역(1호선, 9호선, 경의중앙선)과 신답
　　　역(2호선), 답십리역(5호선) 이용 가능
학교: 학교와 교육시설이 많지는 않음
생활: 근거리 인프라는 약하나 도심 생활권 이용

성북구　중랑구
종로구　**동대문구**
중구　성동구　광진구

　　청량리 전농동은? 서울 청량리 뒤쪽의 전농동은 1970년대까지
만 해도 시골이나 다름없는 동네였다. 과거의 청량리는 상권이나 물류
의 중심지였고 그야말로 구도심이었다. 그러나 최근 전농·답십리뉴타
운 사업이 진행되면서 신흥 아파트촌으로 변화하고 있다.

　　전농·답십리뉴타운 사업은 2003년 지구 지정으로 시작되었다.
2013년 전농7구역이 래미안크레시티(2,397세대)로, 2014년 답십리16구
역이 래미안위브(2,652세대)로, 답십리18구역이 래미안미드카운티(1,009
세대)로 변모했다. 낙후된 주거시설이 뉴타운 브랜드아파트로 바뀌면서
전농동에 대한 이미지도 바뀌고 있다. 전농동은 트리플역세권으로 인
근에 청량리역과 신답역, 답십리역 지하철이 있다. 출퇴근해야 하는 이
들에게 매우 큰 장점이다.

출처: 네이버 지도

인근 아파트는?　전농동 6개 아파트는 구도심에 들어선 대형 아파트들이다. 비교적 새 아파트로 청량리역 개발의 호재를 누릴 수 있다. 지하철역 인근으로 대중교통 이용도 수월하다. 전농동은 서울 강북의 주요 입지로 어디든 이동이 가능한 것이 큰 장점이다.

아파트 장단점은?　전농동 6개 아파트는 지도상으로도 봐도 흩뿌려져 있어서 하나의 그룹으로 묶기는 어렵다. 다만 청량리역 개발호재와 구도심에 지어진 새 아파트라는 공통점이 있어 수요가 꾸준하다.

현재 전농동에서 진행되는 전동·답십리뉴타운 사업은 완결되지 않았다. 따라서 과거의 시장통 느낌, 구도심 느낌을 여전히 가지고 있다. 현대적인 생활 인프라와 교육시설이 부족한 것도 사실이다. 그러나 시간이 지나고 뉴타운 사업이 더 진행되면 자연스럽게 좋아질 수 있는 부분이다. '입지'는 바꿀 수 없다. 지하철역 인근 서울 중심이라는 입지는 매우 가치가 크다. 새 아파트가 들어서고 사람들의 수요가 늘어나면 생활 인프라와 교육시설도 많아질 것이다. 서울의 이만한 위치에 새 아파트 대단지는 희소성이 있다. 아직은 시장통 느낌이지만, 브랜드 대단지 아파트가 계속 지어지면 수요가 늘면서 가격도 상승할 것이다.

추천 단지 장점	❶ 지하철이 다양해 교통이 좋음 ❷ 서울 어디든 출퇴근 용이 ❸ 젊은 수요층이 몰리는 지역
추천 단지 단점	❶ 교육과 생활 인프라 부족 ❷ 공원과 녹지 부족
추천 단지 호재	❶ 청량리 개발이라는 대형 호재 ❷ 인근 재개발 진행으로 인프라 확충 가능성이 큼

재정비촉진지구 및 촉진구역 결정도

출처: 스카이데일리[21]

구분	사업방식	구역명	위치	면적(m²)
		총계		370,777.4
촉진지구	도시환경정비사업	소계		147,938.5
		청량리1재정비촉진구역	용두동 10-12일대	1,819.2
		청량리2재정비촉진구역	용두동 786일대	1,938.3
		청량리3재정비촉진구역	용두동 11-1일대	7,011.6
		청량리4재정비촉진구역	전농동 620-47일대	41,602.5
		용두1재정비촉진구역	용두동 26일대	51,706.5
		전농재정비촉진구역	용두동 494일대	27,623.4
	주택재개발	전농12재정비촉진구역	전농동 643일대	16,237.0
	개별건축	소계		222,835.8
		존치지역(존치관리구역)		222,835.8

향후 호재는? 청량리역 역세권 개발은 전농동 아파트의 가장 큰 호재다. 현재는 서울 지하철 1호선, 수인분당선, 경의중앙선, 경춘선, KTX강릉선이 지나지만 수도권광역급행철도인 GTX B와 GTX C 정차가 확정되었고, 면목선, 동북선 경전철 등 교통망 호재도 남아 있다. 지하철역 개발사업이 진행되면 인근 아파트가격이 들썩일 수밖에 없다.

또 2023년에는 재개발 아파트 입주가 줄줄이 예고되어 있다. 청량리4구역에는 1,425가구 규모의 65층짜리 주상복합단지인 '롯데캐슬 스카이-L65'가 들어선다. 2023년 7월 완공 예정이다. 청량리3구역에도 최고 40층짜리 주상복합아파트 '청량리역 해링턴 플레이스'가 입주한다. 2023년 1월 완공 예정이다. 청량리4구역과 맞닿은 동부청과시장 재개발구역에는 최고 58층으로 짓는 주상복합아파트 '청량리역 한양수자인 192'가 들어선다. 2023년 4월 완공 예정이다.

현장에 가보면 아파트가격이 들썩이는 것이 보인다. 그러나 장기적으로 '아직은 괜찮은' 수준이다. 서울 내 주요 입지, 상승 기대감이 높은 지역임에도 내 집 마련의 기회는 남아 있다.

단지명	입주 연도	세대수	평형	매매가(만 원)	전세가(만 원)
전농동신성미소지움	2005. 1	385	23	107,000	49,000
롯데캐슬노블레스	2018. 6	584	26	135,000	60,000
래미안크래시티	2013. 4	2,397	26	131,500	49,500
힐스테이트청계	2018. 6	764	25	128,000	73,000
래미안위브	2014. 1	2,652	25	125,000	60,000
래미안미드카운티	2014. 4	1,009	33	150,000	83,000

08

은평구 은평뉴타운
대규모 택지의 안정된 주거시설에
인프라까지…가격 상승 예고

추천: 구파발역 하단 은평뉴타운 7개 아파트
교통: 구파발역(3호선) 이용 출퇴근 용이
학교: 도보권에 초·중·고는 있으나 학원가는
　　　 많이 생성되지 않았음
생활: 계획된 주거지로 생활 인프라 풍부함

은평구 은평뉴타운은? 은평뉴타운은 서울의 서북쪽 끝 구파발동, 진관동에 만들어진 주거촌이다. 다른 뉴타운이 구도심을 정비한 것이라면, 은평뉴타운은 택지를 개발해 조성했다는 차이점이 있다. 작은 신도시라고 봐도 무방하다. 은평뉴타운이 조성될 때만 해도 대형 상권이 없어 불편했으나 2016년 롯데몰이 오픈하고, 2017년 삼송신도시에 스타필드고양이 오픈하면서 불편은 많이 해소됐다. 2017년에는 이케아와 롯데아울렛이 문을 열었고, 2018년에는 바로 지척에 800병상을 가진 가톨릭대학병원이 개원했다. 2022년 현재 은평뉴타운에는 1만 7,000가구, 약 5만 명이 거주하고 있다.

출처: 네이버 지도

인근 아파트는?　은평뉴타운은 구파발역을 중심으로 위아래에 펼쳐져 있다. 추천 아파트들은 뉴타운 아래쪽에 있고, 도보로 구파발역을 이용할 수 있다. 과거 미분양이 나기도 했으나 현재는 사람들이 선호하는 곳으로 바뀌었다. 3호선을 이용할 수 있어 출퇴근하는 이들이 선호하는 대표적인 주거지다.

아파트 장단점은?　해당 아파트단지는 공기 좋고 조용한 주거단지로 초·중·고를 도보로 갈 수 있다. 또 은평뉴타운 내 학교들의 높은 학구열은 소문이 자자하다. 인근에 롯데몰, 스타필드, 하나로마트, 이케아 매장을 이용할 수 있어 편리하다. 무엇보다 자연 친화적인 구조로 주거 만족도가 높다.

다만 아직 학원가가 형성되지 않았고, 다른 주거지처럼 자족 기능이 떨어져 서울 중심부로 출퇴근해야 한다. 은평뉴타운에서 서울 방향으로 뚫려 있는 통일로는 상습 정체 구역으로 꼽힌다.

추천 단지 장점	❶ 주거시설이 잘 정돈되어 있고, 녹지가 풍부해 쾌적함 ❷ 근거리에 상권이 잘 갖춰져 있음 ❸ 구파발역(3호선) 이용 출퇴근 용이
추천 단지 단점	❶ 도로교통이 편리하지 않음 ❷ 서울 중심부와 거리가 있음
추천 단지 호재	❶ 신분당선 서북부 연장 개통

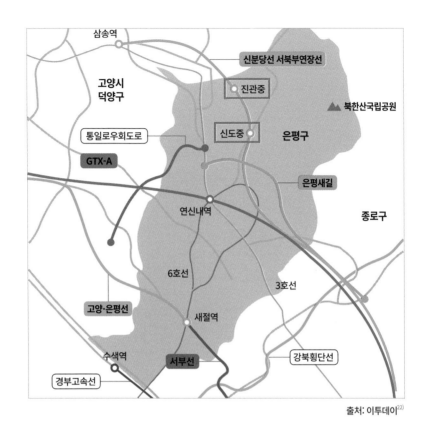

향후 호재는? 은평뉴타운 내에는 3호선 구파발역이 주요 교통 시설이다. 인근에 3호선과 6호선을 이용할 수 있는 연신내역이 있어 버스를 이용해 환승하는 수요도 많다. 현재 은평뉴타운의 가장 큰 호재는 구파발역의 신분당선 연결이다. 신분당선은 광교신도시와 분당 신도시, 판교신도시를 거쳐 서울 강남역까지 이어지는 황금 노선이다. 2021년 4월 22일 제4차 국가철도망 구축계획에 신분당선 연장이 포함되었고, 2021년 7월에 확정되었다. 서북부 연장은 용산역에서 시작해

서울역과 시청역을 지나 상명대, 독바위역과 은평뉴타운, 고양 삼송지구를 통과한다. 총길이 20.2km에 총사업비 1조 8,002억 원이 투입된다. 2022년 1월 현재 예비타당성 조사가 진행 중이며, 현실화한다면 신도중역과 진관중역이 신설될 예정이다.

연신내역을 지나는 수도권 광역급행철도 A노선(파주-연신내-서울역-삼성-동탄)이 개통되는 것도 남아 있는 호재다. 마찬가지로 GTX가 개통되면 서울 도심 및 강남권 접근이 획기적으로 용이해질 것이다. 이 같은 호재로 인해 시간이 지나면 은평뉴타운의 최대 약점인 교통여건이 대폭 개선될 것으로 보인다.

단지명	입주 연도	세대수	평형	매매가(만 원)	전세가(만 원)
스카이자이뷰	2019. 1	361	36	125,000	80,000
박석고개1단지	2009. 1	947	33	115,000	70,000
박석고개12단지	2009. 1	660	33	117,000	75,000
박석고개13단지	2008. 12	162	36	109,000	61,000
우물골4단지	2010. 1	143	26	84,700	35,000
우물골6단지	2009. 12	362	31	119,000	67,000
우물골11단지	2009. 11	469	51	147,000	80,000

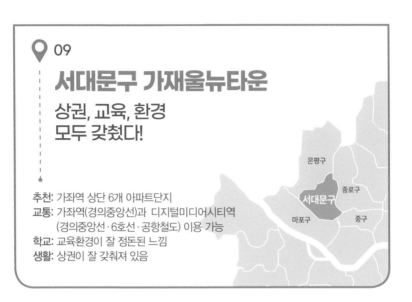

09

서대문구 가재울뉴타운
상권, 교육, 환경
모두 갖췄다!

추천: 가좌역 상단 6개 아파트단지
교통: 가좌역(경의중앙선)과 디지털미디어시티역
(경의중앙선·6호선·공항철도) 이용 가능
학교: 교육환경이 잘 정돈된 느낌
생활: 상권이 잘 갖춰져 있음

은평구
종로구
서대문구
마포구
중구

서대문구 가재울뉴타운은? 가재울뉴타운은 가좌동과 모래내 시장의 낙후된 환경을 개선하고자 진행한 재개발사업이다. 2003년 뉴타운 지정 이후 2005년부터 급속도로 사업이 추진되어 2009년부터 입주를 시작했다. 바로 인근에 경의선 가좌역이 있는데 홍대입구역에서 2호선 환승이 가능하다. 왕십리, 청량리, 상봉을 거쳐 구리와 남양주로 이동할 수 있으나 출퇴근 노선으로 각광받고 있지는 않다. 그래도 도심과 가까워서 여의도와 종로 진입이 쉬운 편이다. 뉴타운으로 정비된 만큼 거주환경도 우수하다.

인근 아파트는? 가재울뉴타운의 6개 아파트는 대규모 신축으로 DMC센트레빌(473세대)이 2009년에, DMC래미안e편한세상1단

출처: 네이버 지도

지(3,293세대)가 2012년에, DMC파크자이1단지(4,300세대)가 2015년에, DMC센트럴아이파크(1,061세대)가 2018년에, DMC에코자이(1,047세대)가 2019년에, 래미안루센티아(997세대)가 2020년에 입주했다. 가재울뉴타운은 크기로 따지면 은평뉴타운보다 작으나 서울 중심부에 대규모로 조성된 곳으로 희소성이 적지 않다. 첫 입주 후 10년 이상 흘러서 교육 및 상업시설도 잘 정비된 상황이다.

아파트 장단점은? 가재울뉴타운의 해당 아파트들은 대부분 신축으로 거주환경이 매우 좋다. 신혼부부가 입주해 아이를 키우면서 장기간 살기에 손색이 없는 지역이다. 실제 강북의 뉴타운 중에서는 은평뉴타운과 가재울뉴타운의 주거 만족도가 높다.

가재울뉴타운은 은평뉴타운에 비해 서울 중심에 더 가깝지만 뉴타운 내 언덕이 있고, 가좌역을 이용해 출퇴근하기가 쉽지 않다는 단점이 있다. 버스 노선도 대부분 신촌과 홍대로 치우쳐 있다. 다만 이러한 단점은 서부선 경전철이 개통되면 어느 정도 해소될 것으로 보인다. 인근에 디지털미디어시티가 있어 일자리 수요가 있다는 것도 장점이다.

추천 단지 장점	❶ 새 아파트로 거주환경 좋음 ❷ 가까이에 일자리(DMC센터) 있음 ❸ 서울 중심과 가까움
추천 단지 단점	❶ 서울 중심으로 이동 시 교통이 다소 불편함 ❷ 단지 안에 오르막이 있음
추천 단지 호재	❶ 서부선 경전철 개통 예정 ❷ 디지털미디어시티역 개발 ❸ 수색과 중산뉴타운 개발 완료 시 주거벨트가 확장됨

출처: 서울시

향후 호재는? 2020년 7월 서울 서남권과 서북권을 잇는 서부선 경전철 건설사업이 민자적격성조사를 통과하면서 가재울뉴타운의 호가가 급상승했다. 서부선 경전철은 은평구·서대문구·마포구·동작구·영등포구·관악구 6개 지역을 연결하는 노선이다. 서울시는 2023년 서부선 경전철을 착공해 2028년 개통 예정이다. 위로는 6호선 새절역에서 아래로는 서울대정문역까지 16개 정거장이 포함된다. 가재울뉴타운의 경우 인근에 있는 '명지대입구역(신설 예정)'을 이용해 신촌과 여의도, 노량진, 장승배기, 서울대입구로 환승 없이 이동할 수 있다.

이 밖에도 인근인 수색·DMC역 개발계획도 호재로 보인다. 2021년 6월 은평구에서는 DMC역 일대를 서북권 광역중심지로 발전시킨다는 계획을 발표했다. 상업시설 도입뿐만 아니라 수색~상암지역 교류 활성화를 위해 지상 보행로를 연결하고, DMC역 지하 연결통로를 설치하는 내용이 포함됐다. 이 사업을 통해 가재울뉴타운과 인근 주거지역이 하나로 연결될 것이다. 또한 가좌역에서 2개 정거장 뒤인 수색역 인근에는 수색증산뉴타운이 있다. 수색증산뉴타운이 완성되면 상암에서 가재울뉴타운을 거쳐 수색증산뉴타운까지 하나의 주거벨트로 연결된다. 외곽지에서 중심지로 이동하는 수요가 많아지면서 가재울뉴타운은 더욱 각광받게 될 것이다.

단지명	입주 연도	세대수	평형	매매가(만 원)	전세가(만 원)
DMC래미안 e편한세상	2012. 10	3,293	33	136,000	80,000
DMC파크뷰자이	2015. 10	4,300	33	145,000	63,000
DMC센트럴아이파크	2018. 10	1,061	33	143,500	85,000
래미안루센티아	2020. 2	997	34	138,000	59,500
DMC센트레빌	2009. 5	473	33	115,000	67,000

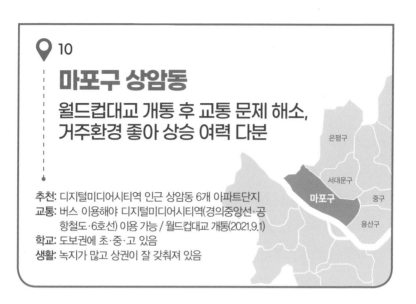

10

마포구 상암동
월드컵대교 개통 후 교통 문제 해소,
거주환경 좋아 상승 여력 다분

은평구

서대문구

마포구

중구

용산구

추천: 디지털미디어시티역 인근 상암동 6개 아파트단지
교통: 버스 이용해야 디지털미디어시티역(경의중앙선·공
　　　항철도·6호선) 이용 가능 / 월드컵대교 개통(2021.9.1)
학교: 도보권에 초·중·고 있음
생활: 녹지가 많고 상권이 잘 갖춰져 있음

마포구 상암동은?　상암동은 서울에서도 업무지구와 주거지역이 같이 있는 몇 안 되는 지역이다. 방송의 메카라고 할 정도로 다양한 방송국 본사가 자리 잡고 있다. 디지털미디어시티역까지는 약 1km 거리로, 교통은 다소 불편하지만 인근에 업무지구가 있으므로 단점이 크게 부각하지는 않는다. 상암동의 주공아파트(상암월드컵파크 1~12단지)는 2003년부터 2010년까지 입주가 이루어졌다. 새 아파트는 아니라도 교육과 주거시설이 잘 갖춰져 있다. 개통이 미뤄지던 월드컵대교가 2021년 9월에 개통되어 도로교통도 많이 개선되었다.

인근 아파트는?　상암동 아파트는 단지마다 평수가 정해져 있다. 월드컵파크2단지(676세대, 2003년 준공)는 21평과 25평이 있고, 월드

출처: 네이버 지도

컵파크3단지(550세대, 2003년 준공)에는 32평만 있으며, 월드컵파크4단지 (791세대, 2006년 준공)는 33평과 40평이 있다. 월드컵파크5단지(436세대, 2006년 준공)는 32평, 33평, 40평이 있고, 월드컵파크6단지(490세대, 2005년 준공)는 32평과 40평이 있다. 평형을 넓혀갈 때는 옆 단지로 이동해야 한다. 하지만 단지가 바로 인접해 있고 학교도 같이 보내므로 큰 불편은 없어 보인다. 뉴타운처럼 택지가 조성되어 거주환경이 좋은 편이다.

아파트 장단점은? 상암동의 해당 아파트들은 녹지를 좋아하고 조용한 환경을 선호하는 사람에게 추천한다. 월드컵파크6단지 앞으로는 상암근린공원이 있고, 월드컵파크2·3단지와 상암카이저팰리스클래식은 매봉산을 끼고 있어 쾌적하다. 출퇴근은 가까운 DMC센터와 광화문, 마포, 마곡으로 하는 경우가 많다. 다만 강남 출퇴근은 쉽지 않은 편이다. 상권과 생활 인프라도 잘 갖춰져 있다.

단점은 지하철역을 이용하려면, 거기까지 버스를 타야 할 정도로 거리가 있다는 것이다. 또한 디지털미디어시티는 공항철도, 경의중앙선, 6호선이 있는 트리플역세권이지만 서울 중심부와 강남으로 출퇴근하려면 환승해야 한다. 강남으로 출퇴근해야 한다면 외곽만큼 시간이 걸릴 수 있다. 단지 일부에 오르막이 있어 동선을 잘 확인해야 한다.

추천 단지 장점	① 녹지가 많고 상권이 잘 갖춰져 거주환경이 좋음 ② 월드컵대교 개통으로 출퇴근 불편이 해소됨 ③ 인근 DMC단지로 직주근접 가능
추천 단지 단점	① 버스로 정거장 3개 정도를 이동해야 DMC역을 이용할 수 있음 ② 서울 중심부와 강남으로 출퇴근하기는 거리가 있음 ③ 오르막이 있는 단지가 있음
추천 단지 호재	① 상암랜드마크타워와 롯데몰 입점 ② 디지털단지역 개발 ③ 수색증산뉴타운 개발

롯데몰 상암 개요

위치	서울 마포구 상암동 1624~1626 일대, 디지털미디어시티(DMC)역 인근
면적	총 면적 2만644㎡, 연면적 23만1600㎡
매입	롯데쇼핑, 2013년 4월15일 1972억원에 부지 매입
초기 목표	2017년 완공, 쇼핑시설 비중 82% 수준
수정 계획	2025년 완공, 쇼핑시설 비중 36.1%, 오피스텔 비중 49% 수준

출처: 머니투데이[23]

향후 호재는? 상암동 개발은 아직도 진행 중이다. 대표적인 호재는 랜드마크타워 건설과 롯데몰 입점이다. 랜드마크타워는 마포구 상암동 1645번지(F1블록)와 1646번지(F2블록)의 중심상업시설로 총면적 3만 7,262.3㎡로 지정되어 있다. 건축 가능 높이는 656m로, 최대 허용 용적률 1,000%를 채웠다. 하지만 2004년 우선협상대상자 선정 무산으로 진척이 지지부진한 상태다. 2014년에 다시 외국인 투자자를 모집했으나 진척되지 못했다. 그 와중에 2021년 오세훈 서울시장이 당선되면서 랜드마크타워에 대한 기대감이 커지고 있다. 2009년 서울시장 재임 시절에 지상 133층 규모의 랜드마크빌딩 건립을 추진한 적이 있기 때문이다. 랜드마크타워가 실현된다면 일자리는 물론 다양한 인프라가 갖춰져 해당 아파트의 거주여건도 한층 높아질 것이다.

롯데몰 입점은 보다 가시적인 호재다. 2013년에 롯데쇼핑은 디지털미디어시티역 바로 앞에 상당한 부지를 사두었고, 최근 롯데몰 입점을 확정했다. 7년간 방치됐던 곳에 2022년 내로 착공이 시작될 예정이다. 쇼핑몰이 입점하면 일자리가 발생하고 상권도 활성화될 것이다.

덧붙여 디지털미디어시티역사 개발도 호재로 남아 있다. 아래쪽의 가재울뉴타운은 구도심이 개발된 지역으로 동떨어진 분위기가 강했다. 현재는 수색증산뉴타운과 상암동, 그리고 가재울뉴타운이 독립적으로 존재한다. 디지털미디어시티역사를 개발하면 수색증산뉴타운과 상암동이 연결되고, 가재울뉴타운과도 연결성이 커져 주거벨트 확장의 혜택을 누릴 수 있을 것이다.

단지명	입주 연도	세대수	평형	매매가(만 원)	전세가(만 원)
상암월드컵파크2단지	2003. 11	657	25	111,000	45,000
상암월드컵파크3단지	2003. 10	550	32	130,000	71,000
상암월드컵파크4단지	2006. 10	791	33	132,000	66,000
상암월드컵파크5단지	2005. 9	436	32	135,000	70,000
상암월드컵파크6단지	2005. 7	490	40	158,000	94,500
카이저팰리스	2010. 12	240	35	190,000	90,000

구로구 개봉동
인서울이지만
아직 오르지 않았다!

추천: 개봉역 인근 11개 아파트단지
교통: 개봉역(1호선) 이용
학교: 교육여건이 좋지는 않음
생활: 신축 아파트 중심으로 생활여건이 개선되는 중

구로구 개봉동은?　　구로구 개봉동은 1970년대 주거지로 개발된 곳이다. 당시 광명시와 함께 개발되면서 개봉동과 광명시 연계성이 높았다. 7호선이 개통되기 전에는 광명 사람들이 개봉역을 이용하는 경우가 많았다. 광명시가 주거지역으로 각광받고 7호선 개통으로 발전한 것에 비해 개봉동은 이렇다 할 호재가 없던 것이 사실이다. 이러한 이유로 개봉동은 서울에서 몇 안 되는 저렴한 주거지로 남게 됐다. 과거 개봉역 인근은 난개발이 많아서 선호가 높지 않았다. 최근 들어 신축이 많이 지어지면서 가격 상승이 이루어졌고 구축도 많이 상승했다. 상승하긴 했지만 서울 중심으로 지하철 출퇴근이 가능하고, 아직은 접근할 만한 가격으로 실거래도 가능하다.

출처: 네이버 지도

인근 아파트는?　　개봉역 인근 아파트는 신축과 구축이 혼재한다. 모두 지하차도를 건너지 않고 도보로 개봉역을 이용할 수 있다. 평수는 25평과 33평이 주를 이룬다. 연식과 입지에 따라 가격 차이가 존재하지만 2022년 1월 기준, 20평대는 5억 원대, 30평대는 8억 원대로 매매할 수 있다. 서울 중심가의 전세가격 정도로 내 집 마련이 가능한 지역이다.

아파트 장단점은?　　해당 아파트의 장점은 비교적 저렴한 가격에 인근에 일자리가 있다는 점이다. 가산디지털단지는 1회 환승 후 3개 정거장이면 되고, 구로디지털단지는 1회 환승하고 5개 정거장이다. 거리상으로도 안양천만 건너면 되기 때문에 매우 가깝다. 배후 일자리가 풍부한 것은 좋지만, 호재가 약하고 생활여건이 좋지 않다는 단점이 있다.

추천 단지 장점	❶ 서울 시내 아파트로 비교적 가격이 저렴함 ❷ 인근에 가산디지털단지와 구로디지털단지가 있어 일자리가 많음
추천 단지 단점	❶ 주거지로 인프라가 부족함 ❷ 개봉역 정비사업이 예정되어 있으나 영향이 크지는 않음
추천 단지 호재	❶ 광명시 재개발 시 이주 수요 발생

향후 호재는? 개봉동은 향후 개발호재가 많지 않다. 개봉역 정비사업이 예정되어 있으나 아파트가격을 상승시킬 만큼 영향이 크지는 않을 것으로 보인다. 개봉역 지구단위계획을 통해 도로와 가로망을 넓혀 통행로를 확보하고, 다양한 민간개발을 유도해 주변 상권을 활성화한다는 계획이다.

인근 광명시의 재건축 재개발이 진행되면서 이주 수요가 넘어올 가능성은 매우 크다. 거기다 광명시 아파트들은 연식이 30년 안팎의 오래된 주공이지만, 개봉동 아파트들은 이보다는 연식이 오래되지 않아 살 만하다. 서울이나 광명시의 전세가를 활용하면 충분히 실거래할 수 있다는 것이 장점이다. 서울 시내에 내 집 마련을 원하는 이들에게 추천한다.

단지명	입주 연도	세대수	평형	매매가(만 원)	전세가(만 원)
개봉두산	1997. 9	561	25	58,000	32,500
개봉삼환	1995. 11	783	26	69,000	38,000
율포그레이스빌	2002. 7	73	32	65,000	45,000
삼호	1996. 12	369	32	75,000	50,000
상우	1997. 12	188	31	75,000	45,000
개봉한마을	1999. 4	1,983	24	85,000	30,000
개봉영화	1998. 9	372	33	92,000	65,000
청실	1987. 11	156	25	58,000	37,000
신개봉삼환	2001. 6	173	25	70,000	35,000
고척삼환로즈빌 (고척동)	2004. 12	600	32	105,000	40,000
벽산블루밍(고척동)	2003. 3	886	33	105,000	44,000

구로구 고척동
교통은 약하지만 인프라는 괜찮은!
실수요자를 위한 인서울 아파트

추천: 양천구청역(2호선) 아래 5개 아파트단지
교통: 지하철을 도보로 이용하기는 어려움
학교: 주변에 초·중·고가 흩어져 있음
생활: 새 아파트 중심으로 인프라가 형성되는 중

양천구
영등포구
구로구
금천구

구로구 고척동은? 고척동이 지명도를 얻기 시작한 건 2016년 국내 최초로 돔 야구장이 문을 열고서부터다. 교정시설이 이전하고, 대규모 주상복합과 아파트 개발이 추진되면서 기대감이 높아졌다. 2007년 구로구청은 교정시설을 이전하고 복합시설로 개발하겠다는 계획을 밝혔고, 본격적으로 2010년부터 사업이 진행됐다. 더불어 2019년 고도제한이 완화되면서 구로구 재개발사업도 속도를 내게 되었다. 대표적으로 고척4구역 재개발이 진행되어 2,205세대의 고척 아이파크가 건설 중이다. 고척 아이파크에는 코스트코가 입점하는 스트리트형 상가가 들어올 예정이다. 덕분에 2021년 기준 구로구 주택가격은 1년간 19.8%나 올랐다. 노원구(28.07%), 도봉구(24.49%)에 이어지는 높은 오름세다. 고척동의 상승장은 앞으로도 계속될 것으로 보인다.

양천구
트리공원

대림아크로빌

신정7동
주민센터

목동13단지
아파트

까치
어린이공

목동12단지
아파트

우리은행

다람쥐
어린이공원

2호선

목동11단지
아파트

2호선

양천구청역

은정초등학교

2호선

계남초등학교

양천아파트

신정7동

SK신평
주유소

목동고등학교

목동우성3차
아파트

갈산근

고척파크푸르지오

현준프라자

세양공원

목동2차우성
아파트

덕의초등학교

청솔우성
아파트

고척리가

고척벽산베스트블루밍

고척마젤란

무궁화소공원

너스빌
파트

센츄리아파트

다이소

우성꿈동산
아파트

서울가든
아파트

고척월드메르디앙

제6호관

고척동
청구아파트

한효아파트

고척1동

고척동동아한신
아파트

동양미래
대학교

고척초등학교

출처: 네이버 지도

고척1동
주민센터

노드스그워

인근 아파트는? 고척동 안에서도 양천구청역과 구일역 중앙에 있는 고척1동의 아파트들을 추천한다. 고척동의 상승 시세를 같이 받을 수 있고, 목동 인근이라는 장점도 있다. 신정동 아래라 신정동의 인프라를 이용할 수도 있다. 도보로 15~20분이면 양천구청역과 구일역 이용이 가능해서 딱히 역세권은 아니라도 대중교통이 불편할 정도는 아니다.

아파트 장단점은? 고척동 아파트들은 비교적 가격이 저렴한 만큼 약간의 단점이 있다. 목동처럼 택지계획으로 개발된 곳이 아니라서 난개발된 느낌이 있고, 생활 인프라가 충분하지 않다. 원래 공업지대였던 곳에 주택가가 만들어져 학교도 부족하다. 이런 단점을 커버할 정도로 목동 대비 가격이 현저하게 낮다는 게 장점이다. 시세는 목동 〉 신정동 〉 고척동 순이다. 웬만한 입지의 전세가로 내 집 마련이 가능한 곳 중 하나다. 또 안양천 건너편으로 가산디지털단지와 구로디지털단지가 있어 일자리가 풍부하다. 거리는 좀 떨어져 있지만 지하철역 2개 노선(구일역, 양천구청역)을 이용할 수 있다는 것도 장점이다.

추천 단지 장점	❶ 목동의 생활 및 교육 인프라를 이용할 수 있음 ❷ 거리감이 있지만 2개 지하철을 이용할 수 있음
추천 단지 단점	❶ 주거지역이지만 어수선한 감이 있음 ❷ 지하철까지 다소 거리가 있음
추천 단지 호재	❶ 목동 인근으로 이주 수요를 받거나 시세를 따라갈 수 있음

구로차량기지 이전 부지

출처: 한국경제[25]

향후 호재는? 고척동은 대형 호재는 아니지만 개발 가능성이 풍부하다. 교정시설 부지에 복합행정타운(2022년 완공 예정)이 들어설 계획이다. 1,650㎡ 용지에 건강생활지원센터, 도서관, 보육시설, 시설관리공단 등이 입주하는 복합청사가 건립된다. 구로세무서도 이곳으로 이전한다. 또한 한 정거장 거리인 지하철 1호선 구로역에는 차량기지가 이전된 후 '그린스마트밸리'가 들어설 예정이다. 2028년 착공 예정인데 최고 50층 규모 건물 등을 포함한 주거·업무·상업·문화 복합지구로 개발된다는 계획이다. 교통환경 개선도 주목할 만하다. 2021년 '서부간선도로 지하화'가 마무리되어 인근 도로 정체가 다소 해소되었다.

마지막으로 고척동의 가장 큰 호재는 목동의 재건축이다. 인근 개봉동과 신정동처럼 고척동 역시 이주 수요를 받게 될 것이고, 목동의 인프라가 좋아질수록 대체지로 각광받을 것이다.

단지명	입주 연도	세대수	평형	매매가(만 원)	전세가(만 원)
고척파크푸르지오	2009. 5	662	24	103,000	60,000
고척리가	2009. 7	421	32	95,500	45,000
고척벽산베스트 블루밍	2010. 12	339	33	88,500	65,000
고척월드메르디앙	2011. 7	180	33	93,000	62,000
고척마젤란	2008. 5	175	32	84,500	48,000

13

양천구 신정동
목동의 우수한 인프라를 이용할 수 있는 서울의 주요 입지

추천: 오목교역 아래 8개 아파트단지
교통: 오목교역(5호선)을 이용할 수 있으나 거리가 먼 단지도 있음
학교: 목동 학원가 이용 가능
생활: 생활 인프라가 풍부하지는 않으나 불편한 정도는 아님

강서구
양천구
영등포구
구로구

양천구 신정동은?   양천구에서 사람들이 선호하는 곳은 목동이다. 목동에는 신시가지 아파트가 유명하다. 하지만 목동신시가지 아파트 중 1~7단지는 목동이지만 8~14단지는 신정동에 있다. 덕분에 신정동은 양천구 내에서 목동 다음으로 선호가 높은 지역이다. 목동의 생활 및 교육 인프라를 이용할 수 있는 것은 가장 큰 장점이다.

인근 아파트는?   해당 아파트는 오목교역을 기준으로 아래쪽에 펼쳐져 있다. 오른쪽에 안양천을 끼고 있는 소규모 아파트들이다. 9개 아파트단지는 목동 중심가 아파트와 비교해 가격은 저렴하면서도 목동의 인프라를 이용할 수 있다. 목동대림, 목동삼익은 나홀로아파트지만 지하철역에 가깝고, 목동의 교육 인프라를 이용할 수 있다.

출처: 네이버 지도

아파트 장단점은?　신정동의 가장 큰 장점은 목동 인프라를 이용할 수 있다는 것이다. 목동은 학원가와 상권이 잘 발달했다. 오목교역 위쪽으로 현대백화점과 킴스클럽이 있고, 왼쪽으로 조금만 가면 이마트도 있다. 오목교역 인근 학원가는 도보로도 이용할 수 있다. 단점으로는 아무리 생활이 편리해도 바로 지척인 목동에 비해 어느 정도 부족한 부분이 있다는 것이다. 원래 오목교역 아래 지역은 목동신시가지가 들어오기 전 구시가지로 대규모 택지로 개발된 곳이 아니다. 구시가지 형태로 남으면서 인프라 개선에는 공을 들이지 못했다. 그래도 인접한 안양천에서 산책할 수도 있고, 대중교통 이용도 편리해 주거 만족도는 높은 편이다.

추천 단지 장점	❶ 목동의 교육·생활 인프라를 이용할 수 있음 ❷ 오목교역(5호선) 이용 출퇴근 가능 ❸ 거주 만족도가 높음
추천 단지 단점	❶ 목동보다 입지가 약함 ❷ 상권이 산발적으로 발달해 있음
추천 단지 호재	❶ 목동 재건축 시 이주 수요를 받을 수 있음 ❷ 리모델링을 기대할 수 있음

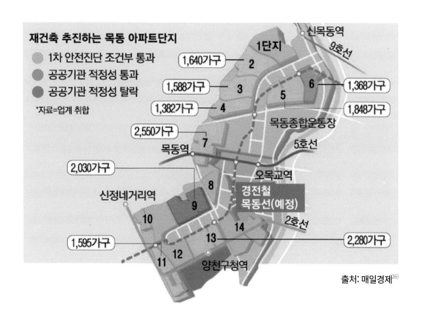

재건축 추진하는 목동 아파트단지
- ⬤ 1차 안전진단 조건부 통과
- ⬤ 공공기관 적정성 통과
- ⬤ 공공기관 적정성 탈락
*자료=업계 취합

신목동역 9호선
1단지
1,640가구 — 2
1,588가구 — 3
1,382가구 — 4
2,550가구 — 7
목동역
2,030가구
신정네거리역
10
1,595가구
11 12
양천구청역
6 — 1,368가구
5
1,848가구
목동종합운동장
5호선
오목교역
경전철 목동선(예정)
8
9
14
13 — 2,280가구
2호선

출처: 매일경제[26]

향후 호재는?   신정동의 가장 큰 호재는 목동의 재건축 수요를 받는 것이다. 재건축이 진행되어 시세가 상승하면 그 대세 상승을 함께 따라갈 수도 있다. 목동신시가지 아파트 14개 단지는 1985~1988년에 준공되어 이미 재건축 연한을 넘긴 지 오래다. 2만 6,629가구가 밀집해 있는데, 오래전에 지어진 탓에 용적률이 100%대 초반이다. 낮은 용적률로 재건축 진행 시 사업성이 우수한 곳으로 꼽혀 왔다. 3종일반주거지역으로 용적률을 250%로 받고, 일부 인센티브 용적률을 적용하면 법적 상한인 300%까지 지을 수 있다. 재건축이 진행되면 기존 대비 2배 이상의 가구를 공급할 수 있을 것이다.

2021년 기준 진행 상황을 살펴보면 목동신시가지 아파트 2·3·4단지가 재건축 안전진단을 조건부로 통과했고, 이로써 전체 14개 단지 중과반이 재건축 예비 단계에 접어들었다. 이들 아파트의 이주 수요가 발생하면 해당 아파트의 가격이 상승할 수밖에 없고, 입주 시에는 새 아파트에 대한 프리미엄으로 지역 전체의 가격이 상승할 것이다.

2015. 6	입주 연도	세대수	평형	매매가(만 원)	전세가(만 원)
목동삼성래미안	1996. 9	420	32	137,000	56,000
목동현대	1997. 7	972	32	155,000	70,000
롯데캐슬	2004. 11	230	31	140,000	95,000
목동삼익	1997. 6	277	34	129,000	82,000
목동대림2차	1994. 6	262	34	157,000	69,000
목동센트럴푸르지오	2015. 6	248	33	191,000	140,000
신정명지해드는터	2003. 11	205	32	138,400	95,000
신정쌍용	1992. 11	270	33	117,300	50,000

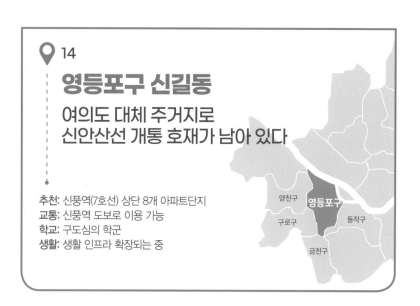

14

영등포구 신길동
여의도 대체 주거지로
신안산선 개통 호재가 남아 있다

추천: 신풍역(7호선) 상단 8개 아파트단지
교통: 신풍역 도보로 이용 가능
학교: 구도심의 학군
생활: 생활 인프라 확장되는 중

양천구
영등포구
구로구
동작구
금천구

영등포구 신길동은?　　　신길동은 오래된 주거촌으로 낙후된 느낌이 강했다. 7호선이 신길동 중앙을 관통하면서 주변이 정비되기 시작했다. 뉴타운 지정 후 분양이 원활히 이루어졌고, 2017년 래미안에스티움 입주 이후 차례로 새 아파트들이 들어서면서 낙후된 주거촌의 모습도 점차 사라지게 되었다. 예전에는 여의도에서 집을 구하지 못해 밀려난 사람들이 머무는 곳이라는 이미지가 강했으나, 개발사업으로 옷을 갈아입은 후 살기 좋은 주거촌 이미지를 갖게 됐다. 다만 교육환경과 주거의 쾌적성은 택지개발 지구에는 미치지 못한다. 시간을 두고 고급 주거지로 변모하게 되면 교육환경도 차차 개선될 것이다.

출처: 네이버 지도

인근 아파트는? 신길동 위쪽의 8개 아파트는 구축과 신축이 섞여 있다. 역에서 가장 가까운 신미아파트(194세대)는 1981년에, 남서울아파트(518세대)는 1974년에 지어졌다. 신길뉴타운한화꿈에그린(284세대)은 2008년에, 래미안프레비뉴(949세대)는 2015년에, 신길센트럴아이파크(612세대)는 2019년에 지어졌다. 나머지 신길센트럴자이(1,008세대)와 힐스테이트클래시안(1,476세대), 신길파크자이(641세대), 보라매SK뷰(1,546세대)는 2020년에 입주가 마무리됐다. 신미아파트와 남서울아파트는 재건축을 기대할 수 있다. 이들 아파트가 정비되고 나면 재개발 완성판으로 신길동의 이름이 더 높아질 것이다.

아파트 장단점은? 장점은 새 아파트 군집지역으로 점차 살기가 편해지리라는 것이다. 지리적으로는 여의도와 매우 가깝고, 도보권인 7호선 신풍역을 이용하면 강남까지 한 번에 갈 수 있다. 새 아파트들을 통해 주거환경과 교육환경도 날로 좋아질 것으로 기대된다.

다만 아직은 단지와 단지 사이의 구획정리가 덜 된 느낌이다. 길도 직선으로 쭉쭉 뻗어 있지 않다. 애초에 신길동이 난개발로 조성된 지역이기 때문이지만, 주요 입지에 교통환경이 매우 좋은 만큼 발전 가능성은 여전히 남아 있다.

추천 단지 장점	❶ 강남과 여의도 출퇴근 용이 ❷ 여의도 배후주거지로 선호도 높음 ❸ 새 아파트가 많아 가격 상승 여력 충분
추천 단지 단점	❶ 신도시만큼 깔끔한 느낌은 약함 ❷ 주거와 교육시설이 아직은 부족
추천 단지 호재	❶ 신안산선 개통 ❷ 계속되는 재건축으로 지역 탈바꿈 여지가 남아 있음

출처: 조세금융신문[27)]

향후 호재는? 신길동의 가장 큰 호재는 신안산선 개통이다. 신안산선은 경기 안산과 서울 여의도를 잇는 복선노선(44.7km)으로 2019년 9월 이미 착공이 진행됐다. 급행노선이라서 9호선만큼이나 선호도가 높을 것으로 기대된다. 개통되면 시흥시청역에서 여의도역까지 현재 53분에서 22분으로 이동시간이 크게 단축된다.

신안산선이 개통되면 신풍역에서 여의도까지 정거장 3개면 이동할 수 있다. 이미 여의도 출퇴근이 많은 상황인데, 출퇴근 시간이 줄어들면 수요도 더 많이 몰릴 것이다. 강남 출퇴근이 가능한 서울 도심의 주거단지에, 신안산선을 통해 여의도 출퇴근까지 더 편리해지면 인근 아파트의 가치도 올라갈 것이다.

단지명	입주 연도	세대수	평형	매매가(만 원)	전세가(만 원)
래미안에스티움	2017. 4	1,722	34	173,000	90,000
남서울	1974. 12	518	15	85,000	5,500
신길뉴타운 한화꿈에그린	2008. 6	284	32	129,800	50,000
신미	1981. 6	194	31	95,000	20,000
신길센트럴자이	2020. 2	1,008	34	162,000	65,000
신길센트럴아이파크	2019. 2	612	26	129,500	50,000
래미안프레비뉴	2015. 12	949	33	155,500	67,250
힐스테이트클래시안	2020. 10	1,476	25	130,000	76,500
신길파크자이	2020. 12	641	34	150,000	85,000
보라매SK뷰	2020. 1	1,546	34	170,000	70,000

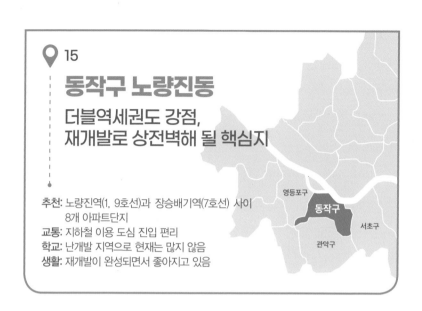

15

동작구 노량진동
더블역세권도 강점, 재개발로 상전벽해 될 핵심지

추천: 노량진역(1, 9호선)과 장승배기역(7호선) 사이 8개 아파트단지
교통: 지하철 이용 도심 진입 편리
학교: 난개발 지역으로 현재는 많지 않음
생활: 재개발이 완성되면서 좋아지고 있음

영등포구

동작구

서초구

관악구

동작구 노량진동은?   동작구 노량진동의 주요 이미지는 수산 시장과 공무원 고시촌이다. 그만큼 세련되지 못하다는 이미지가 강했는데, 뉴타운 지정은 이를 혁신하는 계기가 됐다. 2003년 정비사업구역으로 지정되면서 약 8,000가구의 대규모 주거지가 만들어진다는 계획이 발표됐다. 그러나 상당 기간 지지부진한 시간을 보내다가 2019년에서야 사업시행 인가가 진행되고 일반분양이 예고됐다. 8개 구역의 재개발에 속도가 붙으면 상전벽해도 시간문제일 것으로 보인다.

출처: 네이버 지도

인근 아파트는?　　노량진역과 장승배기역 사이의 8개 아파트단지는 노량진뉴타운을 감싸고 있는 구축 아파트들이다. 구체적으로 3구역과 4구역의 바깥쪽이다. 현재는 구축 빌라들 너머의 아파트단지지만 노량진뉴타운이 완성된다면 하나로 묶인 아파트숲이 될 것이다.

아파트 장단점은?　　그간 동작구 재개발은 흑석동이 스포트라이트를 받았지만 노량진동도 입지 면에서는 나쁘지 않다. 상당히 큰 면적에 새로운 주거지가 만들어지면 평가는 당연히 새로 이뤄질 것이다. 노량진동은 흑석동처럼 언덕이 많지도 않고, 한남동처럼 조망권 문제도 없어 개발이 수월한 편이다.

해당 아파트들은 낙후된 주택지역 바깥쪽이지만 교통은 매우 좋다. 노량진역에서 1호선과 9호선을, 장승배기역에서 7호선을 이용할 수 있다. 이들 아파트의 장점은 편리한 교통과 발전 기대감이다. 재개발이 완성되면 최신 뉴타운으로 바뀔 것이다. 현재의 낙후된 주거여건과 교육여건도 재개발 이후에 획기적으로 좋아질 것이다.

추천 단지 장점	❶ 지하철을 이용한 출퇴근 용이 ❷ 좋은 입지에, 재개발이 완성되면 선호도가 높아질 지역
추천 단지 단점	❶ 현재는 주거지로서의 편의성이 떨어짐 ❷ 재개발 진행이 오래 걸릴 수 있음
추천 단지 호재	❶ 재개발 진행 시 좋은 입지가 살아날 수 있음 ❷ 서부선 경전철 예정

구역	시공사	진행상황
1	시공사 미정	건축심의 예정
2	SK건설	관리처분인가 완료
3	시공사 선정 예정	사업시행인가 완료
4	현대건설	시공사 선정 완료
5	시공사 선정 예정	사업시행인가 완료
6	GS건설,SK건설컨소	관리처분인가 완료
7	SK건설	사업시행인가 변경 진행중
8	DL이앤씨	조합원분양신청 완료

노량진뉴타운 개발 진척도 현황

출처: 뉴스웨이[28)]

향후 호재는? 2021년 8월 노량진뉴타운이 시작되고, 18년 만에 노량진 3구역이 사업시행 인가를 받으며 8개 재개발지 퍼즐이 다 맞춰졌다. 2021년 9월 기준 5개 구역(2·4·6·7·8구역)은 시공사 선정이 마무리됐고, 3구역과 5구역은 시공사 선정 절차를 밟고 있거나 추진할 계획이다. 이 와중에 서부선 경전철 호재까지 가시화되면서 노량진뉴타운의 분위기는 한층 달아올랐다. 서부선 경전철은 6호선 세절역에서 2호선 서울대입구역을 연결하는 노선으로 신촌역과 광흥창역, 그리고 여의도역을 거쳐 노량진역으로 연결된다. 2020년 민자적격성조사와 예비타당성 조사를 통과했고 2028년 완공 예정이다. 해당 아파트들은 노량진뉴타운이 가시화될수록 주변환경이 좋아지고, 현재의 좋은 입지도 더욱 부각할 것이다.

단지명	입주 연도	세대수	평형	매매가(만 원)	전세가(만 원)
쌍용예가	2010. 8	299	34	140,000	85,000
우성	1997. 12	901	33	118,000	46,000
형인한강	2001. 7	73	30	75,700	40,000
신동아리버파크	2001. 2	1,696	33	126,000	66,000
상도효성해링턴 플레이스(상도동)	2016. 2	202	33	132,000	65,000
브라운스톤상도 (상도동)	2007. 12	415	32	130,000	70,000
상성래미안(본동)	2004. 10	477	32	136,000	69,500
한신휴플러스(본동)	2004. 8	247	30	120,000	48,500

16

금천구 시흥동
과거의 금천구는 잊자!
일자리와 신축 수요로 꾸준히 오른다

영등포구
구로구
동작구
금천구
관악구

추천: 금천구청역 인근 6개 아파트단지
교통: 금천구청역(1호선) 도보로 이동 가능
학교: 학군이 발달해 있지 않음
생활: 신축 아파트를 벗어난 지역은 거주여건이
　　　좋지 않음

금천구 시흥동은? 과거 금천구는 구로공단으로 유명했다. 1970년대 이곳에 근무하는 이들을 위해 독산과 시흥 지역을 개발했는데, 공업지역에 소규모 공장과 주택이 혼재하면서 주거지역으로서의 여건은 좋지 않았다. 하지만 구로공단이 디지털산업단지로 개명되자 낙후된 도시 이미지도 개선되었다. 금천구 전체로 보면 군부대가 이전하면서 도시 개발사업이 시행되었고, 시흥사거리 인근 안양천 주변의 대한전선 부지도 개발 예정이다. 현재는 금천구청역 근처에 완성된 롯데캐슬아파트가 금천구 변화의 바람을 주도하고 있다. 신안산선 개통이라는 호재도 남아 있는 만큼 기존의 낙후되고 침체한 분위기는 빠르게 변화할 것으로 보인다.

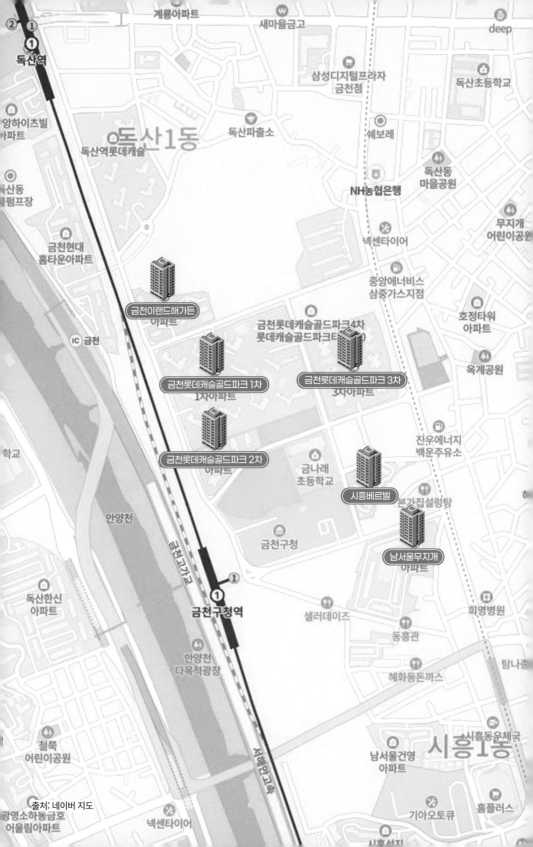

인근 아파트는?　　금천구청역 인근 6개 단지는 롯데캐슬골드파크1·2·3차와 이랜드해가든, 시흥베르빌, 남서울무지개다. 모두 도보로 금천구청역을 이용할 수 있다. 주거환경은 롯데캐슬골드파크아파트가 가장 좋다. 주상복합으로 짓다 보니 아파트단지 안에 롯데마트를 중심으로 필요한 시설이 모두 갖추어져 있다. 그러나 이를 벗어나면 구도심 느낌이 많이 난다.

아파트 장단점은?　　롯데캐슬골드파크아파트는 2016년부터 2017년, 2018년 준공이 마무리된 신축이고, 남서울무지개아파트는 재건축이 진행될 구축 아파트다. 이들을 하나로 묶은 이유는 평지에 만들어진 대단위 주거단지로 생활편의시설을 함께 이용할 수 있고, 1호선 금천구청역으로 출퇴근이 가능하기 때문이다. 남서울무지개아파트 재건축이 마무리되면 금천구 대장 지역으로 손색이 없을 것으로 보인다. 다만 금천구가 가진 오래되고 낙후된 이미지를 벗기엔 다소 시간이 걸릴 것이다. 금천구는 준공업지역이 발달한 곳으로 주거생활 인프라가 매우 부족하다. 학교와 녹지도 마찬가지다. 현재는 새 아파트가 지니는 장점이 강하고, 금천구 개발사업으로 변모 여지는 충분하지만 거주 만족도가 매우 높다고 하기는 어렵다.

추천 단지 장점	❶ 신축 아파트로 수요가 풍부함 ❷ 금천구청역(1호선) 이용 편리 ❸ 가산디지털단지와 구로디지털단지 등 대단위 일자리가 있음
추천 단지 단점	❶ 구도심으로 거주여건이 좋지 않음 ❷ 학군 형성이 어려움
추천 단지 호재	❶ 금천구청역 개발계획이 있음 ❷ 광명시 재개발 진행 시 이주 수요가 넘어올 수 있음

현재 모습 / 개발 구상안

출처: 국토교통부

향후 호재는? 금천구청역 복합개발 호재가 있다. 금천구청역은 1981년 역사 개설 후 시설 개선 없이 40여 년이 흘러 노후화되었다. 금천구에서는 금천구청역을 복합 개발한다는 사업계획을 발표했다. 역사 옆 폐저유조 부지에 청년, 신혼부부 등을 위한 행복주택 230세대를 공급하고, 현재 부지(면적 약 3,200㎡)에 상업·업무·문화 등 복합기능을 갖춘 새로운 복합역사를 건립한다는 계획이다. 2026년 완공을 목표로 하고 있다. 복합역사가 계획대로 추진된다면 생활편의시설과 일자리가 생겨 해당 아파트단지에도 좋은 호재가 될 것이다.

덧붙여 금천구와 안양천을 사이에 두고 있는 광명시 재개발 진행도 가격 상승에 영향을 줄 수 있다. 광명시에서는 구도심 재건축과 오래된 주공아파트 재개발이 오랜 시간에 걸쳐 진행될 것이다. 보통 재개발과 재건축을 위해 이주하는 이들은 해당 지역을 잘 벗어나지 않는다. 사업 진행에 따라 금천구의 주택 수요도 증가할 것이다.

단지명	입주 연도	세대수	평형	매매가(만 원)	전세가(만 원)
금천이랜드해가든	2008. 4	187	33	87,000	60,000
금천롯데캐슬 골드파크 1차	2016. 11	1,743	34	136,000	70,000
금천롯데캐슬 골드파크 2차	2017. 9	292	35	125,000	65,000
금천롯데캐슬 골드파크 3차	2018. 10	1,236	25	103,000	60,000
시흥베르빌	2004. 5	229	31	80,000	57,000
남서울무지개	1980. 12	639	17	69,500	10,000

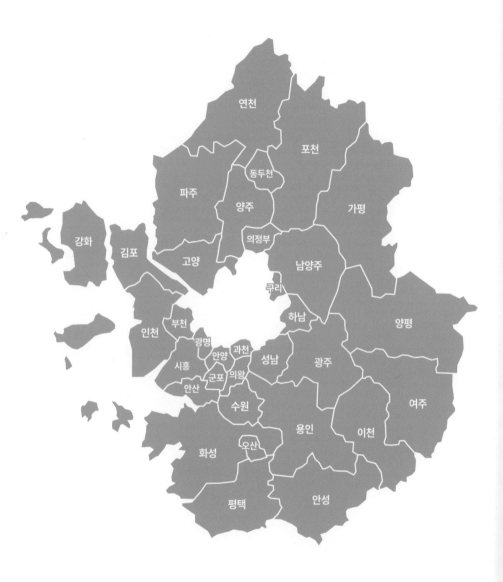

2장

경기/인천

남양주시 다산신도시
신도시의 편리함 + 임박한 8호선 개통 호재

남양주시

추천: 다산신도시 상부 6개 아파트
교통: 8호선(별내선, 다산역) 2023년 개통 예정
학교: 초·중·고 및 교육 인프라 충분
생활: 대형마트 및 상권 이용 편리

남양주시 다산신도시는? 서울의 노원구를 기준으로 오른쪽으로 가면 구리시가 나오고, 그다음이 남양주시다. 남양주시에는 3개의 신도시가 유명한데 별내신도시, 다산신도시, 왕숙1·2 신도시다. 그중 다산신도시는 3만 2,000여 가구로 세대수가 적지 않다. 별내신도시는 2만 5,000여 가구, 왕숙 신도시 1·2를 합쳐 6만 6,000여 가구로 완성될 것이다.

다산신도시는 최근 10년 사이 대표적인 주거단지로 탈바꿈된 곳이다. 2015년 분양 이후 미달이 한 번도 없었던 것으로 입지적 강점을 확인할 수 있다. 공공분양이 많았고 실거주자 중심으로 유입되어 가격이 꾸준히 상승해왔다. 실제로 '신도시'라는 이름값을 충분히 할 만큼 거주환경이 좋다. 기본적으로 신도시는 서울 출퇴근이 가능한 곳에 녹지

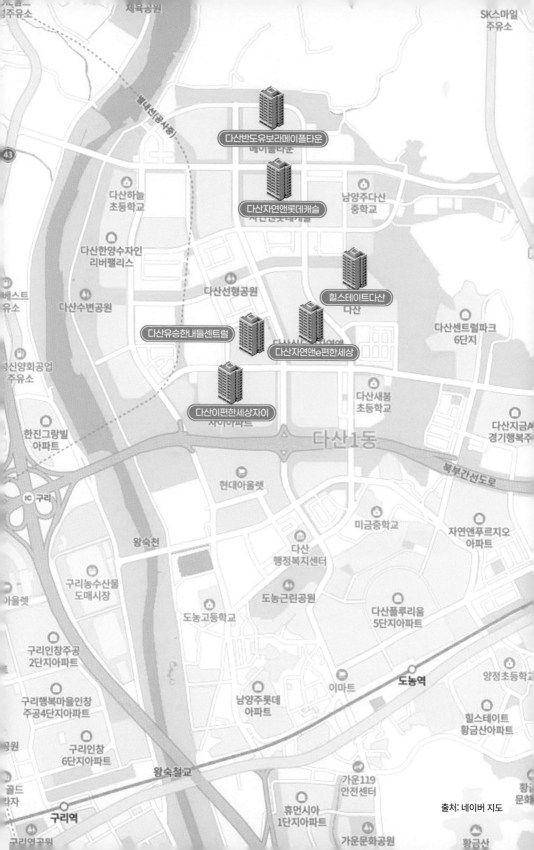

출처: 네이버 지도

와 생활 인프라를 함께 설계해 대단지 주거지역을 만들기 때문에 생활 환경이 매우 좋은 편이다. 다산신도시는 오뚝이 모양(혹은 땅콩 모양)으로 위아래에 아파트단지가 펼쳐져 있고, 아래쪽으로 경의중앙선 도농역이 있다. 도농역 인근은 구도심으로 도농역 상단의 다산플루리움5단지 아파트의 경우 2000년에 입주해 올해로 22년 차를 맞았다. 다산신도시 중앙 부분에는 북구간선도로가 지나가는데 추천하게 될 6개 아파트는, 북부간선도로를 기준으로 위쪽으로 녹지를 기본으로 하고 아파트와 학교를 배치하는 형태로 자연 친화적으로 기획되었다.

다산신도시 상부 6개 아파트는? 다산신도시 상부의 6개 추천 아파트는 다산이편한세상 자이, 다산유승한내들센트럴, 다산자연앤e편한세상, 힐스테이트다산, 다산자연앤롯데캐슬 아파트다. 2017~2018년 사이에 입주했으며, 2021년 기준 입주 5년 차 내외의 새 아파트들이다. 녹지 위에 만들어진 만큼 생활환경이 매우 쾌적하다. 생활 인프라도 잘 갖춰져 있다.

아파트 장단점은? 흔히 신도시를 표현할 때 "장화 신고 들어와서 구두 신고 나간다"라고 하는데 이들 아파트의 경우 이미 장화 신고 들어갈 시기는 지났다. 물론 이렇게 안정된 환경이 가격에 반영되어 2022년 1월 현재 30평대 기준 9억~10억 원의 가격을 형성하고 있다. 최근 가격이 가파르게 상승하면서 매매와 전세가격의 갭은 점차 벌어지고 있다. 그래도 매매가 대비 전세가 비율이 55%를 넘기며 신도시로서는 전세가 비중이 작지 않은 상황이다. 좋은 거주여건 덕분에 외부

유입이 많은 것으로 보인다.

다산신도시의 거의 유일한 단점은 교통 인프라 부족이다. 현재는 지금로가 강변북로로 연결되어 서울 도심 진입이 어렵지 않고, 지하철 도농역을 이용하면 청량리까지 20분대, 서울역까지는 40분대로 갈 수 있다. 하지만 강남 출퇴근의 경우 직선거리는 17km로 그리 멀지 않지만 출퇴근 시 교통체증이 심해 상당한 시간이 소요된다.

추천 단지 장점	❶ 신도시다운 쾌적한 환경 ❷ 초·중·고가 인근에 있어 교육여건이 좋음 ❸ 현대아울렛 등 상업 인프라가 잘 짜여 있음
추천 단지 단점	❶ 도농역(경의중앙선)을 이용해 출퇴근해야 함 ❷ 자동차를 이용한 강남 출퇴근 시 교통체증으로 불편
추천 단지 호재	❶ 2023년 지하철 8호선 개통 ❷ 신도시 인기 상승으로 인구 추가 유입 ❸ 용산역 개발 시 후광 효과 기대 ❹ 9호선, GTX 예정

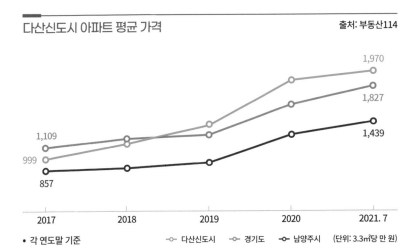

다산신도시 아파트 평균 가격

출처: 부동산114

1,970

1,827

1,109

999

857

1,439

2017 | 2018 | 2019 | 2020 | 2021. 7

• 각 연도말 기준

-○- 다산신도시 -○- 경기도 -●- 남양주시 (단위: 3.3㎡당 만 원)

진접광릉숲역(예정)

오남역(예정)

남양주시

풍양역(예정)

의정부시

4호선 연장선

9호선 연장선(예정)

별내별가람역 (예정)

왕숙1지구

당고개역

별내 지구

GTX B

8호선 연장선

별내역

사릉역

경춘선

평내호평역

금곡역

다산역 (예정)

다산 신도시

왕숙2지구

구리역

양정역세권 도시개발구역(예정)

도농역

양원역

양정역

망우역

경의중앙선

출처: 매일경제[29]

향후 호재는? 다산신도시의 향후 최대 호재는 8호선 연장선인 별내선 개통이다. 없던 것이 새로 생기는 것이라 파급효과는 대단할 것이다. 다산신도시는 새 아파트에 상권이 잘 되어 있고, 학교도 구석구석 들어가 있다. 게다가 녹지도 풍부해 사는 데 불편함이 거의 없다. 교통만이 가장 큰 걸림돌이었다. 이것이 해결된다면 서울 도심 아파트와 비교해 가격이 쌀 이유가 없다.

현재 도농역은 서울역으로 이어지지만, 서울역은 일자리 최대 집중지가 아니다. 2023년 8호선 다산역이 개통되면 잠실을 통해 일자리 집중지인 강남으로 이동이 가능해진다. 또한 향후 용산 개발이 진행된다면 경의중앙선의 가치가 상승하면서 다산신도시의 가치도 상승할 것으로 보인다. 최근 다산신도시의 가격이 급격히 상승하면서 "꼭지가 아니냐?"는 말이 들린다. 8호선 다산역 개통 호재를 선반영한 감도 없지 않다. 그러나 눈에 보이는 것에 사람들은 더 큰 돈을 쓰기 마련이다. 다산신도시에서 잠실까지 지하철이 연결되면 그 효과는 더 크게 나타날 것이다. 다산역이 신설되면 추천하는 6개 아파트 역시 역세권 아파트가 된다. 기존 입지가 가진 강점에 지하철역 개통 혜택까지 받으면 한번 더 가격 상승의 기회가 오리라 예상한다.

단지명	입주 연도	세대수	평형	매매가(만 원)	전세가(만 원)
다산이편한세상자이	2018. 7	1,685	34	104,000	49,000
다산유승 한내들센트럴	2018. 4	642	33	94,000	58,000
다산자연앤e편한세상	2017. 12	1,615	34	96,000	43,000
힐스테이트다산	2019. 1	1,283	34	110,000	61,000
다산자연앤롯데캐슬	2017. 12	1,186	34	102,000	49,000
다산반도유보라 메이플타운	2018. 3	1,085	32	89,000	49,500

02

고양시 행신동

KTX가 있는 행신역,
거주 만족도 높아 수요가 늘어나는 곳

추천: 행신역(경의중앙선) 인근 9개 아파트단지
교통: 행신역은 배차 간격이 넓음
학교: 초·중·고 인근에 배치
생활: 택지로 개발되어 생활 편의성 높음

고양시

고양시 행신동은? 행신동의 장점은 서울 진출이 편리하다는 것
이다. 고양시 덕양구는 서울과 일산시 중간쯤에 있다. 서울과 더 가깝
다. 경의중앙선을 이용하면 정거장 4개 만에 디지털미디어시티역으로
이동할 수 있다. 그러나 경의중앙선은 배차 간격이 커 출퇴근으로 이용
하기가 쉽지 않아서, 현재는 불편을 감수해야 한다. 대신 서울로 들어
오는 버스는 많은 편이라, 많이들 버스를 이용해 광화문과 마포, 여의
도로 출퇴근하고 있다.

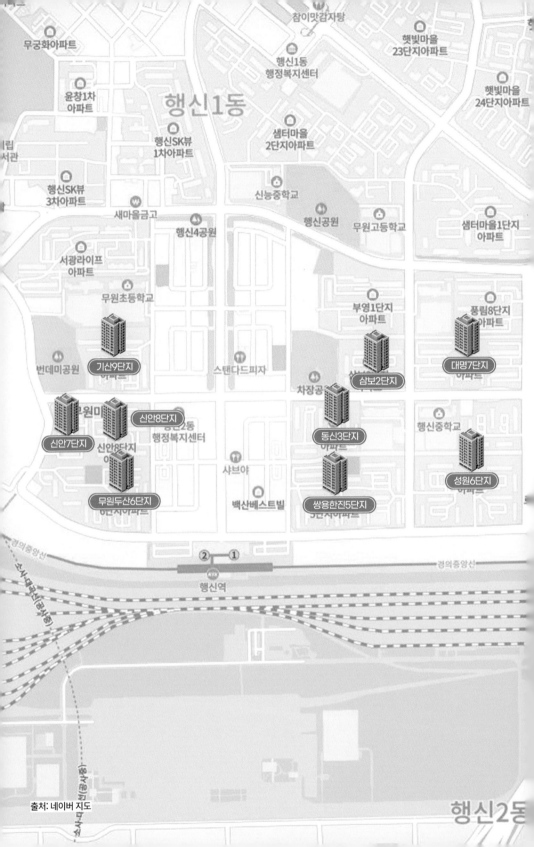

출처: 네이버 지도

인근 아파트는? 고양시에서도 덕양구 행신동은 주거단지 이미지가 강한 곳이다. 택지로 개발된 곳이라 녹지도 풍부하다. 다만 약간의 언덕이 있고, 1기 신도시 개발단지라서 연식이 오래된 감이 있다. 신축 아파트를 선호하는 이들에게는 맞지 않을 것이다. 행신역 인근 아파트 9곳은 대부분 1990년대 중반에 지어졌지만, 주거 만족도는 매우 높은 편이다. 초·중·고와 행정복지센터 등이 모두 인근에 있고, 번잡한 상업시설과는 거리가 있다. 경의중앙선 행신역은 도보로 이용할 수 있고, 행신역에는 KTX도 다닌다. 다만 상권은 능곡지하차도 부근에 형성되어 거리감이 있다.

아파트 장단점은? 해당 아파트의 장점은 행신역을 이용하면 서울 출퇴근이 가능하고 주거단지로 개발되어 주거만족도가 높다는 것이다. 또 최근 가격이 많이 올랐다고는 해도 서울과 비교했을 때 월등히 싼 가격도 큰 장점 중 하나다. 서울 전세가로 내 집 마련이 가능하다. 인근의 대곡역 개발과 용산역 개발 완료 시 경의중앙선의 가치도 상승할 것이다. 다만 약간의 언덕이 있고, 좋은 학원가가 형성되지 않았다는 것이 단점으로 꼽힌다.

추천 단지 장점	❶ 택지개발지역으로 주거만족도가 높음 ❷ 서울 대비 가격이 저렴함
추천 단지 단점	❶ 경의중앙선은 출퇴근이 용이하지 않음 ❷ 아파트 연식이 오래됨
추천 단지 호재	❶ 대곡역 개발로 인한 교통 호재 및 일자리 생성을 기대할 수 있음 ❷ 용산 개발 완료 시 출퇴근의 장점이 극대화됨

향후 호재는? 해당 아파트의 가장 큰 호재는 '대곡역 개발사업'
이다. 고양도시관리공사에서는 대곡역세권 개발사업을 '수도권 서북부
교통 중심지로 개발 및 전략거점으로 육성'이라고 설명한다. 1조 9,000
억 원이 들어가는 사업이며, 복합환승센터를 중심으로 첨단지식산업과
주거, 상업, 물류, 유통, 의료시설을 도입한다. 2028년까지 마무리한다
는 계획이다.

개발사업 진행과 함께 교통 변화도 대곡역이 맞는 호재 중 하나다.
현재 지하철 3호선과 경의중앙선이 지나가고 있는데 향후 서해선 대곡
~소사선, GTX A노선이 추가로 개통될 예정이다. 대곡역 일대가 수도
권의 동서남북을 잇는 교통 요충지가 될 거라는 기대가 높다. 행신역은

대곡역까지 2개 정거장으로 대곡역 개발에 따른 교통 개선과 일자리 호재를 같이 누릴 수 있다.

장기적으로 용산 개발도 행신역의 호재가 될 수 있다. 경의중앙선은 용산으로 간다. 현재도 경의중앙선을 이용해 광화문, 마포, 여의도로 출퇴근할 수 있지만, 용산이 개발되면 일자리 연계성이 높아지고 경의중앙선의 가치도 높아질 것이다.

단지명	입주 연도	세대수	평형	매매가(만 원)	전세가(만 원)
무원두산6단지	1994. 11	688	31	67,000	50,000
신우7단지	1994. 12	276	27	57,000	39,000
신우8단지	1994. 12	328	36	70,000	33,000
기산9단지	1994. 11	396	48	72,000	36,000
쌍용한진5단지	1995. 4	636	37	77,000	55,000
성원6단지	1995. 4	1,602	24	48,000	34,000
대명7단지	1995. 4	713	24	48,000	30,000
삼보2단지	1994. 11	330	39	73,000	47,000
동신3단지	1994. 5	330	36	73,000	57,000

03

고양시 일산서구
녹지와 자연환경이 일품!
상권과 학군도 좋아 살기에 그만!

추천: 주엽역(3호선) 인근 8개 아파트단지
교통: 주엽역 이용 서울 도심으로 출퇴근 가능
학교: 도보권에 초·중·고가 배치되어 있음
생활: 상권과 학원가가 잘 형성되어 있음

고양시

고양시 일산서구는?   일산서구는 북으로는 파주, 동으로는 일산동구, 서쪽과 남쪽으로는 김포와 접하고 있다. 기존의 일산구가 2005년 고봉로를 기준으로 일산동구와 일산서구로 분구되었다. 일산동구에는 3호선 정발산역과 마두역, 백석역이, 일산서구에는 대화역과 주엽역이 있다. 일산서구가 서울에서 더 멀다. 일산동구에는 행정기관이 밀집되어 있고, 일산서구에는 킨텍스, 고양종합운동장, 한류월드 등 상업문화복합시설이 많다. 기존에는 일산동구에 편의시설이 치중된 느낌이었으나 2010년 들어 각종 문화시설과 쇼핑시설이 자리 잡으면서 일산동구와 일산서구가 균형 있게 발전하는 모습이다.

출처: 네이버 지도

인근 아파트는?　주엽역 인근은 일산 내에서도 인구밀도가 높은 지역이다. 아파트단지가 상당히 많다. 그중에서 추천하는 8개 단지는 지하철역에서 가깝고, 소형부터 중대형까지 평형이 다양한 곳들이다. 주엽역 아래쪽에 가까이 붙어 있는 문촌마을16단지뉴삼익(956세대, 1994년 준공)과 강선마을14단지두산(792세대, 1994년 준공)은 20평대 초반부터 30평대 초반 평수가 혼재한다. 뒤쪽인 문촌마을17단지신안(504세대, 1994년 준공)과 강선마을19단지우성(412세대, 1994년 준공)은 30평 중후반 평수부터 40평대가 혼재한다.

주엽역 위쪽도 마찬가지다. 문촌마을9단지주공(912세대, 1995년 준공)은 19평, 20평의 소형만 있고, 강선마을7단지삼환유원(816세대, 1993년 준공)도 22평과 26평, 31평으로 구성됐다. 위쪽인 문촌마을4단지삼익(540세대, 1994년 준공)과 강선마을6단지금호한양(556세대, 1994년 준공)은 30평대 후반부터 60평대까지 대형으로 구성되었다. 역세권에 다양한 평형이 존재하는 만큼 선택의 폭도 다양하다.

아파트 장단점은?　일산신도시의 장점은 녹지와 자연환경이 잘 꾸며져 있다는 것이다. 일산 호수공원은 산책로로 매우 유명하다. 상권과 학군도 잘 갖춰져 아이 키우며 생활하기 좋고 주거만족도도 높다. 경의중앙선 일산역 방면으로 학원가도 잘 갖춰져 있다. 다만 3호선을 이용해 강남 중심지로 출퇴근하는 것은 불편한 감이 있다. 일자리가 없고 출퇴근이 어렵다는 점은 일산 전체의 약점이기도 하다. 가장 큰 취약점은 서울과 일산 사이에 신규 택지가 들어오면서 수요를 뺏길 수 있다는 것이다. 일산은 이미 지축, 삼송, 원흥, 향동 4개 택지가 들어서면서 침체기를 경험했다. 다만 이들 택지가 안정기를 찾고 교통 호재들이 잘 실현되면 가격이 재도약할 시기가 올 것이다.

추천 단지 장점	❶ 녹지가 많고, 자연환경이 좋음 ❷ 상권과 교육시설이 잘 갖춰져 있음 ❸ 주엽역(3호선)을 이용해 서울 도심 출퇴근 가능
추천 단지 단점	❶ 서울 도심까지 물리적 거리가 멈 ❷ 전체적으로 구축 아파트단지가 되어감
추천 단지 호재	❶ 킨텍스에 GTX

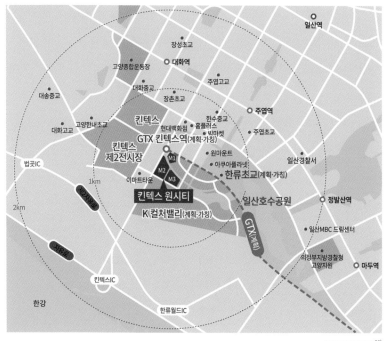

향후 호재는? 일산서구의 대표적인 호재는 킨텍스에 GTX A노선이 들어온다는 것이다. 일산신도시의 최대 콤플렉스는 강남 중심까지 출퇴근이 힘들다는 건데, GTX A노선이 들어서면 이를 획기적으로 개선할 수 있다. GTX A노선은 파주운정에서 출발해 킨텍스를 거쳐 서울역-삼성-수서-성남-용인-동탄을 잇는 노선으로 강남 핵심 업무지역을 관통한다. 신설되는 킨텍스역은 킨텍스전시장 앞에 들어서는데, 주엽역에서 대중교통으로 20분 거리다. 2023년 개통을 목표로 한창 진행 중이다. GTX A를 타면 킨텍스역에서 삼성역까지 21분이면 도착할 수 있다. 주엽역에서 킨텍스역까지 이동거리를 생각해도 삼성역까지 40~50분이면 출퇴근이 가능해지는 것이다. 현재 지하철 1회 환승에 1시간 11분이 소요되는 것에 비하면 20~30분이 절약된다. 킨텍스역에 GTX A노선이 들어서면 킨텍스 주변 개발도 탄력을 받을 것으로 보인다. 킨텍스 주변 개발은 제3전시장 건립, 방송영상밸리 설립 등 다양한 계획이 남아 있다.

단지명	입주 연도	세대수	평형	매매가(만 원)	전세가(만 원)
4단지	1994. 4	540	37	81,000	38,000
6단지	1994. 8	556	49	100,500	42,000
7단지	1993. 10	816	26	66,000	48,000
9단지	1995. 9	912	19	40,000	18,900
14단지	1994. 3	792	25	72,250	46,000
16단지	1994. 5	956	31	88,500	50,000
17단지	1994. 12	504	42	108,500	63,000
19단지	1994. 3	412	44	120,000	51,500

04

김포시 고촌읍
김포보다 서울에 더 가까운,
그래서 아직도 상승 여력이 충분한!

김포시

추천: 고촌역 인근 5개 아파트단지
교통: 고촌역(김포골드라인) 이용
학교: 2020년 3월 고촌 고등학교 신설
생활: 인프라가 갖춰지고 있고 쾌적함

김포시 고촌읍은?　요즘은 한강신도시 때문에 김포 이야기가 많지만 몇 년 전만 해도 김포는 선망받는 곳이 아니었다. 현재 김포의 가장 큰 이슈는 한강신도시 활성화와 도시철도다. 미분양의 무덤이라고 할 만큼 안 좋았던 상황을 뒤로하고, 한강신도시는 각광받는 도시로 거듭나고 있다. 김포골드라인 역시 2019년 9월 10개 역사, 총 23.67km 거리를 운행하는 형태로 개통됐다. 그러나 2량(수용인원 300명) 운행이라 출퇴근 교통은 매우 혼잡한 편이다.

고촌읍은 거리상으로 서울 강서구에 훨씬 가깝다. 고촌역을 중심으로 구상권이 형성되어 있고, 오른쪽으로는 대보천이 흐른다. 신곡 택지지구 내에 추천하는 5개 아파트가 있다.

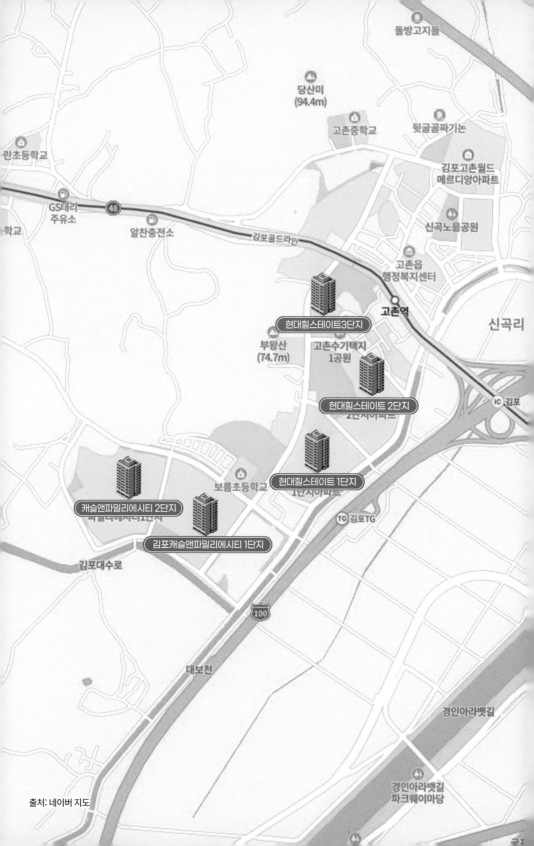

출처: 네이버 지도

고촌역 인근 5개 단지?　현대힐스테이트1·2·3단지, 김포캐슬앤파밀리에시티1·2단지는 고촌읍의 랜드마크라고 할 수 있다. 현대힐스테이트3단지를 제외하고 1,000세대가 넘는 대단지다. 현대힐스테이트는 2008년에, 캐슬앤파맬리에시티는 2020년에 입주했다.

　고촌읍에는 경인아라뱃길 김포 터미널이 있고 터미널 옆에는 현대프리미엄아울렛이 들어섰다. 김포는 물론 서울 시민도 많이 와서 그야말로 성업 중이다. 택지지구로 개발된 곳이라 학교와 공원도 잘 갖춰져 있다. 현대힐스테이트 인근에는 신곡 초등학교가, 캐슬앤마밀리에시티 인근에는 보름 초등학교가 있다. 인근에 고등학교가 없다는 것이 문제였는데 2020년 3월, 지도상으로 김포골드라인을 타고 김포 방향으로 들어가는 곳에 고촌 고등학교가 신설됐다. 고촌읍은 서울 인근에서는 보기 드물게 '읍' 단위 지역으로, 요건을 채우면 대학 갈 때 '농어촌특별전형'이 가능한 지역이기도 하다.

아파트 장단점은?　고촌역 근처의 구상권은 정비가 덜 되어 보이고, 택지지구 역시 한강신도시에 비교하면 소규모다. 이런 상황이 가격에 반영되어 2022년 1월 현재 김포의 대장아파트가 30평형 기준 10억 원을 호가하는 상황에서 고촌역 인근 아파트는 7억 원대 후반으로 가격이 낮은 편이다. 그러나 고촌읍의 지리적인 이점이 재평가받는다면 이러한 가격 차이는 점차 줄어들 것으로 보인다.

　고촌역 인근 5개 아파트의 가장 큰 장점은 김포 내에서 서울 근접성이 가장 뛰어나다는 것이다. 김포 골드라인을 이용하면 5호선과 9호선을 이용할 수 있는 김포공항까지 한 정거장이다. 김포IC에 인접해 외곽순환도로를 바로 이용할 수 있고, 올림픽도로로 나가는 것도 수월하다. 이러한 지리적 이점으로 마곡 지구의 일자리가 늘어나면서 배후지역으로 각광받을 수도 있다.

2021년, 2022년에 본격적으로 입주가 시작되는 검단신도시 때문에 김포시 아파트가 타격을 받을 수 있다는 단점이 있긴 하다. 한강신도시는 검단신도시의 가장 가까운 경쟁지라서 그렇다. 다만 2021년, 2022년에 대거 입주하는 신도시가 검단신도시뿐이라 타격은 크지 않을 것으로 보인다. 게다가 고촌읍의 경우 김포신도시는 물론 한강신도시와도 거리가 상당하므로 그 파장은 더 작을 것이다.

추천 단지 장점	❶ 고촌역(김포골드라인) 이용으로 출퇴근 편리 ❷ 서울과의 접근성이 뛰어남 ❸ 택지지구로 비교적 잘 정비되었음
추천 단지 단점	❶ 한강신도시 대비 주거 쾌적성이 미흡함 ❷ 고등학교 접근성이 떨어짐
추천 단지 호재	❶ 서울 마곡지구 일자리 증가에 따른 이주 수요 증가 ❷ 한강신도시 가격 상승 시 동반상승 여력이 남아 있음

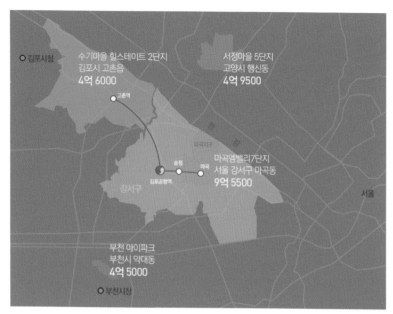

출처: 시사저널[31]

향후 호재는? 고촌읍의 향후 호재는 지리적 근접성의 부각과 마곡 지구의 일자리 증가에 따른 배후주거지로서의 역할 증대를 들 수 있다. 과거에는 김포골드라인이 개통되면 한강신도시와 고촌읍이 '거기서 거기'가 될 거라고들 했다. 대중교통의 발달로 물리적 거리보다 시간적 거리가 중요해졌고, 지하철은 시간적 거리를 획기적으로 줄였다. 그러나 김포골드라인 개통 이후 충분하지 않다는 평가가 나오고 있다.

한강신도시와 고촌읍 사이에는 여전히 물리적, 시간적 거리가 존재한다. 김포골드라인의 시작점인 김포공항에서 종착지인 양촌역까지는 9개 역, 33분이 걸린다. 고촌역에서 양촌역까지도 27분이 필요하다. 게다가 김포골드라인 차량이 2량으로 적고, 배차 간격도 일반 지하철보다 길다. 지하철이 이렇다 보니 물리적으로 '가까운 곳'이 선호될 수밖에 없다. 그래서 고촌읍 인프라가 신도시에 비해 다소 미흡하긴 해도 서울 근접성으로 더 좋은 평가를 받을 수도 있다.

마곡지구에 기업들이 많이 입주할수록 고촌읍 아파트들은 상승가도를 달릴 가능성이 크다. 마곡지구와 고촌읍은 물리적인 거리도 가깝고, 지하철을 이용하면 9호선 마곡나루에서 김포골드라인 고촌역까지 14분밖에 걸리지 않는다. 2018년 5월 31일 자《시사저널》에 "고촌읍의 경우 마곡지구와 맞닿아 있고 집값도 절반에 불과해 대체주거지로 각광받고 있다"라는 기사가 게재되기도 했다. 이후로도 서울 서부로 출퇴근하는 사람들의 베드타운 역할을 톡톡히 하게 될 것이다.

단지명	입주 연도	세대수	평형	매매가(만 원)	전세가(만 원)
현대힐스테이트 1단지아파트	2008. 4	1,253	34	73,000	33,500
현대힐스테이트 2단지아파트	2008. 4	1,149	34	77,500	35,700
김포캐슬앤파밀리에 시티 1단지	2020. 11	2,255	33	84,500	49,000
캐슬앤파밀리에시티 2단지	2020. 2	1,872	34	83,750	48,000
현대힐스테이트3단지	2008. 4	203	60	104,500	68,000

05

인천시 계양구 계산택지지구

3기 신도시의 수혜지이자
떠오르는 서울의 베드타운!

추천: 임학역 인근 단지
교통: 임학역(인천 1호선) 이용
학교: 초·중·고 배치 및 교육환경이 안정적
생활: 생활 인프라가 잘 갖춰져 있고, 환경도 쾌적함

인천시 계양구는? 많은 이들이 인천을 서울의 배후도시 정도로 생각하는데 그렇지만은 않다. 인구 약 300만 명이 사는 거대도시이며 일자리도 적지 않다. 중소기업과 소상공인들이 인천 내에서 근무한다. 이들에 의한 주택 수요도 꾸준히 있어 왔다.

인천시 계양구는 잘 만들어진 주택지역이다. 위쪽으로는 한강신도시, 아래쪽은 인천시 부평구가 있다. 오른쪽 상단으로는 서울 강서구가 인접해 있고, 오른쪽 하단으로는 부천시와 맞닿아 있다. 3기 신도시로 명성을 얻은 '계양신도시'는 계양구의 오른쪽 상단에, 인천과 서울시 강서구 사이게 놓이게 된다.

임학역 인근 단지는? 계양구 오른쪽에 있는 계산택지지구는 계양을 대표한 신도시로, 1990년대 중반 입주가 마무리되어 약 25년 된 구축 아파트로 구성되어 있다. 인천지하철 1호선의 임학역 아래로 약 5만 7,000여 가구가 자리 잡았다. 임학역을 기준으로 바로 아래는 중대형 평수가, 그 아래는 소형 평수가 배치되어 있다. 개발단계부터 문화시설 용지, 여객자동차터미널 부지, 종합병원 부지 등 공공용지를 구획해 생활 인프라가 안정적으로 마련된 것도 특징이다. 아파트는 거의 다 추천할 만하다. 계산택지지구는 위부터 아래로 학마을, 용종마을, 은행마을, 도두리마을이 붙어 있다. 이들 단지 중 학마을의 서해·영남·서원·한진, 용종마을의 중앙·신대진·하나·두산, 은행마을의 강북·삼보·태산·아주·태평, 도두리마을의 동보·롯데·대동, 까치마을의 태화·한진 아파트 등이 있다.

아파트 장단점은? 이들 아파트는 임학역을 이용해 출퇴근할 수 있다. 10평대부터 40평대까지 다양한 평형대가 섞여 있는데, 아파트단지나 신도시는 개발 당시부터 다양한 평형대가 섞여 있는 것이 좋다. 세입자든 자가든 살다 보면 아이가 성장해서 큰 평수로 가거나, 분가해서 작은 평수로 가는 등 평형을 바꿔서 이사할 이유가 생기기 마련이다. 이때 자신이 살던 곳에서 원하는 평수로 이사할 수 있으면 웬만해서는 주거지를 옮기지 않는다. 그래서 평형대가 섞여 있으면 꾸준히 수요가 유지된다. 신도시로 지어진 만큼 학교와 생활 인프라를 이용하는 것도 수월하다. 아파트단지를 끼고 초·중·고가 배치되어 있고 롯데마트와 홈플러스 등 생활 인프라도 편리하다. 임학역 아래로 계양경

찰서, 계양우체국, 계양구청이 나란히 있어 공공시설 이용도 불편이 없다. 2022년 4월에는 계양구 보건소 개소도 예정되어 있다.

향후 우려되는 점은 계산신도시 왼쪽 상단에 위치한 검단신도시 입주로 수요를 뺏겨 가격이 하락할 수 있다는 것이다. 그러나 검단신도시에 본격적인 입주가 시작된 2021년 하반기와 2022년 상반기에는 폭발적인 입주장이 펼쳐지는 때가 아니고, 대부분의 입주 역시 검단시에 몰려 있다. 따라서 인근의 한강신도시와 김포, 서울 강서, 인천 인접 지역의 수요가 이주한다고 해도 타격은 크지 않을 것으로 보인다.

추천 단지 장점	❶ 임학역(인천지하철 1호선) 이용 편리 ❷ 택지지구로 생활 편의성 높음
추천 단지 단점	❶ 검단신도시 입주 타격
추천 단지 호재	❶ 계양신도시 청약 수요 증가 ❷ 서울 마곡지구 일자리 증가에 따른 이주 수요 증가 ❸ 공항철도 이용 서울 출퇴근 수요의 베드타운 역할 증가

계양신도시 위치도　　　　　　　　　　　출처: 인천일보[32]

향후 호재는? 계산택지지구의 향후 호재는 여러 가지다.

첫째, 3기 신도시 중 하나인 계양신도시의 진행이다. 신도시 청약에 넣고 당첨되려면 해당 지역에 거주하는 것이 유리하다. '당해' 요건을 갖추기 위해 많은 이들이 이들 택지지구에 이주한다면 당연히 수요가 올라가면서 전세가가 상승할 것이다. 상승한 전세가는 매매를 든든히 받쳐줄 것이다.

둘째, 서울에 일자리를 가진 이들의 베드타운 역할이다. 앞서 인천은 서울의 베드타운 역할도 있지만, 자체 수요도 많아서 그에 따라 주택 시장이 펼쳐진다고 했었다. 최근에 마곡지구가 생기면서 계산택지지구의 서울 베드타운 역할이 한층 강화될 것으로 보인다. 마곡지구 아파트는 다 완성됐으나 일자리는 이제야 반이 좀 넘게 들어왔다. LG를 중심으로 사옥을 짓고 이주를 기다리는 기업들이 많다. 이 일자리가 다 채워진다면 마곡과 가까운 인천 계양구의 수요도 늘어날 것이 뻔하다.

셋째, 서울에서 내 집 마련에 실패한 이들의 이주 수요다. 임학역을 이용해 정거장 3개만 이동하면 공항철도를 이용할 수 있는 계양역이 나온다. 공항철도를 이용하면 홍대와 서울역 등으로 이동할 수 있다. 이들 지역으로 출퇴근하면서 상승하는 서울 집값을 감당하지 못하는 이들이 인천으로의 이주를 결심한다면 생활 인프라가 잘 갖춰진 계산택지지구는 좋은 선택지가 될 수 있을 것이다. 앞으로 상승장이 펼쳐지면 동반상승은 예견된 일이다.

단지명	입주 연도	세대수	평형	매매가(만 원)	전세가(만 원)
학마을서해	1997. 11	1,261	24	45,000	27,000
학마을영남	1997. 10	1,047	24	45,000	28,500
학마을서원	1997. 5	688	25	38,800	32,000
학마을한진	1998. 11	1,500	24	37,000	20,500
용종중앙	1997. 1	428	17	21,000	15,000
용종신대진	1997. 8	562	15	20,000	15,000
초정하나	1997. 8	972	32	51,000	38,500
초정두산쌍용	1997. 11	798	36	59,000	31,500
초정동아	1998. 1	616	36	55,000	38,000
은행강북	1997. 7	216	35	55,000	36,000
은행삼보	1997. 7	436	34	55,000	34,000
은행태산	1997. 8	544	38	59,000	40,000
은행아주	1997. 7	612	28	42,000	37,000
은행태평	1997. 6	612	26	40,500	29,500
도두리동보	1996. 12	1,276	24	39,000	28,000
도두리롯데	1997. 10	1,282	23	33,500	27,000
도두리대동	1997. 9	1,299	24	38,000	24,000
작전동 태화한진	1997. 11	1,674	24	39,500	22,250
계양임광그대가	2009. 10	373	34	59,500	35,000

06

부천시 상동

7호선으로 출퇴근 해소,
실거주 만족도 높은 부천시의 메인 입지

추천: 상동역(7호선) 인근 8개 아파트
교통: 상동역 이용 강남까지 환승 없이 출퇴근 용이
학교: 학교는 잘 배치되어 있으나 학원가는 많지 않음
생활: 녹지는 부족하나 아파트 실거주 만족도는 높음

부천시

부천시 상동은? 부천시의 대장지역은 중동신도시와 상동신도시다. 택지개발지로 인기가 높다. 1990년대 중동신도시가 개발되면서 상동신도시에도 아파트단지와 상업지구가 조성되기 시작했다. 상동지구의 본격적인 개발은 2000년대 들어서부터다. 앞서 개발된 중동신도시에는 1호선 중동역과 송내역이 지나고, 뒤에 개발된 상동신도시에는 7호선 상동역이 지난다. 7호선 개통 후에는 강남과의 접근성으로 인해 상동에 대한 선호가 높아졌다. 상동신도시는 네모반듯한 택지로 개발되어 주거만족도는 높으나, 도시의 중앙인 길주로가 매우 넓게 펼쳐져 주택단지로서의 이미지는 퇴색된 느낌이다. 편리성은 높으나 쾌적성은 상대적으로 떨어진다.

출처: 네이버 지도

인근 아파트는?   상동역 인근의 8개 아파트는 대부분 2002년 준공에 단일평수로 구성되었다. 상동역 아래쪽으로 행복한금호어울림(422세대)은 35평, 행복한서해그랑빌(402세대)은 40평대(43, 49평), 창보밀레시티(330세대)은 35평, 한라비발디(382세대)는 27평 단일평수다. 상동역 위쪽으로는 효성센트럴타운(709세대)이 34평, 대우유림이안(572세대)이 30평대(34, 35평), 서해그랑블(454세대)은 40평대(43, 49평), 상동써미트빌(559세대)은 38평과 44평으로 구성되어 있다. 8개 단지 모두 도보로 상동역을 쉽게 이용할 수 있다. 아파트 뒤쪽으로 학교가 배치되어 있고, 역으로 가는 앞쪽으로 상업시설이 밀집했다. 녹지는 부족하지만 생활 편의성 면에서는 우수하다.

아파트 장단점은?   해당 아파트는 상동역에서 7호선을 타면 환승 없이 강남 출퇴근이 가능하다. 주거지를 손상한다는 평이 나올 정도로 상권이 매우 발달해 있다. 상동역을 지적으로 홈플러스와 부천종합터미널이 있고, 대로변에는 복합 상가들이 다수 포진했다. 학원부터 일상생활에 필요한 상점, 유흥주점까지 혼재해 있는 모양새다. 일부 학부모들은 상권이 뒤섞여 있는 것에 부담을 느끼기도 한다. 단점은 학원가가 많지 않다는 것과 녹지가 부족하다는 것이다. 가까이 부천중앙공원이 있지만 산책로가 많지는 않다. 상동의 중심부인 길주로는 인천으로 향하기 때문인지 매우 넓고 차량도 많다.

추천 단지 장점	❶ 상동역(7호선) 이용 강남 접근이 편리함 ❷ 상업시설 이용이 편리함 ❸ 도보권에 학교가 배치되어 있음
추천 단지 단점	❶ 학원가가 많이 형성되어 있지 않음 ❷ 녹지 부족
추천 단지 호재	❶ 부천종합운동장역 GTX와 소사대곡선 개통 ❷ 상동영상문화단지 개발

수도권 광역급행철도(GTX노선)

출처: 인천in[33]

향후 호재는?   해당 아파트의 호재로는 서울 방향으로 정거장 2 개 거리인 부천종합운동장에 GTX B 노선이 개통되는 것과 부천영상문화단지 활성화 사업이다.

우선 부천종합운동장은 대곡~소사 복선전철의 중간역이다. 아래로 1호선 소사역과 위로 고양시 대곡역이 연결되는 노선으로 2023년 초에 개통할 예정이다. 거기에 GTX B노선이 추가된다. GTX B 노선은 지난 2011년 '제2차 국가철도망 구축계획'에 포함됐으나 서울 강남을 통과하지 않아 사업성 확보가 어렵다는 이유로 수년간 건설이 지연되었다. 그러다 최근 재정사업과 민자사업 혼합방식으로 국토부에서 관계부처 협의를 시작했다. 비록 강남을 관통하지는 못하더라도 GTX B 노선이 현실화하면 일자리 접근성은 좋아질 것이다.

또한 해당 아파트에는 상동영상문화단지 개발이라는 호재도 남아 있다. 2021년 9월 부천시는 문화의 산업화를 위해 '부천시 문화콘텐츠 산업 진흥 조례'를 제정했다. 상동에 상동영상문화단지를 개발하겠다는 내용이다. 이 사업은 콘텐츠 기업의 이전을 지원하는데, 이로 인해 일자리가 늘어나면 주거 수요도 증가할 것이다.

단지명	입주 연도	세대수	평형	매매가(만 원)	전세가(만 원)
대우유림이안	2002. 8	572	35	85,500	60,000
서해그랑블	2005. 5	454	49	122,250	70,000
써미트빌	2002. 9	559	38	107,000	65,000
효성센트럴타운	2002. 9	708	34	90,000	50,000
상동금호	2002. 7	422	35	105,000	54,000
행복한마을 서해그랑블2차	2002. 5	402	43	115,000	55,000
상동푸른마을창보	2002. 4	330	35	93,500	48,000
상동푸른마을 한라비발디	2002. 6	382	27	73,000	37,800

07

시흥시 정왕동

서민들의 내 집 마련 추천지!
교통, 학교, 일자리에 신도시 인프라까지!

시흥시

추천: 오이도역 인근 12개 아파트단지
교통: 오이도역(4호선) 이용
학교: 초·중·고 배치
생활: 기본 인프라 외 도보로 배곧신도시 인프라
　　　활용 가능

시흥시 정왕동은?　　시흥시 정왕동을 생소하게 생각하는 사람들에게, 가장 먼저 설명하는 말이 '4호선 오이도역'이다. 정왕동은 4호선과 수인선이 다니는 오이도역 인근이며, 그 아래로 공단도 포함된다. 정왕동은 시가지가 15%를 차지하고 85%가 공단이라 할 만큼 시가지 면적이 크지 않다.

　　정왕역과 오이도역에서 나오면 직선도로를 만나게 되는데, 그 길로 조금만 진행하면 시화공업단지를 포함한 공업단지가 펼쳐진다. 정왕동은 1980년대부터 조성된 산업단지의 배후도시 역할을 해왔다. 사실 '공업단지 배후주거지'라는 이미지가 강해 그간 특별히 '호재'라 할 만한 것이 없었고, 경기도권 내에서도 가격이 저렴한 축에 속했다. 비교적 최근에서야 바로 옆에 배곧신도시가 조성됐고, 경기권마저도 가

시흥배곧점

롯데마트

시흥배곧유호
엔시티배움터

천향오마라탕

CGV 배곧

배곧헤리움
어반크로스2차

SK셀프
배곧주유소

시화동원

시화대림3단지

함현공원

시화대림4단지

함현고등학교

정왕4동
행정복지센터

시화세종2차

화신프라자

정왕4동

문영센스빌
아파트

함송공원

함현중학교

시화세종1차

정왕프라자

파리바게뜨

시화모아
아파트

시화보성

수인분당

오이도역

1 4

SK셀프
도시공간주유

시화삼환

부성파스텔
아파트

오이도역

송운초등학교

시화신한토탈

시화미주
아파트

송운중학교

시화화성

건영2차
아파트

송운공원

영남2차아파트

냉정초등학교

월드아파트

시화영남
3단지아파트

출처: 네이버 지도

사랑공원

천주교

격이 급등하면서 정왕동의 가치도 재평가받게 되었다.

정왕동 설명에 빼놓을 수 없는 곳이 '배곧신도시'다. 정왕동과는 77번 국도로 구분되는데, 2018년 정왕4동에서 분동되었고, 서울대학교 시흥캠퍼스가 자리 잡고 있다. 신도시답게 생활여건이 쾌적하고 신세계 프리미엄아울렛과 롯데마트, CGV 등 생활 인프라도 잘 갖춰져 있다. 서울대학교병원과 중부지방해양경찰청이 건설 중이며 추가 인구 유입도 유력해 보인다.

오이도역 인근 12개 단지는? 시화동원, 시화대림3·4단지, 시화세종1·2, 문영센스빌, 시화모아, 시화삼환, 부성파스텔, 시화신한토텔, 시화화성까지 오이도역 인근의 12개 단지는 행정동으로는 정왕4동이다. 오이도역을 도보로 이용할 수 있고, 아파트 인근에 있는 초등학교에 보낼 수 있다. 대단지 아파트면서 지하철 출퇴근이 가능하고, 인근에 학교를 보낼 수 있으며, 조성된 공원과 인근 도로로 산책도 가능하다. 이 정도면 주거지로서 충분한 요건을 갖추었다고 할 수 있다. 그런데도 경기권 어느 지역보다 가격이 저렴하다. 2022년 1월 현재 24평형이 3~4억 원대, 30평형대도 4~5억 원대다. 대출제한 부담 없이 자가를 마련할 수 있는 곳이라 자금이 넉넉하지 않은 이들에게 추천한다.

아파트 장단점은? 4호선 오이도역을 이용한 출퇴근 외에, 해당 아파트단지들의 가장 큰 장점은 배곧신도시 생활 인프라를 도보로 이용할 수 있다는 것이다. 실제로 정왕동과 배곧동에 가보면 분위기가 매우 다르다. 해당 아파트들은 연식이 오래되고, 지하철에서 멀어질수록 주변환경도 산업단지 느낌이 많이 난다. 이에 비해 배곧신도시는 쾌적하고 마트를 비롯한 생활 인프라가 잘 짜여 있다. 그래서 배곧신도시 입주가 시작된 후 수요를 빼앗긴 정왕동의 아파트가격은 상당 기간 주춤할 수밖에 없었다. 그러나 배곧신도시 입주가 마무리되고 공급이 줄어들면서 정왕동의 가치도 재평가되고 있다. 배곧신도시 인프라를 도보권에서 누릴 수 있다는 것도 장점 중 하나가 됐다. 특히 추천 아파트들의 경우 물리적인 거리가 더 가깝다.

다만 오이도역 인근은 기본적으로 공단 배후주거지로서 조성되었다는 게 단점이다. 지하철역에서 공단까지의 도로도 차로 위주로 넓게 만들어져 있다. 조용한 주택단지를 꿈꾸는 이들이라면 불편할 수도 있을 것이다.

추천 단지 장점	❶ 오이도역(4호선, 수인선) 이용 출퇴근 편함 ❷ 택지지구로 생활 편리 ❸ 도보로 배곧신도시 인프라 이용 가능
추천 단지 단점	❶ 시화공단 배후주거지 이미지가 강함 ❷ 교육여건 중하
추천 단지 호재	❶ 배곧신도시 가격 상승 시 동반상승 ❷ 시흥 신도시 입주 완료로 주택단지로서의 희소성 상승

시흥 배곧신도시 입지 환경

출처: 머니투데이[34]

향후 호재는? 최근 2~3년 안쪽으로 시흥 신도시 4곳(은계지구, 배곧지구, 목감지구, 장현지구)의 입주가 대부분 마무리되었다. 이후 단기간 내 추가적인 대량입주는 없으니, 이들 아파트가 가진 잘 조성된 택지의 희소성이 드러날 것이다. 그 점에서 가격 상승 여지가 있다고 본다. 근 10년 전부터 시흥에 신도시 계획이 발표되면서 줄곧 정왕동은 '유령도시가 될 것'이라는 평가를 받았다. 구도심 인구가 신도시로 이동하면서 공동화 현상이 나타날 것이라는 예상이었다. 그러나 신도시 입주가 마무리된 시점에서도 정왕동의 아파트가격은 상승했다. 그만큼 수요가 받쳐주고 있다고 봐야 한다는 평가가 나오고 있다. 앞으로도 경기도에 이만한 면적과 이만한 가격대의 택지조성은 쉽지 않다. 근접한 배곧신도시가 시세를 주도하고, 아래 공단에서는 출퇴근 수요로 전세가를 받쳐주기 때문에 정왕동 아파트 역시 대세 상승기에는 가격이 같이 움직이고 있다. 서울 남부, 경기도 서남부로 출퇴근하는 서민들의 내 집 마련지로 가장 먼저 추천할 만하다.

단지명	입주 연도	세대수	평형	매매가(만 원)	전세가(만 원)
시화동원	1998. 4	358	31	43,000	35,000
시화대림3단지	1998. 3	280	30	42,900	35,000
시화대림4단지	1997. 10	400	42	65,000	43,000
시화세종1차	1996. 11	460	25	37,000	28,000
시화세종2차	1997. 8	330	24	29,500	12,600
시화보성	1998. 12	760	30	43,350	30,000
문영센스빌	2002. 5	410	23	37,750	23,500
시화모아	1997. 7	398	24	35,000	26,400
시화삼환	1997. 11	350	25	34,100	25,500
부성파스텔	1997. 12	600	23	35,000	20,000
시화신한토탈	1997. 8	240	43	57,000	32,000
시화화성	1997. 8	420	32	44,500	34,000

08

안양시 평촌신도시
교육과 환경 모두 100점,
일자리까지 갖춘 안양시의 핵심지

추천: 범계역 아래 8개 아파트단지
교통: 범계역(4호선) 이용 편리함
학교: 초·중·고가 잘 갖춰져 있음
생활: 교육시설과 주거환경 모두 잘 갖춰져 있음

안양시

안양시 평촌신도시는?　평촌신도시는 격자형 도로망이 잘 갖춰져 있다. 8차선 시민대로를 따라 안양시청과 관공서, 상업·업무 시설이, 그 맞은편 중심부에 안양중앙공원이 있다. 안양중앙공원을 중심으로 범계역이, 오른쪽에 평촌역이 자리 잡고 있어 딱 봐도 잘 계획된 신도시임을 알 수 있다. 범계역 로데오거리는 수도권 최대 상권 중 하나다. 풍부한 유동인구에 독점 상권으로 유흥 거리가 많이 밀집해 있다. 평촌역 오른쪽으로는 '평촌스마트스퀘어 도시첨단산업단지'가 생성되어 있는데 대한전선 본사와 LG U+ 등이 있고, 지식산업센터에는 다양한 중견, 중소기업들이 입주했다. 평촌신도시의 가장 도드라진 특징 중 하나는 학원가가 대단위로 형성되어 있다는 점이다. 금천구와 수원, 안산 등 원거리에서 오는 학생도 많을 만큼 명성이 높다.

출처: 네이버 지도

범계역 인근 12개 단지는?　　추천 아파트는 범계역 하단의 범계초등학교와 평촌고등학교, 범계중학교를 둘러싸고 있는 8개 아파트다. 목련2단지대우성경(934세대, 1992년 준공)은 14평과 23평, 우성3단지(902세대, 1992년 준공)는 17평, 20평, 22평, 목련5단지우성(683세대, 1993년 준공)은 16평과 23평이 있고, 나머지 단지들은 30평대부터 50평대 후반까지 중대형으로 구성된 것이 특징이다. 모두 도보로 초·중·고를 갈 수 있고, 범계역도 도보로 이용할 수 있다.

아파트 장단점은?　　해당 아파트의 장점은 살기가 좋다는 것이다. 평촌 신도시는 지도상으로 봐도 격자형 입지가 잘 살아 있다. 개별 단지들 모두 네모반듯하게 지어졌고, 학교도 곳곳에 배치되어 있다. 범계역도 도보로 이용할 수 있는 데다가 상권과 학원가도 잘 갖춰져 있다. 옆에는 중앙공원이 있어 녹지도 풍부하다. 학군, 교통, 주거환경, 일자리와의 연계 등 빠지는 것이 없다고 해도 무방하다. 굳이 따지자면 아파트 입주 시기가 대부분 1990년대 초반이라 낡았고, 서울 중심과 물리적인 거리가 있다는 정도다.

추천 단지 장점	❶ 교육여건이 우수하고 주거환경이 좋음 ❷ 평촌스마트스퀘어 도시첨단산업단지 등 근거리에 일자리가 있음 ❸ 상권이 잘 갖춰져 편리함 ❹ 범계역(4호선)을 이용한 출퇴근 용이
추천 단지 단점	❶ 서울 중심 일자리와 물리적 거리가 있음 ❷ 최근 가격이 많이 올랐음
추천 단지 호재	❶ 리모델링 진행

1기 신도시 현황·면적

출처: 국토부

	분당	일산	평촌	산본	중동
위치	성남	고양	안양	군포	부천
면적(㎡)	19,640,000	15,740,000	5,110,000	4,200,000	5,460,000
수용인구(명)	390,000	280,000	170,000	170,000	170,000
주택건설(가구)	97,600	69,000	42,000	42,000	41,400
최초입주	1991. 9	1992. 8	1992. 3	1992. 4	1993. 2

향후 호재는? 해당 아파트들은 입주 30년 차 안팎인데도 용적률이 평균 200% 정도로 높다. 통상 기존아파트 용적률이 180%를 넘으면 재건축 사업성이 없다고 본다. 입지와 주변환경이 좋아 재건축이 진행된다면 큰 호재를 누릴 수 있겠으나 용적률 문제로 진행이 어렵다. 다만 리모델링 여지는 남아 있다. 실제로 이들 아파트와 안양중앙공원을 두고 마주 보고 있는 초원세경아파트(709세대, 1996년 준공)는 2021년 7월 리모델링 조합이 설립됐고, 그보다 앞선 5월에는 평촌신도시 내 21개 단지가 참여한 리모델링 추천 연합회도 출범한 상태다. 이러한 기대감에 의해 2021년 평촌신도시의 아파트가격은 빠르게 상승했다. 인근에 리모델링 추진 단지가 생기거나 해당 아파트의 리모델링이 추진되면 가격 상승의 여력은 충분할 것으로 보인다.

단지명	입주 연도	세대수	평형	매매가(만 원)	전세가(만 원)
목련1단지	1992. 11	480	35	134,000	60,000
목련2단지	1992. 3	994	23	92,000	30,000
목련3단지	1992. 7	902	22	82,000	28,500
목련5단지	1993. 3	683	16	61,000	24,000
목련6단지	1993. 7	440	37	150,000	68,000
목련7단지	1992. 9	466	47	167,000	95,000
목련8단지	1992. 10	516	45	134,000	63,000
목련9단지	1994. 7	578	36	156,000	73,000

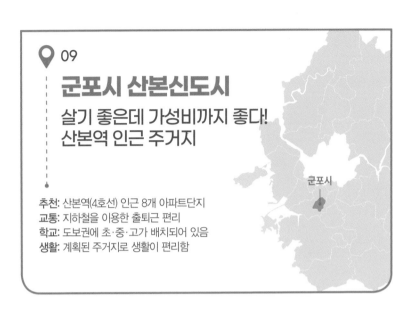

09

군포시 산본신도시
살기 좋은데 가성비까지 좋다!
산본역 인근 주거지

추천: 산본역(4호선) 인근 8개 아파트단지
교통: 지하철을 이용한 출퇴근 편리
학교: 도보권에 초·중·고가 배치되어 있음
생활: 계획된 주거지로 생활이 편리함

군포시

군포시 산본신도시는? 산본신도시는 1기 신도시 중 한 곳으로 1992년부터 입주가 시작되었다. 4만 2,000여 가구, 17만여 명을 수용한다는 목표로 1기 신도시 중에서는 가장 규모가 작은 곳이었다. 상업과 업무지구 비중도 가장 낮았다. 그래서 산본신도시 거주자 대부분은 가까이는 안양으로, 멀리는 서울 강북권으로 출퇴근한다. 주거환경 면에서는 택지지구로 개발된 만큼 살기 좋은 환경을 갖추고 있다. 수리산이 가까이 있어 쾌적하고 경치도 좋아 만족도가 높다.

인근 아파트는? 산본신도시의 추천 아파트는 산본역을 도보로 이용할 수 있는 거리로 제한했다. 출퇴근이 편하고, 소형평수가 많아서 현재도 신혼부부들이 많이 거주하고 있다. 주공3단지퇴계1·2

차(1,992세대, 1993년 준공)와 충무주공2단지(2,490세대, 1992년 준공)는 소형이 주를 이룬다. 주공3단지퇴계1·2차는 16~18평, 충무주공2단지는 15~22평으로 이루어져 있다. 율곡주공아파트(2,042세대, 1994년 준공)도 비교적 중소형인 22~27평이다. 산본무궁화주공1단지(1,344세대, 1992년 준공)는 17~31평으로 평수가 좀 더 다양하고, 세종주공6단지(1,827세대, 1994년 준공)도 24~32평으로 3개 평형이 존재한다. 화성무궁화(402세대, 1992년 준공)와 삼익한일을지(818세대, 1993년 준공)는 40평대 넓은 평수를 가지고 있다. 화성무궁화는 36평과 47평, 삼익한일을지는 39~69평의 대형으로 구성되어 있다. 평형대와 가격대가 다양한 것은 산본신도시의 장점 중 하나다.

아파트 장단점은? 산본역 인근 아파트들은 실거주 가성비가 좋은 곳들이다. 산본은 주택지로 개발된 곳이라 학교가 도보권에 있고, 상가도 상권도 산본역을 중심으로 상단에 잘 발달해 있다. 주변의 자연경관을 잘 살려 쾌적하고 살기 좋다.

다만 신도시로 형성된 지 30여 년 정도가 흐른 관계로 구축 이미지가 강하다. 소형 평수가 몰려 있어 유명학원가가 생성되지 못한 것도 단점으로 꼽힌다. 또 도보권으로 산본역을 이용해도, 서울 중심부까지는 출퇴근 시간이 꽤 오래 걸린다. 산본역에서 2호선 환승이 가능한 사당역까지 약 30분, 서울역까지는 약 45분이 소요된다.

추천 단지 장점	❶ 산본역(4호선)을 이용해 서울 중심으로 출퇴근 가능 ❷ 계획적으로 만들어진 주거지로 살기 좋음 ❸ 인근 대비 가격 저렴함 ❹ 산본역 중심으로 상권이 발달해 있음
추천 단지 단점	❶ 구축이 주를 이루고 있음 ❷ 강남과의 물리적 거리가 멈 ❸ 유명학원가의 부재
추천 단지 호재	❶ 금정역 GTX C선 개통 ❷ 리모델링 기대감이 높음

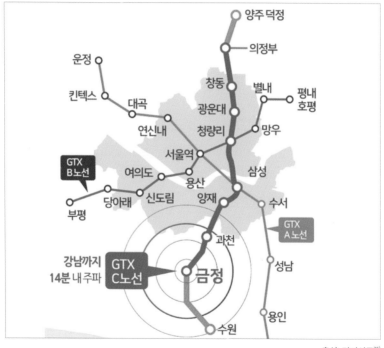

출처: 경기신문[35]

향후 호재는? 해당 아파트의 호재는 금정역 GTX C노선 개통과 자체 리모델링을 들 수 있다. 산본에서 서울 방향으로 한 정거장인 금정역은, 1호선과 4호선 환승이 가능한 더블역세권으로 하루 평균 23만 명이 이용한다. 이곳에 2022년 GTX C노선의 착공이 예정되어 있다. 군포시에서는 GTX C노선 개통에 앞서 30년이나 된 노후시설을 개선하고 환승센터를 개발한다는 계획이다. GTX C노선은 수원-금정-양재-삼성을 연결해 다른 노선 대비 강남으로의 접근성이 우수하고, 사업성 역시 뛰어난 것으로 알려져 있다. 수원역에서 강남 삼성역까지 약 80분에 달하는 이동시간을 10분대로 단축할 것으로 예상된다. 금정역 GTX C노선이 개통된다면 산본에서 강남권 출퇴근도 훨씬 수월해질 것이다.

또 인근 아파트들의 리모델링도 주요 호재 중 하나다. 군포시 안에는 1990년대에 준공된 아파트들이 많고, 노후 단지들의 리모델링 조합설립이 속속 보고되고 있다. 2021년 9월 기준 개나리주공13단지가 리모델링 조합설립 인가를 받았고, 우륵주공7단지(1312가구), 율곡주공3단지(2042가구)도 조합설립을 마쳤다. 퇴계주공3단지, 세종주공6단지, 설악주공8단지 등도 리모델링 사업을 준비 중이다. 리모델링으로 인한 이주 수요 증가와, 리모델링 완성 후 가격 상승, 그리고 해당 아파트의 자체 리모델링 시행 등으로 가격 상승 기회가 찾아올 것이다.

단지명	입주 연도	세대수	평형	매매가(만 원)	전세가(만 원)
한일을지	1993. 9	818	38	77,200	49,600
주공6단지세종	1994. 7	1,827	24	59,500	24,500
주공3단지퇴계1, 2차	1993. 6	1,992	18	43,000	17,000
율곡	1994. 5	2,042	22	52,500	23,700
주공2-1단지	1992. 4	2,965	18	45,000	21,000
산본무궁화	1992. 4	1,329	17	42,000	19,000
화성무궁화	1992. 12	402	47	82,500	50,000

성남시 분당구 정자동
강남의 1등 대체지,
리모델링 진행으로 한 번 더 간다!

추천: 정자동 인근 9개 아파트단지
교통: 정자역(분당선, 신분당선) 이용
학교: 초·중·고가 근접해 있고, 학원가가 발달됨
생활: 생활 인프라가 갖춰져 있어 쾌적함

성남시

성남시 분당구는? 성남시 분당구는 1기 신도시 중에서도 가장 큰 규모로 개발되었다. 약 600만 평 부지에 39만 명 수용을 목표로 지하철, 상업시설, 아파트 등 주거시설을 개발했는데, 당시 서울의 베드타운 역할을 하던 일산과는 확실한 차별화를 보였다. 가장 큰 차이는 직주근접으로, 일산이 광화문과 종로로 이동하는 데 상당한 시간이 걸렸던 것에 비해 분당은 물리적 거리가 가깝고 시간도 덜 걸렸다. 게다가 대형 공기업 입주와 NHN 같은 IT 기업들이 들어서면서 그야말로 직주근접이 가능한 도시로 성장했다. 이런 이유로 '천당 아래 분당'이라는 수식어를 갖게 될 정도로 명품 신도시로 평가받게 되었다. 상업, 주거, 지원 시설을 모두 갖춘 데다가 업무, 교육, 생활, 교통, 자연환경 면에서도 강남에 버금간다는 총평이다.

정자한솔마을주공4차
느티마을공무원4단지
느티마을공무원3단지
정자한솔마을주공5차
정자한솔마을주공6차
정자상록마을우성
정든마을신화
상록라이프
정든마을한진6차
탄천
SK텔레콤 분당사옥
수내1동
분당천
서현고등학교
시범단지 한양아
한국잡월드
수내역
양지마을
분당중앙공원
초림초등학교
수서평택고속선
분당수서간도시고속화도로
파크뷰 아파트
로얄팰리스 아파트
한양5단지 아파트
청구2단지 아파트
수내2동
대림아파트
분당호
LPG 충전소
분당현대아이파크 1단지아파트
백현중학교
롯데아파트
서안아파트
능골공원
한솔마을
푸른쌍용아파트
주공7단지 아파트
주공4단지 아파트
정자역
정자1동
정자2동
인텔리지 2타운
정자중학교
청구1단지 아파트
분당두산타워
정자동3차 푸르지오시티
신화5단지 아파트
먹자골목
분당중학교
정자3동 행정복지센터
분당중앙 고등학교
NAVER 그린팩토리
계원예술 고등학교
이마트
정자3동
늘푸른중학교
정자공원
분당경영 고등학교
분당두산위브 트레지움아파트
청솔초등학교
GS동화 주유소
청솔마을
주공9단지 아파트
분당서울대학교
경부고속

출처: 네이버 지도

정자역 인근 9개 단지?　분당구 안에서도 정자동은 분당선과 신분당선이 동시에 지나는 정자역이 있는 곳이다. 분당-수서 간 도시 고속화도로를 끼고 있어 자동차 이용도 편하다. 정자역을 중심으로 오른쪽에는 탄천이 흐르는데, 탄천 왼쪽에는 상업시설과 주상복합건물이, 오른쪽에는 대표 주거시설들이 자리 잡고 있다. 정자역 왼쪽의 상가는 강남의 번화가와 흡사할 정도다. 탄천 오른쪽으로는 산책로가 잘 정비되어 있고, 정자동에서도 거주 가치가 높은 느타마을공무원3·4단지, 정자한솔마을주공4·5·6차, 정자상록마을우성, 상록라이프, 정든마을신화, 정든마을한진 6차 아파트들이 포진해 있다.

정자역 인근 9개 단지의 생활 인프라와 환경은 '강남 대체지'라고 해도 지나치지 않을 정도로 잘 정비되어 있다. 1기 신도시 중 가장 성공한 도시라는 평가를 받는 만큼 거주민 만족도도 매우 높다.

아파트 장단점은?　정자역 인근 아파트들은 단점을 꼽기 어려울 정도로 장점이 많다. 초·중·고가 근거리에 있는 것은 물론 생활 인프라와 녹지도 잘 짜여 있다. 다만 가격 면에서는 리모델링 바람이 부는 중이라 상당히 높은 것이 사실이다. 2022년 1월 기준 공무원4단지 아파트 27평의 실거래가가 14억 원으로 기록되어 있다. 서울 강남의 인프라를 누리고 싶은 수요가 있다면 정자동 아파트를 대체지로 선택해도 좋을 것이다. 마포구, 광진구, 용산구 등 강북에서 강남으로 출퇴근하거나, 아이를 편하게 키울 만한 곳을 고민한다면 맞춤이다.

추천 단지 장점	❶ 정자역(분당선, 신분당선) 이용 출퇴근 편함 ❷ 1기 신도시로 생활 편의성 뛰어남 ❸ 학교와 학원가 잘 정비되어 있음
추천 단지 단점	❶ 가격이 높게 형성되어 있음 ❷ 대출 가능 여부 고려
추천 단지 호재	❶ 인근 아파트 리모델링에 따른 대체 수요 증가 ❷ 영원한 강남 대체지로서 가격 상승 여력이 남아 있음

향후 호재는? 정자역 인근 아파트들의 향후 호재는 뭐니 뭐니 해도 '리모델링'이다. 1기 신도시도 만들어진 지 어느새 30년 가까운 세월이 흘렀다. 정자동 역시 구축 아파트를 새 아파트로 변모시키는 사업들의 수요가 높았다. 그러던 중 지난 2013년 성남시가 도시재생의 일환으로 노후 공동주택 정비에 나섰다. 전국 최초로 '공동주택 리모델링 지원에 관한 조례'와 '공동주택 리모델링 기금 설치 및 운용 조례'를 제정하는 등 공동주택 리모델링에 대한 행정·재정적 지원을 펼치고 있다. 리모델링은 재건축보다 추진 연한(15년 이상)이 짧고, 안전진단 조건(리모델링은 B조건)도 낮아 사업 진입장벽이 낮다. 또 재건축초과이익환수제도 따로 없고, 조합 설립 이후에도 아파트를 사고팔 수 있다.

1기 신도시 중 처음으로 2021년 2월에 분당구 정자동 한솔마을 5단지 리모델링 사업계획이 승인되었고, 분당구 구미동 무지개마을 4단지가 그 뒤를 이었다. 성남시에서 공공지원 공모를 진행하는 만큼 여타 단지들도 빠르게 리모델링 절차에 착수할 것이다. 정자역 인근 9개 단지는 리모델링 진행에 의한 이주 수요로 한 번, 새로운 아파트가 들어서면서 한 번 더 가격 상승이 나타날 것이다. 리모델링 완성 단지가 시세를 상승시킨다면 구축의 추격 상승은 예견된 순서다. '영원한 강남 대체지'로서 강남의 성장과 함께 정자동 역시 성장할 것으로 기대된다.

2021년 7월 현재 성남시 리모델링 진행 내용

출처: 한국주택경제

단지명	리모델링 전	리모델링 후	시공자	사업 단계
느티마을3단지	770가구	873가구	포스코건설	건축심의 통과
느티마을4단지	1,006가구	1,149가구	포스코건설	건축심의 통과
한솔마을5단지	1,156가구	1,271가구	포스코건설·쌍용건설	사업계획승인
무지개마을4단지	563가구	647가구	포스코건설	사업계획승인
매화마을1단지	562가구	638가구	포스코건설	사업계획승인 준비
매화마을2단지	1,185가구	1,345가구	-	시공자 선정 준비

단지명	입주 연도	세대수	평형	매매가(만 원)	전세가(만 원)
느티마을공무원3단지	1994. 12	770	27	130,000	43,000
느티마을공무원4단지	1994. 12	1,006	27	140,000	40,000
정자한솔마을주공4차	1994. 5	1,651	15	74,000	22,000
정자한솔마을주공5차	1994. 11	1,156	18	100,000	15,000
정자한솔마을주공6차	1995. 10	1,039	16	73,000	28,000
정자상록마을우성	1995. 1	1,762	46	180,000	100,000
상록라이프	1994. 6	750	46	180,000	65,000
정든마을신화	1995. 10	564	27	112,000	45,000
정든마을한진6차	1995. 6	512	47	125,000	85,000

용인시 수지구
신분당선의 강점을 가장 잘 살린 곳, 교육과 편의시설 모두 강점

용인시

추천: 수지구청역 인근 15개 아파트단지
교통: 수지구청역(신분당선) 이용 강남 출근 용이
학교: 근거리에 초·중·고가 배치되어 있고, 교육
 환경도 좋음
생활: 남쪽의 성복역에 백화점 이용

용인시 수지구는? 용인시에서 수지구는 입지 조건이 가장 좋은 곳이다. 위에 있는 성남시 분당구의 영향을 많이 받는데, 분당구 아파트가격이 상승하면 따라 상승하는 흐름이 있다. 신분당선이 개통된 후에는 분당과의 갭이 많이 줄었다. 신분당선이 개통되면서 교통여건도 많이 개선됐다. 용인시에는 자체 일자리가 부족해서, 수지구를 포함해 용인에 거주하는 이들 대부분은 성남, 서울, 수원으로 출퇴근한다. 지하철 이용이 매우 중요할 수밖에 없고, 신분당선을 편리하게 이용할 수 있는 곳일수록 아파트가격도 높은 편이다.

수지구의 풍덕천동은 네모난 택지에 반듯반듯하게 자리 잡았다. 옛날 용인시에는 난개발이 많았다. 건설사가 땅을 사고 허가를 받은 후 그대로 아파트를 짓는 일이 많았던지라 잘 나온 사각형 부지에 아파트

를 올리는 경우는 흔치 않았다. 그래서 풍덕천동은 잘 만든 계획도시라는 인상을 풍긴다. 네모난 택지의 장점은 어떤 인프라가 들어서든 도시 전체가 균등하게 혜택을 누릴 수 있다는 것이다. 수지구청역은 아파트단지의 중앙에 위치해 있다. 택지 중앙에 지하철역이 만들어져 상권과 학군이 골고루 잘 발달했다.

인근 아파트는? 수지구청역 인근의 15개 아파트단지의 행정지역은 수지구 풍덕천동이다. 풍덕천동은 아파트 평수와 학교와의 거리, 입지에 따라 선택할 수 있는 아파트가 다양하다. 하지만 수지구청역까지의 거리를 우선으로 아파트단지를 선택하길 권한다. 일자리로 향하는 신분당선은 매우 중요한 노선이다. 당연히 지하철역에 가까울수록 좋다. 거리에 따라 가격도 차이가 난다. 2016년 이전에는 학교 근처가 더 높은 가격에 거래됐으나, 2016년 1월 수지구청역이 개통되면서 인근 시세가 다시 편성된 느낌이다. 어느 단지든 상승기에는 시세가 함께 올라가므로 형편에 맞는 평수와 입지를 선택하면 된다.

아파트 장단점은? 추천 아파트단지의 장점은 첫째가 수지구청역을 이용해 출퇴근이 용이하다는 것이다. 다음으로는 교육환경이 좋다는 점이다. 수지구는 인근 성남시 분당구와 비슷한 느낌이다. 학교가 잘 배치되어 있고, 학원가도 잘 형성되어 있다. 아이들 교육을 중요하게 여기는데, 분당구에 거주하기에는 경제적으로 무리가 있다면 차선으로 선택할 수 있는 지역이다. 주변에 잘 만들어진 녹지와 수지구청역 남쪽에 있는 백화점들로 생활도 편리하다.

이들 아파트의 단점은 일자리와의 물리적 거리를 가장 먼저 꼽을 수 있다. 수지구청역을 이용하면 강남까지 24분이면 갈 수 있지만, 거리상으로는 23km로 경기도 광주나 군포보다도 멀다. 인근인 성남시 분당구보다 인프라가 적은 것도 단점이다. 그래서인지 수지구에 살다가 분당으로 이사하는 경우가 종종 있다.

추천 단지 장점	❶ 수지구청역(신분당선)을 이용한 강남 출퇴근 용이 ❷ 교육환경이 좋음 ❸ 녹지가 잘 조성되어 있음 ❹ 남쪽 성복역 인근 백화점 이용 편리
추천 단지 단점	❶ 인근인 분당에 비해 각종 인프라가 적음 ❷ 자체 일자리가 없음
추천 단지 호재	❶ 판교 제2·3테크노밸리 진행에 따른 일자리 증가 ❷ 분당 리모델링 후 가격 상승 가능

출처: 중앙일보[37]

향후 호재는? 용인시 수지구 아파트들의 향후 호재는 판교의 제2·3테크노밸리와 분당의 리모델링이다. 판교 테크노밸리는 '한국의 실리콘밸리'로 불리며 카카오, NC소프트, 넥슨 등 크고 작은 총 1,300여 기업들이 입주해 있다. 일하는 직원만 6만 4,000여 명에 달한다. 제2·3테크노밸리는 신분당선 판교역 왼쪽 상단에 있는 곳으로 2023년까지 개발 완료를 목표로 하고 있다. 완성되면 2,500여 기업에 13만 명의 직원들이 일하게 될 것으로 전망한다. 근거리에 일자리가 늘어나면 안정된 주거지를 찾는 이들이 몰릴 것이고, 그에 따라 수지구 아파트 수요도 늘어날 것이다.

또 분당 아파트들이 리모델링을 진행할 때 이주 수요가 발생하는 것도 호재다. 분당 리모델링이 완성되고 집값이 상승하면 수지구의 가격도 동반상승할 여력이 생긴다.

단지명	입주 연도	세대수	평형	매매가(만 원)	전세가(만 원)
신정마을 9단지	2000. 5	812	22	74,000	35,000
수지 현대성우8단지	1999. 11	1,239	25	75,000	34,000
상록6단지	2000. 1	393	33	87,000	48,500
상록7단지	2000. 4	670	33	100,000	58,000
진흥6단지	1999. 12	414	32	85,000	40,000
우성6단지	2000. 5	443	34	87,000	50,000
성지5단지	2000. 5	538	38	100,000	45,000
극동임광3단지	2000. 5	424	38	97,000	50,000
신정현대프라임2단지	2000. 2	462	42	115,000	69,000
주공1단지	2000. 3	1,044	25	83,000	38,000
수지한국	1995. 6	416	32	90,000	51,000
한성	1995. 3	774	23	84,000	30,000
현대아파트	1994. 12	1,168	31	97,500	46,500
용인수지동부	1995. 7	612	23	75,000	43,000
수지삼성래미안2차	1995. 12	420	24	75,000	42,000
보원	1994. 12	619	24	70,000	24,000

수원시 광교신도시
대표적인 신도시 성공지!
신분당선 가치는 꾸준히 상승한다

수원시

추천: 광교중앙역(신분당선) 인근 6개 아파트단지
교통: 광교중앙역 이용 편리
학교: 도보권에 초·중·고 배치
생활: 상권과 문화 인프라 풍부

수원시 광교신도시는? 광교신도시는 수원시 영통구 이의동, 하동, 원천동과 용인시 기흥구 영덕동, 수지구 상현동 일부에 걸쳐서 조성된 신도시다. 기존의 신대저수지와 원천저수지를 공원화해 일산호수공원보다 큰 규모의 호수공원을 조성했다. 2007년 착공을 시작해 2011년 입주를 시작했다. 입주 당시에는 교통이 가장 큰 문제였으나 2016년 신분당선이 2차 개통하면서 개선되었다. 광교중앙역은 광교신도시의 랜드마크다. 또한 각종 고속도로가 있어 도로 이용도 편리하다. 이마트와 롯데마트, 갤러리아백화점, 홈플러스가 모두 입점해 문화시설도 편리하게 이용할 수 있다.

출처: 네이버 지도

인근 아파트는?　　광교중앙역 인근 아파트에는 비교적 중대형 평수가 포진해 있다. 광교중앙역을 기준으로 마주 보고 있는 광교자연앤힐스테이트(1,764세대, 2012년 준공)와 힐스테이트광교중앙역퍼스트(211세대, 2021년 9월 분양)에만 중소형 평형이 들어가 있다. 힐스테이트광교중앙역퍼스트에는 20평대만 있지만, 광교자연앤힐스테이트는 전부 30평대다. 이밖에 왼쪽 상단의 광교푸르지오월드마크(350세대, 2015년 준공)는 34평부터 62평으로 구성되어 있는데 40평대가 세대수의 절반 가까이 된다. 서밋플레이스광교(508세대, 2015년 준공)도 40평대로 구성되어 있다. 광교중앙역 위쪽의 e편한세상광교(1,970세대, 2012년 준공)도 39평부터 74평까지 다양한 평형이 있지만 40평대가 절반 이상이다. 광교신도시는 좋은 입지와 인프라, 신분당선의 인기 덕분에 빠르게 상승해 서울 중심가 못지않은 가격대를 형성하고 있다.

아파트 장단점은?　　비싸지만 그만한 가치가 있다. 우선 신분당선으로 강남 출퇴근이 가능하고, 수원 자체 내에도 일자리가 풍부하다. 신도시의 많은 인구수 덕분에 생활 인프라도 빠르게 갖춰졌다. 호수공원 덕분에 자연환경의 쾌적함도 자유롭게 누릴 수 있다. 굳이 약점을 들자면 높은 가격대 때문에 서울 도심으로 이탈할 가능성이 있다는 정도다.

추천 단지 장점	❶ 광교중앙역(신분당선)으로 강남 출퇴근 용이 ❷ 호수공원이 정비되어 거주 쾌적성 높음 ❸ 상권과 문화시설이 잘 갖춰져 있음
추천 단지 단점	❶ 높은 가격대로 서울 도심으로 이탈할 가능성 있음 ❷ 높은 가격대 대비 학원가 형성이 늦어지고 있음
추천 단지 호재	❶ 경기신청사 준공 등으로 일자리 증가

출처: 경기일보[38]

향후 호재는? 광교신도시는 도시 계획이 거의 마무리된 단계로 대형 호재는 남아 있지 않다. 그래도 강남과 도심의 상승력이 있는 한 그 흐름을 따라 꾸준히 상승할 것으로 보인다. 단, 광교택지개발지구 개발의 마지막 단계인 경기융합타운이 완성되면 상승을 기대할 수 있다. 경기융합타운은 광교중앙역 바로 맞은편에 건설되는 복합시설로 경기도청 신청사, 경기도의회, 경기도교육청, 한국은행 경기본부, 경기도서관 등이 입주할 예정이다. 2023년 12월 완공을 목표로 하고 있다.

공공기관과 경기융합타운 내 기업들이 자리를 잡으면 생활 인프라도 좋아지고, 근거리 일자리도 생겨 주거 수요가 증가할 수 있다.

단지명	입주 연도	세대수	평형	매매가(만 원)	전세가(만 원)
e편한세상광교	2012. 12	1,970	47	199,500	100,000
써밋플레이스광교	2015. 2	508	45	166,000	100,000
광교푸르지오 월드마크	2015. 8	350	44	148,000	73,500
자연앤힐스테이트	2012. 11	1,764	33	153,000	8,500
자연앤자이1단지	2012. 12	273	43	173,000	81,500
자연앤자이2단지	2012. 12	522	47	190,000	88,000
광교센트럴타운 60단지	2013. 11	701	34	138,500	70,000

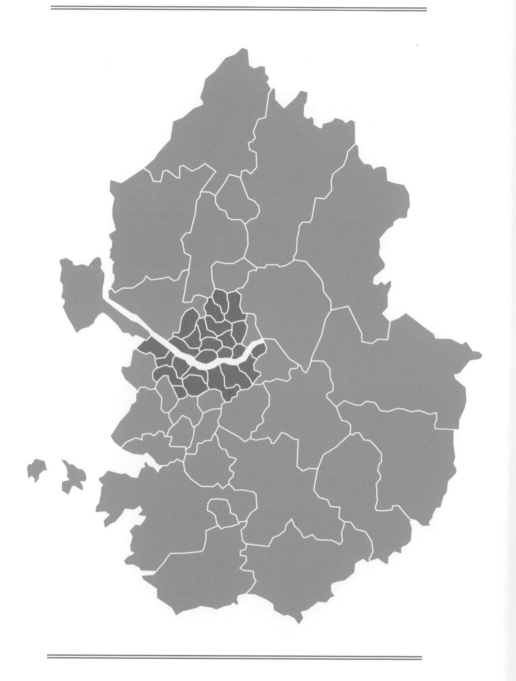

새 아파트를 얻는 빠르고 안전한 청약, 재개발과 재건축

신축이 깡패인 요즘,
재개발과 재건축이 중요한 이유

요즘은 '신축이 깡패'인 시절이다. 위치를 가리지 않고 신축이 잘 팔린다. 편의시설을 갖춘 커뮤니티와 넓은 주차장, 예쁜 조경을 보면 살고 싶은 마음이 절로 든다. 그러나 누구나 신축에 들어가 살 수 있던 시절도 점점 끝나가는 모양이다. 신축에 살 수 있는 가장 좋은 방법은 청약에 당첨되는 것이다. 수도권 안에만 있으면 옆 단지 대비 2~3억 원은 싸게 사는 것이 기본이다. 그러나 높은 가점 때문에 청약이 쉽지 않다. 200 대 1, 300 대 1은 예사라서 '희망고문'이라는 말까지 나온다. 청약가점이 너무 모자라서, 여러 이유로 내 명의의 집이 있어서, 혹은 신축을 사기엔 너무 가진 것이 없어서 등 새 아파트에 살지 못하는 사람에게 남겨진 길은 2가지다.

3장. 새 아파트를 얻는 빠르고 안전한 청약, 재개발과 재건축

첫째, 재건축이 가능한 아파트를 사서 기다린다.

둘째, 재개발이 가능한 주택을 사서 기다린다.

물론 두 방법 모두 새 아파트가 거저 주어지는 것은 아니다. 기본적으로 재개발과 재건축은 기존에 있는 건물(노후한 아파트와 주택, 상가 등)을 부수고 새로운 아파트를 짓는 일이다. 면적이 넓은 만큼 지난한 과정을 거쳐야 한다. 자칫하면 새 아파트를 사는 것만큼의 비용이 들기도 하고, 새 아파트에 들어가지 못하는 물건을 사는 사고(?)가 발생하기도 한다. 공부한 만큼, 또 발품을 판만큼 시간과 돈을 절약할 수 있다.

재건축 재개발을 통해 새 아파트를 갖고 싶다면 최소 2~3권의 전문서적과 관련 방송 듣기를 추천한다. 현재 물건이 새 아파트로 바뀔 때 들어가는 비용과 새 아파트로 만들어질 시점, 새 아파트로 바뀌었을 때 내가 얻는 이익을 계산할 수 있는 수준이 되었을 때 실전에 들어가야 한다. 다소 전문적이고 어려운 부분이 있더라도 이 과정을 거쳐야 극단적으로 '돈이 공중에 흩어지는' 사고를 막을 수 있다.

다음에 소개하는 재건축과 재개발 추천지는, 이런 공부를 다 한 후에 가장 사업성이 좋고 실현 가능성이 큰 지역을 검토할 때 꼭 한 번 고민했으면 하는 곳들이다. 여기서 소개하는 재개발 재건축 추천지의 기준은 명확하다. 첫째 확실히 사업이 진행되는 곳, 둘째 지금 들어가더라도 현실적으로 투자가 가능한 곳, 셋째 사업이 마무리됐을 때 확실한 수익을 낼 곳이다.

흔히 재건축보다 재개발이 리스크가 높다고 알려져 있다. 그도 그럴 것이 재건축은 오래된 아파트를 부수고 새 아파트를 짓는다. 설사 재건축 사업이 늦어지고 취소되더라도 현재의 낡은 아파트라도 남아 있다. 아무리 낡은 아파트라도 내부 수리를 하면 내가 들어가 살 수 있고, 그것이 어렵다면 전세금을 받고 임차인을 구할 수도 있다. 그러나 재개발은 내가 들어가 살기도, 세입자를 들이기도 어려울 수 있다. 정말 낙후된 동네에 치안도 엉망이라면 집을 비워둘 수밖에 없고 그대로 투자금만 묶인 채 아무것도 할 수 없는 지경이 되기도 한다. 그래서 기준을 명확히 해야 한다.

재개발지로 선택한 상계뉴타운과 수색증산뉴타운, 광명뉴타운은 여러 개 중 최소 1~2곳 이상의 사업이 완료되어 새로운 아파트가 준공된 곳들이다. 이렇게 실제 완성된 사업지가 있는 곳은 성공사례가 눈에 보이는지라 다소 시일이 걸리더라도 사업이 완료될 확률이 높다. 사업 자체로 봐도 중부 능선은 넘었다고 자신한다. 게다가 어느 모로 계산해 봐도 지금 새 아파트를 사는 것보다 가성비 높은 결과를 얻을 수 있다. 그래도 당장 살 집으로 아파트가 꼭 필요한 사람이라면 재개발은 추천하기 어렵다. 재개발은 새 아파트를 갖고 싶은데 새 아파트를 가질 여력이 안 되는 사람이 선택할 수 있는 최선책이다.

재개발과 재건축, 특히 재개발 지역의 주택가격은 정부 정책이나 유동성에 매우 민감하게 반응한다는 점을 기억하자. 실제로도 IMF나 국제금융위기처럼 쓰나미가 몰아치던 시절에는 재개발에 돈이 묶여 고통받는 사람이 상당히 많았다. 실제 가치가 작으니 가장 먼저 가격이 내려갔다. 자고 일어나면 몇천씩 집값이 내렸다. 마찬가지로 정부 정책도 지대한 영향을 미친다. 호의적인 정부가 있는가 하면 그렇지 않은 정부도 있다. 재건축 재개발을 막는 정책을 내놓거나, 허가를 내주지 않으면 시간이 오래 걸린다. 임대비율을 올리고, 분양가 상한제를 적용하고, 환경영향평가를 다시 요구하기도 한다. 시간이 늘어질수록 사업성은 떨어지고 수익도 지연된다. 재개발과 재건축은 준공이 모두 끝나봐야 가치를 알 수 있다. 투자금에 손해를 볼 확률은 낮지만 시간이 얼마나 걸릴지는 알 수 없다. 수익이 높은 만큼 리스크도 크다는 것을 반드시 명심해야 한다. 재개발과 재건축 사업이 잘 진행될 때는 집값이 상승할 때다. 일반적으로 땅값이 비싸질수록 사업에도 속도가 난다. 입지가 좋다면 금상첨화다.

　마지막으로 재개발 재건축 물건을 찾는 이들에게 도움이 될 만한 팁 3가지를 정리해보자.

　첫째, 물건을 알아볼 때는 블로그를 운영하는 부동산중개사를 찾는 게 좋다.

　재개발 물건은 경험과 노하우가 필요하다. 재개발 지역의 주택은 다양성이 너무 많다. 아파트는 그나마 그게 그거일 수 있지만 재개발은 개별 물건마다 지분이 다르고 평가액이 다르다. 그래서 시세도 불투명하게 느껴진다. 부동산중개사가 물건과 시장, 거래에 대해 잘 알아야 한다. 블로그를 운영하는 중개사들은 물건을 많이 알고, 재개발 물건에 대해서도 비교적 잘 파악하고 있다. 경험이 많고 노하우가 있으면 책임

중개를 기대할 수 있다.

둘째, 스스로 브리핑받은 물건을 복기할 능력을 갖춰야 한다.

보통 물건을 찾으면 부동산중개사가 수익성 비교를 해준다. 몇 평 분양이 가능하고, 대출이 얼마까지 나오고, 실투자금이 얼마까지 들어간다는 식으로 A, B, C 물건을 비교해준다. 보통은 부동산중개사를 신뢰하고 물건을 비교해서 고르게 된다. 그러나 100% 신뢰는 금물이다. 돈이 오가는 부분뿐만 아니라 사업진행 단계에서 어떤 리스크가 있는지도 알아야 한다. 정비사업은 단계마다 프리미엄이 다르고 시세도 달라진다. 이를 이해하고 그것에 맞게 평가해야 한다. 이런 과정이 없다면 시간과의 싸움에서 이길 수 없다. 시세의 부침에 귀가 팔랑거리다 보면 조급함에 물건을 던지기 일쑤다.

셋째, 재개발 재건축 진행을 통해 얻는 이익이 무엇인지 확실히 점검해야 한다.

재개발과 재건축 물건을 구입하는 가장 큰 이유는 새 아파트를 갖기 위해서다. 그러나 그보다 더 큰 이유는 '싸게 사기' 위해서다. 얼마나 싸게 살 수 있는지 알아야 베팅을 하든 말든 결정할 수 있을 것이다. 정비사업을 통해 내 집을 마련하면 크게 두 곳에서 이익이 발생한다. 첫째, 조합원분양가와 일반분양가의 차액이다. 둘째, 분양 아파트와 기존 아파트의 차액이다. 보통 조합원분양가는 일반분양가의 60~70% 수준이다. 몇억의 차이가 있다. 재개발 재건축은 분양 시 '자동 당첨'이라서 주변시세 대비 차액만큼 이익을 얻을 수 있다. 신축이 12억 원인데 분양가가 9억 원이라면 3억 원은 내 이익이다.

　　예를 들어보자. A 재개발구역에 무허가 건물을 샀다. 땅은 나라 것이고, 내가 사는 것은 건물에 대한 소유뿐이다. 그래도 '주택정비사업'이기 때문에 무허가 건물로 인정받으면 입주권이 나온다. 만일 24평형 분양권이 나오는 이 주택을 4억 원에 샀다면, 나는 시세 대비 얼마나 저렴하게 새 아파트를 장만한 것일까? 인근 24평형 새 아파트가 11억 원이라고 가정해보자. 조합에 문의해보니 일반분양가가 8억 원, 조합원 분양가는 5억 원을 예상한다. 일단 일반분양가 대비 3억 원이라는 이익을 얻었다. 여기에 주변시세와 분양 아파트는 3억 원의 차액이 발생한다. 내가 얻은 이익은 6억 원이다. 그런데 비용이 4억 원이었으므로 결과적으로는 2억 원의 이익이 생긴 것이다.

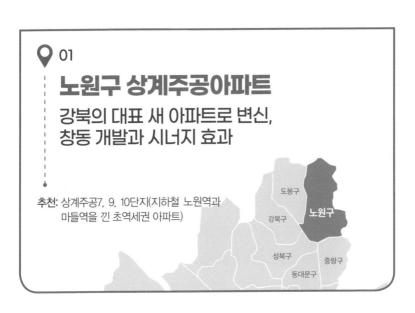

노원구 상계주공아파트
강북의 대표 새 아파트로 변신, 창동 개발과 시너지 효과

추천: 상계주공7, 9, 10단지(지하철 노원역과 마들역을 낀 초역세권 아파트)

노원구 상계동은? 서울의 북쪽 끝자락에 있는 대단위 아파트단지다. 1985년 11월부터 건설이 시작되었고, 1989년에 모든 단지가 완공되어 재건축 연한 30년을 넘겼다. 당시에는 저소득층에게 주택을 공급한다는 차원에서 대단위 아파트가 공급되었다. 5, 8단지는 저층(5층)으로 이루어져 있었는데, 8단지는 2020년 12월 포레나노원으로 재건축되어 입주까지 마무리되었다. 포레나노원이 새 아파트의 위용을 자랑하면서 재건축 열풍이 강해졌고 시세도 상승 중이다.

3장. 새 아파트를 얻는 빠르고 안전한 청약, 재개발과 재건축

노원 상계주공아파트 16개 단지 재건축 사업 현황

출처: 시사저널[39]

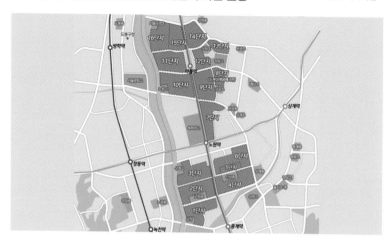

노원구 재건축 추진 현황

출처: 뉴스핌[40]

지역	단지명	가구수	추진단계
하계동	극동건영벽산	1,980	예비안전진단 통과
	현대우성	1,320	예비안전진단 추진
	하계장미	1,880	정밀안전진단 추진
	청구	1,200	정밀안전진단 추진
	한신	660	정밀안전진단 추진
상계동	상계주공1단지	2,064	예비안전진단 통과
	2단지	2,029	예비안전진단 신청
	3단지	2,213	예비안전진단 신청
	4단지	2,136	예비안전진단 통과
	5단지	996	예비안전진단 통과
	6단지	2,646	예비안전진단 통과
	10단지	2,654	예비안전진단 신청
	11단지	1,944	예비안전진단 통과
	13단지	939	예비안전진단 신청
	14단지	2,265	예비안전진단 통과
	16단지	2,392	예비안전진단 신청
월계동	시영아파트	3,930	예비안전진단 추진
	삼호4차	910	예비안전진단 추진

상계주공아파트의 입지는? 상계주공아파트는 노원을 중심으로
위아래로 펼쳐져 있다. 노원역은 4호선과 7호선 더블역세권으로 상권
이 잘 갖춰져 있다. 서울의 3대 학원가로 불리는 중계 학원가도 인근이
다. 서울 출퇴근과 아이들 교육, 생활 인프라 이용에 큰 어려움이 없다.
다만 최근 재건축 바람이 불면서 가격이 많이 상승했고, 전세가와 매매
가 사이의 갭도 벌어지는 추세다.

창동 개발사업 예정지 출처: 매일경제[41]

상계주공아파트의 호재는? 상계주공아파트의 호재는 창동역
세권 개발을 빼놓을 수 없다. 창동역세권 개발은 창동역에 연면적 8만
7,025㎡ 규모의 복합쇼핑몰을 짓는 사업으로, 2004년 건축허가를 받
고 2007년 12월부터 공사가 시작되었다. 2010년에는 공정률 27.5%에

3장. 새 아파트를 얻는 빠르고 안전한 청약, 재개발과 재건축

서 공사가 멈췄다가 수년 후 서울시에서 '창동 창업·문화산업단지'를 조성한다는 계획을 발표하면서 다시 창동역세권 개발 바람이 불기 시작했다. 창동에는 수도권 광역급행철도(GTX) C노선 개통도 호재로 남아 있다. 강북 지역의 약점은 최대 업무지역인 강남으로의 접근성이 떨어진다는 것인데, GTX C노선이 개통되면 창동에서 삼성까지 11분이면 이동할 수 있게 된다. 덧붙여 창동역 인근 아파트 재건축도 호재로 작용한다. 창동지구와 상계지구는 앞서거니 뒤서거니 재건축 사업을 이어가고 있다. 어느 쪽이든 재개발이 본격화되어 이주 수요가 발생하고 새 아파트가 들어서면 서로 가격을 견인하며 상승력을 높일 것이다.

단지명	입주 연도	세대수	평형	매매가(만 원)	전세가(만 원)
상계주공7단지	1988. 7	2,634	21	78,500	25,000
상계주공9단지	1988. 10	2,830	24	76,000	28,000
상계주공10단지	1988. 9	2,654	24	79,900	23,000

강서구 가양동
9호선과 마곡지구로 재평가된 지역, 재건축 호재도 남았다

추천: 가양주공 2, 6단지(재건축 시 한강뷰 가능)

강서구

양천구

가양주공아파트는?　　가양동은 서울에서 한강을 끼고 있는 지역 중 비교적 가격이 저렴한 곳이다. 1960년대까지 김포에 속해 있을 정도로 김포와 가깝지만 9호선이 개통되고 마곡지구가 개발되면서 높은 관심을 받게 됐다. 과거 서민을 대상으로 지어진 곳으로 학교와 상업시설이 충분하지는 않다. 그럼에도 불구하고 수요가 많이 늘어 최근에는 가격이 많이 상승했다. 가양동 주공아파트의 건축 연도는 1990년대 초반으로, 다른 대단위 주공아파트보다 오래된 것은 아니다. 하지만 이미 재건축 연한인 30년이 임박해 재건축을 바라는 수요가 들어오고 있다. 선점의 의미가 큰 지역이다.

3장. 새 아파트를 얻는 빠르고 안전한 청약, 재개발과 재건축

공암나루
근린공원

영등포공업
고등학교

아파트

구암근린공원

가양2동
주민센터

가양2동

강서한강자이
아파트

대림경동
아파트

가양4단지
아파트

가양강변3단지
아파트

홈플러스

파리바게뜨

가양5단지
아파트

가양6단지
아파트

등촌동
SBS공개홀

이가 바지락
손칼국수

①
⑩

가양
아파트

가양8단지
아파트

경서중학교

가양3동

가양7단지
아파트

등촌주공
9단지아파트

③

④

⑨
가양역

⑤
⑥ 강나루현대아파트

가양3동
주민센터

등촌주공
7단지아파트

⑧
⑦

더스카이밸리5차
지식산업센터

가양
글로벌퍼스트

가양

강서구민올림픽
체육센터

마포고등학교

홈플러스

기아자동차

증미역

⑨

이마트

경복여자
고등학교

경복비즈니스
고등학교

CGV 등촌점

뚜쓰뚜스

강서IT밸리

④

⑨

③

서울부민병원

출처: 네이버 지도

SK

IBK기업은행

등촌동현대

등촌1동

가양주공아파트의 입지는? 가양주공아파트 2단지와 6단지는 한강을 끼고 있으면서, 재건축할 수 있는 단지 중 제일 싼 곳이다. 대중교통으로는 9호선인 가양역과 증미역을 이용할 수 있다. 9호선은 일자리 수요가 많은 마곡과 강남까지의 접근성이 좋아서 인기가 많다. 최근에는 개화행을 이용해 마곡으로 출퇴근하는 사람도 많아졌다. 현재 약점은 상권과 학군인데, 재건축이 이루어지고 정비가 마무리되면 수요 증가에 따라 상점도 활성화되고 학원가도 형성되어 모든 단점이 해소될 것으로 기대된다.

출처: 국토부

가양주공아파트의 호재는? 가양주공아파트의 위상은 마곡지구에 예정된 기업들이 다 들어오면 더 높아질 것이다. 가양동 CJ부지 개발도 좋은 호재가 될 수 있다. 해당 용지는 10만 5,775㎡로 복합시설건설이 논의 중이다. 2020년 접수된 계획안에 따르면 삼성동 코엑스(연면적 46만㎡)보다 1.5배 이상의 연면적을 가진 건물이 들어설 수도 있다. 일자리와 상업시설이 갖춰진 복합시설이 건설되면 가양동의 단점인 부족한 상업시설 문제를 해결할 수 있을 것이다. 전문가들 역시 CJ부지가 개발되면 가양동아파트단지도 주거·상업 복합 공간으로 탈바꿈할 것이라고 예상한다.

단지명	입주 연도	세대수	평형	매매가(만 원)	전세가(만 원)
동신대아	1993. 6	660	48	165,000	80,000
한강타운	1993. 6	990	31	135,000	40,000
가양성지2단지	1992. 11	1,624	17	80,000	21,000
가양중앙하이츠	1999. 4	181	45	129,000	70,000
강서한강자이	2013. 9	790	34	136,000	72,500
한보구암마을	1999. 2	359	22	82,000	46,000

03

광명시 하안동
가산과 구로 디지털단지의 배후지,
재건축은 언젠가 실현될 호재

추천: 하안주공 3, 4, 6, 7단지(우체국사거리역이
　　　신설되면 초역세권 아파트로 변모함)

광명시

광명시 하안동은? 광명시 하안동은 1989년 이후 1990년대까지 대단위 개발이 진행된 지역으로, 현재는 재건축 아파트와 기존의 주공 아파트가 혼재한다. 광명시 안에서는 철산동 다음으로 하안동이 좋은 입지로 꼽힌다. 지하철역은 없지만 잘 정비된 도로와 생활환경으로 주거 만족도가 매우 높다. 또한 철산역과 가까운 단지들은 이편한센트레빌(하안본주공1단지), 두산위브트레지움(하안본주공2단지)으로 2000년대 초반 재건축이 진행되었다. 철산역 인근인 철산주공아파트 재건축이 진행됨에 따라 하안주공아파트도 재건축 바람이 일고 있다. 하안주공아파트는 총 13개 단지로 구성되어 있다. 모두 1989년과 1990년에 준공되어 재건축 연한인 30년을 넘기고도 3년이 더 흘렀다. 하안동은 위로는 철산동과 아래로는 소하동, 일직동으로 이어지는 주거벨트의 한 축

이다. 가까이에 일자리가 있고 근거리에서 KTX도 이용할 수 있다. 재건축이 완성된다면 고급 대형 편의시설도 갖춰져 더욱 살기 좋아질 것이다.

경기 광명시 하안동 재건축 예정 아파트 현황

출처: 이투데이[43]

단지명	가구 수	면적(㎡)
하안주공 1·2	1980	10만8202
하안주공 3·4	3단지(2220), 4단지(1346)	13만1896
하안주공 5	2176	8만9955
하안주공 6·7	6단지(1260), 7단지(1342)	10만1824
하안주공 8	1680	8만7904
하안주공 9	1818	8만2046
하안주공 10·11	10단지(2032), 11단지(1080)	12만5752
하안주공 12	2392	11만6499
하안주공 13	3292(영구임대주택단지)	7만3590
광명·하안현대	593	2만1680

하안동 아파트의 입지는? 광명시 하안동은 서부간선도로가 이어지는 안양천을 두고 금천구 독산동을 마주 본다. 크게는 격자형으로 정비된 오래된 주공아파트단지로 곳곳에 학교가 있고, 상가도 발달해 도보권 안에서 편의시설을 이용할 수 있다. 안양천을 건너면 일자리가 많은 가산디지털단지가 있고, 조금 더 들어가면 구로디지털단지까지 이어진다. 실제 두 곳으로 출퇴근하는 이들도 상당하다. 버스를 타고 7호선 철산역이나 1호선 독산역으로 이동할 수 있다. 7호선으로 강남 출퇴근이 가능하다.

광명 노온사동 차량기지 위치도

출처: 한국일보[44]

하안동아파트의 호재는? 하안동아파트의 호재는 자체 재개발과 주변여건 개선, 구로차량기지 이전에 따른 지하철역 신설과 신안산선 개통 등 다양하다. 철산동과 광명동에서는 재개발사업이 한창이다. 구축주택과 아파트들이 허물어지고 새로운 아파트가 올라가면서 신고가를 연일 갱신하고 있다. 하안동아파트들의 재건축 기대감도 상당하다.

구로차량기지 이전에 따라 하안동 우체국사거리에 지하철역이 신설될 예정이다. 국토교통부는 구로차량기지를 광명시 노온사동으로 이전하겠다고 밝혔는데, 2026년까지 노온사동 밤일지구와 도덕산 일대에 15만~20만㎡ 규모의 차량기지가 조성될 것이라고 한다. 지하철역 신설로 교통 문제가 해결된다면 하안동아파트의 가장 큰 단점을 해소하게 된다. 신설 지하철역 인근의 아파트가 가격 상승을 주도할 것으로 보인다.

3장. 새 아파트를 얻는 빠르고 안전한 청약, 재개발과 재건축

단지명	입주 연도	세대수	평형	매매가(만 원)	전세가(만 원)
주공3단지	1989. 10	2,220	18	61,000	28,000
주공4단지	1989. 10	1,346	25	71,200	30,000
주공6단지	1990. 3	1,260	15	59,000	24,000
주공7단지	1990. 3	1,342	25	75,000	34,500
주공12단지	1990. 11	2,392	23	82,000	45,000
주공11단지	1990. 6	1,080	21	69,800	32,000

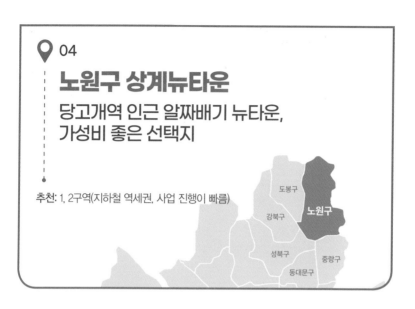

04

노원구 상계뉴타운
당고개역 인근 알짜배기 뉴타운, 가성비 좋은 선택지

추천: 1, 2구역(지하철 역세권, 사업 진행이 빠름)

도봉구
강북구
노원구
성북구
중랑구
동대문구

노원구 상계동은?　　상계뉴타운은 노원구 상계동 당고개역 쪽의 낙후된 주거지를 개발하는 사업이다. 상계동은 잘 알려진 아파트숲이지만 북동쪽에는 다세대주택이 밀집되어 있다. 지하철 4호선 당고개역 앞인데 매우 낙후된 곳이라 아는 이들이 많지 않다. 당고개역 인근 47만㎡를 6개 구역으로 나눠 재개발을 진행한다.

상계뉴타운의 입지는?　　상계뉴타운은 지하철 당고개역의 초역세권이다. 동부간선도로 등 교통 인프라도 잘 갖춰져 있다. 크게 주목받지 못하고 있지만 강북에 미니 신도시급 주거촌이 만들어지는 셈이다. 기존의 중계동 학원가와 가까워 교육환경이 우수하고, 수락산과 불암산 사이에 위치해 주거환경도 쾌적할 것으로 기대된다.

서울 노원구 상계뉴타운 재개발 현황

출처: 이투데이[45]

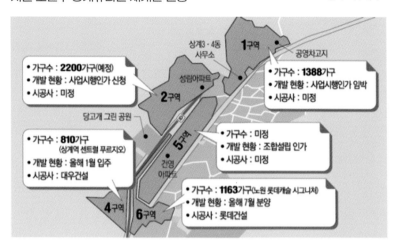

왕십리~상계 동북선 경전철

출처: 매경이코노미[46]

상계뉴타운의 호재는? 최근 노원구와 도봉구, 강북구 아파트가격이 상승하면서 탄력을 받기 시작했다. 또한 2021년 초 4구역에 노원 센트럴푸르지오(810세대)가 입주하고 24평 기준인 아파트가 10억 가까이에 거래되면서 나머지 구역들도 사업에 박차를 가하고 있다.

2021년 8월 왕십리역과 노원구 상계역을 연결하는 동북선 경전철 공사가 본격적으로 시작되었다. 동북선 경전철은 왕십리역을 시작으로 총 13.4km 구간 16개소 정거장을 지나는데, 개통되면 왕십리에서 상계동까지 25분 만에 주파할 수 있게 된다. 2025년 완공을 목표로 추진 중이다. 여기에 수도권광역급행철도(GTX) C노선이 확정되면 그동안 상계동의 단점으로 지적되던 강남 접근성이 크게 향상된다. 교통 호재와 함께 상계뉴타운을 향한 관심이 증폭되는 분위기다.

3장. 새 아파트를 얻는 빠르고 안전한 청약, 재개발과 재건축

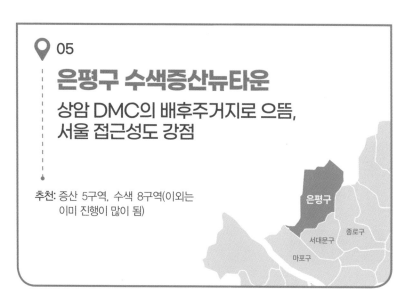

05

은평구 수색증산뉴타운
상암 DMC의 배후주거지로 으뜸,
서울 접근성도 강점

추천: 증산 5구역, 수색 8구역(이외는
이미 진행이 많이 됨)

은평구
종로구
서대문구
마포구

수색증산뉴타운은? 2021년 3월 정부에서 발표한 '도심공공주택 복합사업' 후보지로 증산4구역이 선정되자 재개발이 시작된다는 기대감이 높아졌다. 수색증산뉴타운의 증산4구역은 뉴타운 지정은 됐으나 사업 속도가 나지 않아 '일몰제 해제'된 구역이다. 공공주도 복합개발사업으로 근 20년 만에 다시 재개발 문턱을 넘었다.

수색증산뉴타운은 서울시 서북부에 있는 은평구 수색동과 증산동 일대 79만 3,028㎡ 부지에 진행되는 재개발사업이다. 수색 1~14구역, 증산 1~6구역을 합쳐 총 20개 구역으로 추진되는 대규모 사업이다. 오래전부터 재개발 수요가 있었으나 2005년 뉴타운 지정 이후 난항이 길게 이어졌다. 2017년 6월 DMC롯데캐슬 더 퍼스트(수색4구역, 2020년 입주)가 분양을 시작하면서 본격적으로 개발이 시작되었다. 2018년에는 디지털미디어시티 인근 DMC SK VIEW(수색 9구역, 2021년 11월 입주)를 분양했고 뒤이어 여러 구역이 재개발에 성공해 위용을 드러냈다.

수색증산뉴타운 일대 주요단지

출처: 뉴스1[47]

위치	은평구 수색·증산동 일대
가구수	총 13,019가구
면적	792,985.2㎡
구역	진행 단계
수4	DMC 롯데캐슬더퍼스트, 2020년 6월 입주
수9	DMC SK리더스뷰 분양 예정
매화마을2단지	GS건설 재개발 예정

3장. 새 아파트를 얻는 빠르고 안전한 청약, 재개발과 재건축

수색증산뉴타운의 입지는? 서대문구 가재울뉴타운과 붙어 있는 수색증산뉴타운은 800여 개의 미디어/IT 기업이 입주한 상암동 DMC 배후의 뉴타운으로 자리매김하고 있다. 상암 DMC는 약 600개 기업, 약 6만여 명의 종사자가 방송·영화·게임·음반·IT 관련 기업, 공기업 등에서 근무하고 있고, MBC 사옥과 누리꿈스퀘어, KGIT 센터, tvN, CJ E&M 등 다양한 미디어 그룹도 자리 잡고 있다. 게다가 수색증산뉴타운은 DMC역과 경의중앙선 수색역, 6호선 증산역과 맞닿는다. 상암동 DMC 이외에 서울 중심 업무지역으로의 이동에도 불편이 없다. 마곡, 마포, 여의도, 일산, 파주 이동이 쉬운 지역이라서, 상암동과 하나로 묶여 서북부 업무 및 주거 중심지로 발전할 것이다. 앞으로 2023년까지 총 6,692가구의 아파트촌으로 탈바꿈할 예정이다.

수색역 일대 철도시설부지 개발 내용   출처: 세계일보[48]

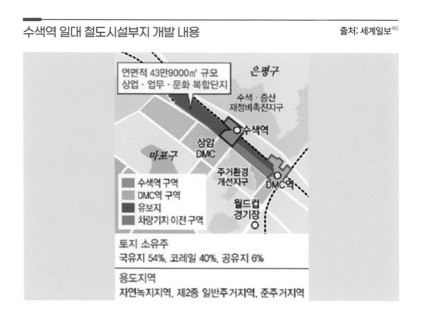

수색증산뉴타운의 호재는? 2018년 코레일은 수색역세권과 디지털미디어시티(DMC)역을 개발하는 사업자로 롯데쇼핑을 선정하고 서울시와 함께 수색역 차량기지 이전 방안을 마련한다고 밝혔다. 수색증산뉴타운의 최대 단점은 일자리인 DMC와 물리적으로는 가깝지만, 그 사이에 철도 차량기지가 있어 상암 쪽으로 넘어가기가 어렵다는 것이다. 상암동과 수색동을 연결하는 수색역세권 개발사업이 진행 중이다. 서울시와 코레일은 총 1조 7,000억 원을 투자해 2025년까지 수색역 일대를 개발할 예정이다. 이들 사업이 마무리되면 철도로 단절된 지역이 하나의 생활권으로 묶여 근접이 완성될 것이다.

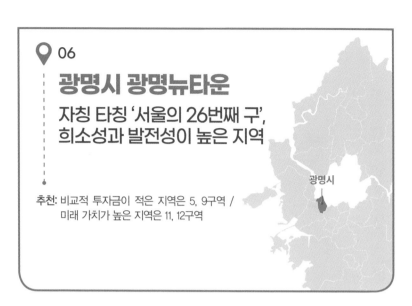

06

광명시 광명뉴타운
자칭 타칭 '서울의 26번째 구', 희소성과 발전성이 높은 지역

광명시

추천: 비교적 투자금이 적은 지역은 5, 9구역 / 미래 가치가 높은 지역은 11, 12구역

광명뉴타운은? 광명시는 서울시의 서남부로 금천구, 구로구와 인접해 서울시의 한 구로도 불릴 정도로 근접성이 매우 높은 도시다. 재개발사업은 구도심인 광명동과 철산동 일대의 노후 지역을 재개발하기 위해 추진되었다. 지하철역으로는 철산역과 광명사거리역을 끼고 있고 면적은 230만㎡에 달했다. 원래는 4만 5,000가구 규모로 23개 구역이 재정비 촉진지구로 지정됐으나 금융위기 이후 부동산 시장이 위축되면서 2014년에 절반인 12개 구역이 해제되고 11개 구역만 남았다. 그럼에도 불구하고 경기권 뉴타운 중 최대 규모(114만 6,000㎡)를 자랑하며 약 2만 5,000가구의 새 아파트가 공급될 예정이다.

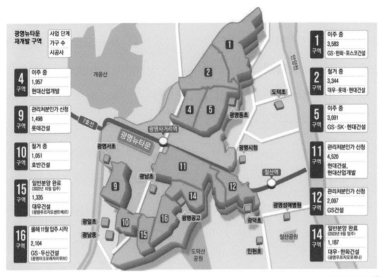

출처: 매일경제[49]

광명뉴타운의 입지는? 서울시의 구로구, 금천구와 근접한 데다가 생활여건도 좋아 경기도에서도 상당히 높은 인기를 얻고 있다. 지하철 7호선 광명사거리역을 이용해 환승 없이 강남으로 이동할 수 있고, 차로는 강남순환고속도로를 이용해 30분 정도면 강남에 진입할 수 있다. 광명동 북쪽은 1호선 개봉역을 통해서도 서울역 등 도심으로 이동할 수 있다. 광명시 아래쪽으로는 제2경인고속도로 광명IC를 이용할 수 있으며, 수원-광명고속도로 이용도 용이하다.

 영역 내부 텍스트:

수도권 3기 신도시 추가

● 기존 발표 3기 신도시
● 2.24일 신규발표
(이후 신규 공공택지
입지물량 순차 공개)

남양주 왕숙
면적 1134만㎡
주택수 6.6만

고양 창릉
면적 813만㎡
주택수 3.8만

인천 계양
면적 335만㎡
주택수 1.7만

부천 대장
면적 343만㎡
주택수 2만

하남 교산
면적 649만㎡
주택수 3.2만

GTX-A

서울

GTX-B

광명 시흥
면적 1271만㎡
주택수 7만

GTX-C

20km
30km
40km

광명뉴타운의 호재는? 광명뉴타운은 광명시의 호재를 같이 받는다. KTX 광명역 일대는 광명역세권 개발사업으로 2004년 역 신설 이후 이케아 광명점, 롯데아울렛 광명점이 들어섰고, 2022년에는 광명 국제디자인클러스터가 준공되며 중앙대학교광명병원도 개원한다. 또한 2021년 정부에서는 광명시와 시흥시에 걸친 광명·시흥지구를 조성한다고 발표했다. 3기 신도시의 여섯 번째 지구인 광명·시흥지구는 현재 광명시 왼쪽 하단 1,271만㎡에 7만 가구가 들어선다. 광명·시흥지구에는 남북으로 철도망이 구축되어 GTX B, 제2경인선, 신안산선 등 광역철도망과도 연계된다. 종합해보면 앞으로 광명시에는 현재 운행 중인 지하철 7호선과 KTX 외에도 수도권광역급행철도(GTX) B노선, 신안산선, 월곶판교선, 제2경인선 등이 더 들어서게 된다. 광명뉴타운이 완성된다면 광명동과 철산동 일대의 뉴타운과 철산동의 준신축 아파트, 그리고 하안동으로 이어지는 거대한 주거벨트가 완성될 것이다. 서울과 근접한 배후주거지로서 어느 때보다 높은 인기를 누리게 될 것이라 예상한다.

참고 문헌 자료

1) "미분양 소진은 남의 말"… 여전히 남은 서울 '미분양 끝판' 단지는 어디?, 《조선비즈》, 2015년 4월 28일 자

2) 분양價 누를 때마다 공급↓… 3~4년 후 집값 폭등 불렀다, 《한국경제》, 2019년 7월 12일 자

3) https://post.naver.com/viewer/postView.nhn?volumeNo=28837713&memberNo=16296850&vTy pe=VERTICAL

4) 민주화 원년 1987년, 국민소득도 세계평균 넘겼다, 《노컷뉴스》, 2019년 3월 5일 자

5) https://content.v.kakao.com/v/5ade99ae6a8e5100011879af

6) 걸려도 솜방망이…부동산 시세조작의 유혹, 《아시아경제》, 2018년 10월 23일 자

7) "강남 집값 잡겠다더니"…평당 '1억' 아파트 단지 '속출', 《뉴시스》, 2021년 8월 17일 자

8) 김현미 "영끌 말고 청약" 발언 불구…30대, 주택구매에 온 힘 쏟는다, 《시사저널》, 2020년 11월 18일 자

9) "수도권 출근 30분대로"… GTX A노선 첫삽 떴는데 "D노선 추가", 《동아일보》, 2019년 11월 1일 자

10) "언론 보도 때문에 서울 집값 올라"… 보고서 낸 국토연, 《뉴시스》, 2021년 9월 2일 자

11) (1·11대책 참여정부 부동산대책 일지, 《이데일리》, 2007년 1월 11일 자

12) 서울 일자리 30%·회사 20% '사통팔달' 강남3구에 있다, 《서울신문》, 2020년 1월 19일 자

13) 서울 6개 자치구, 일자리 50% 차지, 《서울타임스》, 2011년 9월 27일 자

14) "강남은 국제업무, 여의도·영등포는 금융 허브로", 《한국경제》, 2013년 9월 26일 자

15) 문정·마곡·사당·창동 '8대 광역 거점'…서울 외곽 확 바뀐다, 《한국경제》, 2011년 4월 5일 자

16) '단군이래 최대 리모델링' 남산타운의 운명은?, 《비즈니스워치》, 2021년 6월 29일 자

17) 성수동, 50층 재개발 추진… 한강변 '랜드마크' 예고, 《시사저널e》, 2019년 5월 21일 자

18) 9호선 4단계 개통 얼마 걸릴까, 《한국경제》, 2018년 5월 28일 자

19) 왕십리~상계 25분에 달린다… '동북선 도시철도' 본격 추진, 《시사저널e》, 2018년 7월 5일 자

20) 광운대 역세권 개발의 수혜주 장위뉴타운, 《한국경제》, 2020년 6월 9일 자

21) 사통팔달 교통요지 청량리, 천지개벽 개발이벤트 용틀임, 《스카이데일리》, 2019년 3월 29일 자

22) "신분당선 들어온다" 은평뉴타운 집값 '들썩', 《이투데이》, 2021년 7월 9일 자

23) "8년 만에 첫삽뜨지만"…규제에 '쇼핑몰 아닌 듯 쇼핑몰된' 롯데몰 상암, 《머니투데이》, 2021년 2월 3일 자

24) 불붙은 광명뉴타운 정비사업…'광명4구역' 행정절차 마무리, 《뉴스핌》, 2020년 1월 29일 자

25) 구로차량기지 최고 50층 주거·상업 복합지구로 개발, 《한국경제》, 2019년 4월 23일 자

26) "재건축 풀어주나" 목동 2·3단지, 1차 안전진단 통과, 《매일경제》, 2021년 2월 10일 자

27) 부동산의 저력 '교통', 새로운 길 생기는 분양 핫플레이스 4곳, 《조세금융신문》, 2020년 6월 24일 자

28) 노량진5구역, 대우건설 '써밋' 유력… '무혈 입성' 할 수도, 《뉴스웨이》, 2021년 8월 19일 자

29) 8호선·GTX 호재…집값 날개 단 '남양주의 리더' 다산신도시, 《매일경제》, 2021년 8월 2일 자

30) 단지 바로 앞 GTX 킨텍스역 예정…서울 강남 접근성↑, 《한국경제》, 2016년 4월 21일 자

31) "치솟는 마곡집값…실수요자들 '김포·부천·고양' 기웃", 《시사저널》, 2018년 5월 31일 자

32) 계양 3기신도시 사전청약 15일부터 2개 블록 1050세대…2023년 본 청약, 《인천일보》, 2021년 7월 7일 자

33) GTX B 노선 추진에 속도 붙나… 기재부 "내년 본격 투자", 《인천in》, 2021년 8월 10일 자

34) 주목받는 '배곧신도시'…"부산·대구에서도 와요", 《머니투데이》, 2015년 5월 17일 자

35) GTX C노선 군포 금정역세권 개발로 부동산 가치 급상승, 《경기신문》, 2021년 2월 16일 자

36) 분당 리모델링 어디까지 왔나 | 천당 아래 분당 명성 되찾을까… 성남시도 리모델링 지원 사격, 《한국주택경제》, 2021년 7월 30일 자

37) 판교 제2·3테크노밸리 주변 땅 개발 유망, 《중앙일보》, 2018년 11월 6일 자

38) 광교 경기융합타운, 통합 운영·관리 맡을 법인 설립 검토, 《경기일보》, 2020년 12월 8일 자

39) 노원, 4만 가구 '상계주공'… 명문학군·개발호재로 잠재력↑, 《시사저널e》, 2019년 4월 29일 자

40) '상계·하계·월계동' 잇단 예비안전진단 통과…노원 일대 재건축 본격화, 《뉴스핌》, 2021년 9월 28일 자

41) 창동 역세권 개발에 들뜬 도봉구—10년 흉물로 방치된 '창동 역사'…이번에는?, 《매일경제》, 2020년 10월 19일 자

42) 가양동 'CJ부지' 새 청사진 나온다…'가양 코엑스' 본격화, 《이데일리》, 2020년 11월 2일 자

43) 철산동에서 하안동으로 번진 광명시 '재건축 바람', 《이투데이》, 2021년 5월 21일 자

44) "구로차량기지 광명이전 철회하라" 여당 정치인까지 반발, 《한국일보》, 2019년 11월 7일 자

45) 새옷 갈아입는 상계뉴타운… 몸값 '쑥쑥', 《이투데이》, 2020년 9월 18일 자

46) 연내 착공 동북선 경전철 수혜 지역—중계동 학원가(은행사거리) · 장위뉴타운…교통 지옥 탈

출, 《매경이코노미》, 2019년 8월 19일 자

47) '중복 청약 불가' 수색증산 3개 단지 동시 분양⋯어디를 고를까, 《뉴스1》, 2020년 8월 9일 자

48) 수색역 철도부지 '제2 타임스퀘어' 만든다, 《세계일보》, 2014년 2월 8일 자

49) 광명의 천지개벽⋯5년 후 2만5천 가구 미니신도시 들어선다, 《매일경제》, 2020년 12월 13일 자

50) 광명 시흥에 7만 가구 3기 신도시 조성, 《뉴시스》, 2021년 2월 24일 자

서울·수도권 아파트, 지금 사야 합니다

2022년 2월 10일 초판 1쇄 발행
2022년 2월 11일 초판 2쇄 발행
2022년 2월 12일 초판 3쇄 발행

지은이 | 함태식
펴낸이 | 이종춘
펴낸곳 | (주)첨단

주소 | 서울시 마포구 양화로 127 (서교동) 첨단빌딩 3층
전화 | 02-338-9151
팩스 | 02-338-9155
인터넷 홈페이지 | www.goldenowl.co.kr
출판등록 | 2000년 2월 15일 제2000-000035호

본부장 | 홍종훈
편집 | 문다해
교정 | 주경숙
디자인 | 조수빈
전략마케팅 | 구본철, 차정욱, 나진호, 이동후, 강호묵
제작 | 김유석
경영지원 | 윤정희, 이금선, 최미숙

ISBN 978-89-6030-593-9 13320

• BM 황금부엉이는 (주)첨단의 단행본 출판 브랜드입니다.

황금부엉이에서 출간하고 싶은 원고가 있으신가요? 생각해보신 책의 제목(가제), 내용에 대한 소개, 간단한 자기소개, 연락처를 book@goldenowl.co.kr 메일로 보내주세요. 집필하신 원고가 있다면 원고의 일부 또는 전체를 함께 보내주시면 더욱 좋습니다. 책의 집필이 아닌 기획안을 제안해주셔도 좋습니다. 보내주신 분이 저 자신이라는 마음으로 정성을 다해 검토하겠습니다.